Fécondité d'Emile Zola

DAVID BAGULEY

Fécondité d'Emile Zola

ROMAN À THÈSE, ÉVANGILE, MYTHE

UNIVERSITY OF TORONTO PRESS

© University of Toronto Press 1973
Toronto and Buffalo
Printed in Canada
ISBN 0-8020-5270-3
LC 70-185700

Frontispiece Zola en Angleterre. Phot. BM, London

University of Toronto Romance Series 21

A Doris et à Kate

PREFACE

Je n'irai pas jusqu'à dire que *Fécondité* soit un grand livre. Un gros livre, oui. Ce n'est pourtant pas son épaisseur qui pourrait détourner le grand public de le lire. Le roman-fleuve, qui trouve précisément ses origines en France, dans la série des *Quatre Evangiles*, a connu le succès avec les œuvres de Jules Romains ou de Roger Martin du Gard. Et l'on continue de lire *Les Thibault*, alors qu'on ne lit plus guère *Les Quatre Evangiles*. *Les Rougon-Macquart*, dans la collection du Livre de Poche, ont fait de Zola l'un des auteurs les plus prisés du public français, au cours des dix dernières années. Mais on n'a pas pour autant réédité *Fécondité*, *Travail* et *Vérité*.

C'est dommage. On voit bien les raisons de cette relative désaffection : le ton volontiers didactique, sinon même prêcheur, de ces trois romans, le caractère à la fois schématique et compliqué de leurs intrigues, la répétition quasi obsessionnelle de certains effets de pathétique et d'horreur, ou au contraire d'attendrissement et de béatitude, l'invraisemblance des situations et des dénouements, bref un labeur un peu trop visible, et harassant pour le consommateur ordinaire de romans.

Or, ce sont sans doute ces caractères mêmes, avec d'autres bien entendu, qui font de ces œuvres bizarres un document passionnant à étudier pour le lecteur simplement curieux d'histoire, d'idéologie et de politique : à plus forte raison pour celui que ses études ou ses recherches conduisent à explorer la société française de la fin du XIXᵉ siècle.

C'est une période paradoxalement mal connue, qu'il s'agisse de l'histoire sociale, de la littérature ou de l'évolution artistique. Les batailles d'opinion et leurs contrecoups parlementaires, autour du scandale de Panama, de l'anarchie, de l'Affaire Dreyfus, des campagnes naturalistes, etc. ont occupé tout l'écran. L'analyse profonde des mentalités, des courants d'idées, des langages, reste à faire. On connaît bien mieux, me semble-t-il, la France de Napoléon III que la France de M. Félix Faure.

Retrouver les sources, l'infrastructure, les thèmes des *Quatre Evangiles*, qui ont paru, on le sait, au tournant du siècle, c'est donc plonger au cœur des discours que se tenait cette société. C'est mettre au jour les racines de ses idéologies et de sa problématique politique et sociale.

Etudier les structures et le langage de ces œuvres massives, mais non pas informes, à beaucoup près, c'est d'autre part faire surgir un modèle romanesque assez différent du modèle des *Rougon-Macquart*, à plusieurs points de vue. Zola lui-même, à l'époque, n'employait plus le mot *naturalisme* pour caractériser ces avatars du 'roman expérimental' : sans doute par une indifférence acquise devant les mots en *-isme*, mais aussi parce qu'il avait conscience que cette 'expérience'–là contribuait à étendre fortement les limites du genre romanesque.

Pour toutes ces raisons, j'ai encouragé David Baguley, qui jusquelà avait travaillé sur les nouvelles de Zola, à tourner ses recherches du côté de ces terres zoliennes encore fort peu défrichées. Et je m'en félicite. Car il nous donne, sur *Fécondité*, une étude génétique et descriptive, qui atteste à la fois l'intérêt historique du roman et le talent de son commentateur.

David Baguley allie deux qualités nécessaires pour pénétrer en profondeur l'œuvre de Zola : la connaissance des techniques romanesques et la curiosité pour les grands mouvements d'idées d'une époque. Il a donc pu repérer avec précision tous les ouvrages dont Zola s'est servi pour s'informer sur les aspects généraux de la démographie française, sur la situation des enfants assistés, sur les problèmes de la contraception, de l'avortement, sur la mortalité infantile, etc. Il a reconstitué, à partir des documents manuscrits préparatoires, le déroulement chronologique des recherches et des inventions du romancier.

De plus, David Baguley dégage et caractérise les thèmes, les mythes, les rêves et les symboles qui s'entrecroisent dans l'œuvre. Il montre la dynamique d'un roman qui compte beaucoup de pages atroces –

d'autant plus atroces que les victimes de la cruauté naturelle ou humaine y sont presque toujours des enfants et des femmes – mais dont la genèse est soulevée par une foi lyrique dans la fécondité inépuisable de la vie, dans la régénération perpétuelle de 'la glorieuse nature, toujours en enfantement.' Le roman du *Déchet* social tourne au mythe païen : Mathieu et Marianne recommencent Ouranos et Cybèle. Ce que vaut cette foi, et quelle idéologie elle implique, David Baguley l'indique lucidement, mais toujours avec la sympathie que l'on *doit* à Zola.

Il resterait sans doute à tenter une étude psychocritique de *Fécondité*, à en serrer de plus près encore la sémantique, et les structures narratives. On n'en a jamais fini avec les grands écrivains, même s'il ne s'agit pas de leurs plus purs chefs-d'œuvre. Chaque génération apporte ses propres clés de lecture. Le livre de David Baguley prend place dans une série qui compte déjà deux grandes études, celle de John Lapp sur *Zola before the 'Rougon-Macquart,'* et celle de Bard Bakker sur les lettres de Paul Alexis à Zola. D'autres suivront. La voie est ainsi fort bien ouverte, dans le domaine des études naturalistes, à la collaboration des chercheurs canadiens et français.

HENRI MITTERAND

AVANT-PROPOS

Sauf indication contraire, les documents manuscrits cités dans le texte entre parenthèses et dans les notes sont conservés à la Bibliothèque Nationale (Département des Manuscrits, nouvelles acquisitions françaises). On trouvera dans l'appendice 2 le répertoire des dossiers préparatoires de *Fécondité*. Sauf exception, dans les citations d'après les documents manuscrits de Zola, les simples inadvertances de l'auteur, les menues fautes de ponctuation ou autres qui ne présentent aucun intérêt, ont été corrigées. Les chiffres entre parenthèses donnés sans indication de source renvoient au texte de l'édition des *Œuvres Complètes* de Zola, Paris, Cercle du Livre Précieux, 1967–70, 15 vol. (édition intégrale publiée sous la direction de Henri Mitterand) ; un chiffre romain renvoie au volume, un chiffre arabe indique la pagination.

Sous sa première forme, cet ouvrage a été l'étude préliminaire de l'édition critique de *Fécondité*, présentée comme thèse pour le doctorat d'Université en juin 1969 à la Faculté des Lettres de Nancy. Que M. Henri Mitterand, qui a dirigé mon travail et qui n'a cessé de me prodiguer ses précieux conseils et encouragements, me permette de lui exprimer mes hommages reconnaissants et mon respectueux attachement. Ma reconnaissance va aussi à MM. John Christie et F.W.J. Hemmings, qui ont éveillé mon intérêt pour l'œuvre de Zola et qui ont dirigé mes premiers pas dans les études zoliennes. Ce travail a été publié d'une part grâce à une subvention accordée par le Conseil Canadien de Recherches sur les Humanités et provenant de fonds fournis par le Conseil des Arts du Canada, et d'autre part grâce au concours généreux des Fonds de Publication de l'University of Toronto Press. Qu'ils trouvent ici mes remerciements sincères. Enfin, je ne saurais oublier les collègues et amis dont les remarques m'ont aidé à corriger bien des défaillances dans mon travail; celles qui restent sont toutes de mon propre cru.

Un mot encore : en principe, ce livre (surtout la deuxième partie qui est l'étude de la gestation de *Fécondité*) suppose une connaissance préalable du roman de Zola, au moins dans ses grandes lignes. Le lecteur qui voudrait se remettre en mémoire les épisodes principaux trouvera ci-dessous dans l'appendice 1 le plan général de *Fécondité*.

D B

Fécondité d'Emile Zola

INTRODUCTION

Fécondité (1899) est le premier des *Quatre Evangiles* dont la dernière partie *Justice* n'était qu'à l'état d'ébauche en septembre 1902 lorsque mourut Zola. Les apôtres de cette nouvelle Bible, Mathieu, Luc, Marc et Jean Froment, ont la mission de préparer le siècle prochain, le nôtre, qui devait être un âge de vérité, de justice et de paix universelle. Hélas ! loin d'ouvrir ainsi les siècles de demain, comme Zola rêvait de le faire, cette œuvre nous présente le dernier témoignage des illusions généreuses d'une époque particulièrement riche en systèmes messianiques, en religions laïques : religions de l'humanité, de la science, du progrès et de la nature. Rares sont les esprits du siècle, pour sceptiques qu'ils soient, qui ont pu renoncer au besoin naturel de religion et de culte, de foi et d'espoir. 'Ma raison révoltée / Essaye en vain de croire et mon cœur de douter,' écrit Musset, par exemple, dans 'l'Espoir en Dieu.' Pour citer un autre exemple, même Auguste Comte, auteur du *Cours de philosophie positive*, qui soutenait qu'à son époque, l'intelligence était en insurrection contre le cœur, devint néanmoins, sous l'inspiration de l'amour de Clotilde de Vaux, le prophète social du *Catéchisme positiviste*. Il tira de sa philosophie une religion, la religion de l'âge positiviste, dont la bannière représentait, sur une face, le symbole de l'Humanité, personnifié par une femme tenant son fils entre ses bras; l'autre face contenait la formule sacrée des positivistes : 'L'Amour pour principe, l'Ordre pour base, et le Progrès pour but.'

Dans un des dossiers préparatoires de *Fécondité*, l'auteur a écrit : 'La devise de Comte, superbe ! ... (Ms 10.302, f° 407). Zola aussi en est venu à constater la nécessité d'une éthique et d'une foi. Et là encore, il faut tenir compte du rôle que sa Clotilde à lui a joué dans l'évolution de son œuvre vers le messianisme social. Dans *le Docteur Pascal* (1893), dernier roman de la série des *Rougon-Macquart*, l'image de la jeune mère, Clotilde, dont la maîtresse du romancier, Jeanne Rozerot, a fourni le modèle, devient pareillement l'emblème de l'avenir, le symbole de l'acceptation confiante de la vie sacrée, que Zola prêchera dans ses dernières œuvres. *La Débâcle* (1892), le roman précédent, avait amené à un crescendo dramatique l'histoire sociale et politique du Second Empire; *le Docteur Pascal* conduisait à sa fin l'histoire naturelle de la célèbre famille. Mais le romancier en veine d'optimisme ne pouvait s'arrêter là, d'autant plus qu'avec chaque roman, il se préoccupait davantage des drames sociaux, politiques et religieux de la vie contemporaine. D'où, après *les Rougon-Macquart*, une autre série, *les Trois Villes* : *Lourdes* (1894), *Rome* (1896) et *Paris* (1898); puis encore, la série des *Quatre Evangiles*, le troisième volet du grand triptyque de Zola, où, selon son propre dire, il se permet de 'ne pas trop s'asservir à la réalité,' de 'rêver un peu.'

Il peut paraître déplacé de vouloir faire l'analyse d'une telle œuvre apostolique, plus recommandable de prime abord par ses bonnes intentions que par sa valeur effective ou artistique. Vaut-elle plus, en somme, que les sourires d'indulgence que lui accordent certains critiques, pourtant bienveillants ? Notons simplement d'abord que la critique a souvent mal jugé les romans de cette dernière série. Faute d'études approfondies, on a surtout essayé de plaquer sur les *Evangiles* des classements *a priori* ou des jugements de valeur étrangers aux critères du romancier. En général, la critique s'est contentée de reprocher à Zola le 'gâtisme humanitaire' de cette série – l'expression est de Zola lui-même, à propos de Victor Hugo; on lui a souvent fait grief de cette inconséquence. D'ailleurs, on a parlé de 'l'Evangile socialiste ' du romancier, confondant *Fécondité* et *Vérité* avec *Travail* et imposant négligemment à la série une unité idéologique qui n'est qu'illusoire; *Fécondité* est donc mise au rebut, comme un banal roman à thèse. Enfin, on a voulu dissocier cette série de l'ensemble de l'œuvre de Zola, comme si le témoignage qu'il porte sur son époque, sur l'homme et sur lui-même, s'arrêtait avec *le Docteur Pascal* ou *Paris*, deux romans qui contiennent toutes les promesses des *Evangiles*. C'est ainsi, par exemple, que P. Martino a pu écrire, dans *le Naturalisme français* (6ᵉ édition, 1960, p. 213) : 'Tous ces romans sont des romans de passion, d'imagination, de rêve. Zola a fini par y abandonner tout à fait ses procédés d'autrefois.' Nous allons voir, en examinant le premier roman de la série, qu'on ne peut pas si facilement expédier cette œuvre dans de telles catégories qui ne reflètent pas sa véritable complexité, sa vie autonome et son sens. C'est donc, en premier lieu, pour jeter des bases plus solides pour les diverses interprétations dont cette série est susceptible que j'ai entrepris l'étude du premier des *Quatre Evangiles*.

Comme les autres *Evangiles* d'ailleurs, *Fécondité* a d'abord un intérêt documentaire, en ce qu'il révèle les préoccupations et les aspirations d'un auteur et d'une époque, à un moment historique où les écrivains surtout avaient l'impression de traverser une crise intellectuelle et sociale. Sous les protestations de foi humanitaire et sous les accents messianiques, Zola traite de graves questions contemporaines, comme, dans *Fécondité*, celle de la dépopulation de la France. Là surtout, il poursuit la tâche des *Trois Villes*, reprenant les luttes sociales, idéologiques et esthétiques qu'il avait entreprises dans cette dernière série. Ainsi, dans la première partie de la présente étude, j'ai dû établir d'abord la 'préhistoire' de *Fécondité*, d'après les écrits antérieurs du romancier, polémiques et littéraires, pour situer le roman par rapport à l'évolution de l'œuvre de Zola et de son temps. D'une façon bien plus modeste et rapide, j'ai voulu retrouver la trace de la magistrale étude de M. René Ternois (*Zola et son temps*, 1961) sur *les Trois Villes* et sur l'ambiance sociale et intellectuelle d'où, dans une grande mesure, ces romans sont sortis. Mais en même temps, dans la partie préliminaire de mon enquête, il m'a fallu traiter, d'un point de vue plus général, le thème de la fécondité, principe permanent de l'œuvre de Zola, thème qui anime les romans précédents d'une ampleur toute cosmique et mythique.

Dans la deuxième partie de mon étude, à travers un examen des dossiers préparatoires de *Fécondité*, j'ai pu suivre la gestation du roman et la méthode de composition de l'auteur qui s'efforce d'y concilier ces diverses préoccupations dans l'œuvre future. Pour analyser ainsi les éléments constitutifs du roman, comme ils se manifestent dans ces notes manuscrites, j'ai cru préférable d'en faire un exposé chronologique et dynamique. De cette manière, me semble-t-il, on peut mieux comprendre le caractère créateur et spontané de ce travail préliminaire, mieux évaluer l'importance relative de l'apport des lectures et de l'inspiration de l'auteur et, en même temps, tenir compte des repentirs significatifs dans la préparation du roman. On observera aussi comment ce roman, conçu d'abord sous une forme différente vers 1892, retrouve dans l'élaboration son autonomie perdue lorsque Zola en fit la première partie de sa nouvelle série. Ce dernier fait justifie à mon avis une étude particulière consacrée ainsi à une seule œuvre de cette série.

Remarquons dès l'abord que *Fécondité* est un ouvrage où la documentation est aussi importante que dans les romans antérieurs. Il ne faut nullement sous-évaluer l'importance des recherches qu'a faites Zola. On a justement démontré l'importance primordiale du rôle de l'imagination créatrice, de l'intuition et de l'inspiration du romancier dans l'élaboration de tel ou tel roman de la série des *Rougon-Macquart,* pour corriger la conception traditionnelle, autorisée par Zola lui-même, des méthodes scientifiques et documentaires du 'romancier expérimentateur.' Mais pour *Fécondité* et, sans doute, pour les autres *Evangiles,* il faut presque une mise au point inverse. Il n'y a point de solution de continuité, surtout dans la méthode, entre ces romans et les œuvres précédentes. On a souvent parlé d'évasion et de rêve pour définir le caractère de cette dernière série, sans tenir compte aussi de ce qu'elle contient de réalités, de ce qu'elle doit à la vie de l'époque. On prend conscience de ce fait lorsqu'on étudie les réactions variées de la critique contemporaine devant *Fécondité,* dont j'ai présenté les plus significatives à la fin de la deuxième partie de cet ouvrage.

Ensuite, dans la dernière partie, j'ai voulu proposer une exégèse de cette œuvre évangélique. Il faut dire, à cet égard, que *Fécondité* se laisse difficilement classer selon les critères littéraires normaux. Il est malaisé de le ranger sous la rubrique d'un genre traditionnel quelconque. Les personnages et les intrigues, schématisés et souvent dépourvus de crédibilité, rendent à peine admissible le terme de 'roman,' que je n'ai utilisé dans cette étude que pour la commodité. C'est que *Fécondité* est franchement une œuvre didactique. Il serait facile d'en démontrer les insuffisances artistiques, car elle n'est pas faite selon les principes d'objectivité et d'intégralité qu'on s'attend à voir respectés dans la littérature moderne. Mais il serait en même temps injuste de condamner Zola pour ne pas avoir fait de son œuvre ce qu'il n'avait point l'intention d'en faire, de ne voir en *Fécondité* qu'un roman réaliste (ou naturaliste) avorté. Loin de vouloir créer un univers romanesque autonome, loin de vouloir pratiquer l'art de la description ou de la représentation pures, Zola vise à modifier l'ordre existant du monde réel. Son œuvre, dont il a fait un instrument démonstratif, relève d'une conception nettement utilitaire de l'art. Ainsi, dans l'analyse critique de *Fécondité*, en adoptant une méthode de description plutôt que de prescription, j'ai étudié l'œuvre à la fois en tant que roman à thèse, histoire évangélique et récit mythique. Ces catégories ne sont nullement arbitraires; en allant des procédés rhétoriques les plus manifestes du roman à thèse à la part secrète de la création mythique, elles nous permettent de voir les moyens par lesquels Zola a cherché à communiquer au lecteur certaines 'vérités' auxquelles il restait attaché.

Finalement, outre l'analyse critique et historique du premier 'Evangile,' mon but a été de faire l'étude du thème de la fécondité dans l'œuvre de Zola, et surtout dans le roman qui est presque entièrement consacré à ce sujet et où ce thème atteint sa pleine expression mythique. Or, par un paradoxe des plus révélateurs, c'est précisément dans la première partie d'une série qui devait façonner l'histoire que l'auteur développe et élargit ce thème mythique, nous ramenant à la conception cyclique des cultes païens, conception qui exclut et renie la réalité du progrès historique. On voit ainsi qu'une des tâches importantes pour celui qui étudie les *Evangiles*, surtout dans leurs rapports avec l'œuvre totale de Zola, est d'exposer les incertitudes et les inconséquences qu'on rencontre dans cette série et qui se trouvaient masquées dans *les Rougon-Macquart*; ceci dit sans aucune intention de dénigrement, car ce sont de tels antagonismes, plus intensément vécus et plus artistiquement exprimés, qui constituent, dans une grande mesure, le fond dynamique de ce qu'il y a de meilleur dans l'œuvre du romancier.

PREMIERE PARTIE

PREMIÈRE PARTIE

1

Zola et les courants idéologiques de la fin du siècle

AU SORTIR DE LA CRISE DECADENTE

Les dernières années du dix-neuvième siècle présentent un spectacle de confusion intellectuelle et sociale. Il suffit de gratter le vernis de cette 'belle époque,' avec sa prospérité sans précédent et son élan d'optimisme national, pour constater l'évidence d'une crise intellectuelle. D'une part, la hantise de la défaite de 1870 persiste; les peines et les épreuves d'une démocratie moderne naissante atteignent le moral du pays. D'autre part, une période de pensée positiviste et matérialiste a laissé des vides moraux et spirituels, des besoins de foi, de rêve et d'idéal. Les nouvelles générations ne trouvent ni dans la politique, ni dans la philosophie, ni dans la littérature, une somme de convictions assez stable et ferme pour guider et soutenir les âmes. Partout, on s'interroge sur le destin du pays. Ainsi, Paul Bourget écrit en 1885, dans l'avant-propos des *Essais de psychologie contemporaine* : 'Qui prononcera la parole d'avenir et de fécond labeur nécessaire à cette jeunesse pour qu'elle se mette à l'œuvre, enfin guérie de cette *incertitude* dont elle est la victime ?' Anatole France demande, dans un article du *Temps* de mars 1889 : 'Qui nous apportera une foi, une espérance, une charité nouvelles ?'[1]

Dans le domaine littéraire, miroir fidèle du malaise de cette fin d'époque, la même incertitude règne. En 1893, dans un article du *Mercure de France*, Téodor de Wyzewa atteste l'état incertain de l'évolution littéraire qui s'engage dans de multiples directions : 'J'ai vu naître, depuis dix ans, un très grand nombre de nouvelles formules et de nouvelles écoles littéraires; mais, à peine les avais-je vu naître qu'elles mouraient.'[2] Au sortir de l'apparente cohésion de la période naturaliste, on observe l'absence d'une formule maîtresse. Un autre témoin du malaise ne trouve qu'un mot pour définir l'état présent de la littérature : 'Dans son ensemble, malgré de nombreux talents, la littérature d'aujourd'hui est dans un état qu'on peut formuler d'un mot : L'ANARCHIE.'[3] De plus, les écrivains de cette époque cultivent toute la gamme des attitudes de défi : 'Incapables d'agir, tant par dégoût de l'action que par impossibilité de trouver un objet à leurs aspirations, ils se figent dans une attitude de mépris; un courant d'idéalisme perverti, égotiste et archaïsant, anarchiste et réactionnaire, marque toute la période pré-symboliste et se prolonge bien avant dans le vingtième siècle.'[4] On rompt avec les valeurs traditionnelles et les valeurs collectives. On se retourne contre une société qui n'alimente plus les sources de la vie morale. On aime à affirmer son moi. C'est l'époque où Barrès, auteur du *Culte du Moi* et porte-parole de la jeunesse intellectuelle, oppose son 'moi' aux 'barbares' et proclame l'autonomie de l'individu : 'Notre morale, notre religion, notre sentiment des nationalités sont choses écroulées ... auxquelles nous ne pouvons emprunter de règles de vie, et, en attendant que nos maîtres nous aient refait des certitudes, il convient que nous nous en tenions à la seule réalité, au Moi.'[5]

Ailleurs, l'incapacité de vivre et d'agir devient une attitude dans laquelle on se complaît. On cultive le détachement philosophique et on goûte les amères désillusions que la pensée de Schopenhauer apportait. Si la vie n'est qu'un chemin sans issue et si l'homme est dupe de la nature, il n'y a qu'à renoncer à l'action, à contempler d'en haut les vains efforts de la vie humaine. Déjà en 1883, dans ses *Essais de psychologie contemporaine*, Bourget essayait de définir l'état de dilettantisme qui allait gagner tant d'esprits. 'Une portion de la jeunesse,' écrit-il deux ans plus tard, dans l'avant-propos de la nouvelle édition des *Essais*, 'traverse une crise.' C'est 'une mortelle fatigue de vivre, une morne perception de tout effort.' Il ne s'agit bien entendu que d'une élite cultivée, celle qui se tient au courant des mouvements intellectuels du moment, mais qui pour cela n'est pas toute la France. 'Donc, il s'en faut de beaucoup,' remarque Michel Mansuy, 'que la majorité des Français pense et sente comme on pense, comme on sent dans les *Essais*.' Néanmoins, tout compte fait de ces réserves, il faut admettre que l'importance de cette élite est capitale : 'C'est elle qui lance les modes et qui impose sa physionomie à une époque.'[6] Il est évident, d'après l'analyse pénétrante de Bourget, que l'atmosphère intellectuelle est tout à fait favorable désormais à l'épanouissement d'une philosophie de désespoir.

Certains esprits cherchent l'évasion, s'enferment dans un art hermétique, dans un esthétisme insolite ou même dans le satanisme, que goûtent tour à tour les héros de J.-K. Huysmans. Un éveil de mysticisme chrétien offre des jouissances rares et une excitation cérébrale, dont se gargarise Durtal dans l'*En Route* de Huysmans. En 1895, selon René Doumic, la religion de Durtal est 'la mode la plus nouvelle' et 'le dernier cri.' Il n'y entre nullement de sentiments charitables, d'amour pour le prochain : 'Le prochain de Durtal, le "mufle," pour l'appeler par son nom, ne lui inspire que mépris et qu'aversion.'[7] Enfin, de tous côtés, on crie à la dégénérescence. C'est d'ailleurs le titre d'une étude significative, répandue à cette époque, dans laquelle Max Nordau applique à la littérature française ses connaissances de la médecine aliéniste. Il y discerne des symptômes pathologiques et voit Paris comme le centre d'une civilisation 'convertie à l'esthétique du Crépuscule des Peuples.' Seule une petite minorité est responsable de cet état, mais 'cette minorité,' écrit Nordau, 'a le don d'occuper toute la surface visible de la société, de même qu'une très petite quantité d'huile est capable de couvrir de larges étendues de mer.'[8] Dans les dix dernières années du dix-neuvième siècle, comme l'a remarqué Micheline Tison-Braun, si l'on en juge par la littérature, la France semble devenue pour elle-même un problème : 'Comme des amis assemblés au chevet d'un malade, les écrivains se penchent sur son cas.'[9]

Un engouement pour les auteurs étrangers vient nourrir de tels états d'esprit. Une véritable invasion déferle. Successivement, Schopenhauer, Hartmann, Wagner, les romanciers russes, puis Ibsen, Strindberg et Nietzsche gagnent des partisans. Il est vrai que certains critiques, comme Vogüé et Brunetière, s'adressent au roman russe ou anglais dans l'intérêt d'un redressement moral, et pour étaler les insuffisances spirituelles et morales du roman naturaliste. Mais d'autres s'alarment de cette invasion de la littérature septentrionale, s'inquiètent de la dissolution de l'esprit français qu'elle pourrait entraîner. 'On peut craindre,' écrit Jules Lemaître, dans un article devenu célèbre, 'que la caractéristique de nos esprits ne finisse par s'atténuer; qu'à force d'être européen, notre génie ne devienne enfin moins français.'[10] Signe de vitalité peut-être, mais signe d'indécision surtout que les goûts cosmopolites de cette époque. Schopenhauer avait invité à une longue méditation sur la mort, à l'anéantissement de la volonté de vivre. Nietzsche est bien accueilli par certains critiques comme le démolisseur de la religiosité décadente de Wagner. Mais, au début, on voit surtout en lui un destructeur, un anarchiste, l'individualisme incarné.[11] De même, Ibsen est reçu comme un écrivain anarchiste, surtout lors de la célèbre représentation de *l'Ennemi du peuple* (10 novembre 1893), en pleine crise anarchiste. Chacun de ces auteurs étrangers déchaîne une vogue dans les salons parisiens où règne un cosmopolitisme démesuré. Cette diversité de tendances crée une atmosphère de déséquilibre et d'instabilité, où priment l'individualisme et la négation sociale. Sur ce romantisme anarchique planent, au lieu de l'élan joyeux d'une libération, tous les signes et les symptômes de la décadence.

Cependant, à l'inverse d'un consentement résigné au spectacle de cette 'décadence,' d'autres esprits s'inquiètent des perturbations du moment et travaillent à un ralliement moral et spirituel. Au cours des années 90, une pleine renaissance religieuse se déclare. Mais on cherche surtout des doctrines nouvelles, affranchies de tout dogme métaphysique et portées vers le sens des obligations morales et sociales. C'est surtout l'élément social qui caractérise le renouveau religieux de ces années.[12] Même les esprits que la foi a quittés, s'ils ne consentent plus à croire au ciel, se refusent à ne pas croire au salut de l'homme. C'est à cette époque que, d'une manière significative, l'esprit catholique se fait plus conciliant. La célèbre encyclique de Léon XIII (*Rerum novarum*, 1891) témoigne d'une apparente sympathie à l'égard des problèmes sociaux. De plus, un mouvement 'néo-chrétien' prend de l'essor. On cherche à marier au christianisme le mouvement de l'émancipation sociale. En 1898, le philosophe George Fonsegrive, qui s'y associe, déclare : 'Le problème vital de nos sociétés modernes se trouve dans la manière d'établir l'accord entre les libertés devenues nécessaires et la discipline demeurée indispensable.' Selon lui, le catholicisme résout ce problème 'd'une façon admirable, que notre foi nous permet de qualifier de divine.'[13] D'autre part, le catholicisme social fonde des cercles de jeunes universitaires et ouvriers. Le premier numéro de leur revue, *Le Sillon*, annonce : 'Au lieu de discuter, nous avons à agir.'[14] Tous reconnaissent le besoin d'une attitude affirmative en face des tendances individualistes et anarchistes qui menacent de dissoudre la vie morale et intellectuelle du pays.

Ce qui caractérise la littérature de ces toutes dernières années du siècle, c'est que les écrivains s'appliquent aussi à définir et à combattre le malaise de la crise décadente et individualiste. 'Ce qui les préoccupe, c'est la nature même du lien social et les diverses attitudes de l'homme devant les valeurs collectives; autorité et liberté, individualisme et tradition, droits et devoir du citoyen, sens et limites de la liberté individuelle, tels sont les sujets principaux de toute une série d'œuvres idéologiques qu'inspire la volonté de découvrir les causes du mal et d'y porter remède.'[15] Le même problème de régénération sociale et de redressement moral hante les esprits. A la période de découragement, de détachement et d'inertie, a succédé celle de l'énergie et du goût de l'action.

Mais la révision des valeurs a fait ressortir de fortes divergences doctrinales qu'exacerbent, de la crise boulangiste à l'Affaire Dreyfus, les discordes intestines du domaine politique. On peut définir à cette époque deux courants idéologiques en nette opposition, et ceci malgré les différences entre les partisans de chaque tendance. D'une part, un mouvement dit traditionaliste, fort du renouveau religieux de ce temps-là, veut que la direction de la vie morale et sociale passe ou revienne au contrôle d'une autorité, quelle qu'elle soit. Il oppose aux aspirations individualistes du monde moderne la foi, les dogmes et les règles de vie catholiques ou l'attachement profond au pays natal. D'autre part, un idéal libéral et humanitaire, s'inspirant des doctrines de solidarité et affirmant les valeurs collectives, voit dans le libre arbitre individuel l'agent de progrès moral et de justice universelle. Les écrivains, surtout les romanciers, n'hésitent pas à s'engager dans le débat entre ces deux tendances.

En 1889, deux romans avaient marqué une étape décisive; ils se terminent tous deux sur la promesse d'une conversion religieuse. Dans l'église de Saint-Sulpice, le héros anonyme du *Sens de la vie*, d'Edouard Rod, retrouve la formule perdue du *Pater*. De la même manière, Adrien Sixte, le philosophe matérialiste du *Disciple* de Paul Bourget, renonce à son rôle de 'grand négateur' et, pour la première fois, sentant sa pensée impuissante à le soutenir, 'cet analyste presque inhumain à force de logique s'humiliait, s'inclinait, s'abîmait devant le mystère impénétrable de la destinée.'[16] Comme René Ternois l'a si justement remarqué : 'L'inquiétude née du dilettantisme, du scepticisme et des excès de l'analyse, la réaction contre le déterminisme et le naturalisme, le mysticisme et la pitié slaves, les mélancolies et les attendrissements d'une fin de siècle, le pessimisme de Schopenhauer, aboutissaient ainsi à des velléités de foi et à des formules de prière.'[17] Pourtant, la publication du *Disciple* constitue un événement important dans la suite des productions littéraires de cette époque, autant par son caractère imprévu que par la thèse avancée par le roman. Elle donne, en quelque sorte, une impulsion nouvelle au mouvement de renaissance morale et spirituelle. Dans la préface du roman, Bourget ne laisse aucun doute sur ses buts hautement moraux. Il s'y adresse à la jeunesse, une jeunesse travaillée par des tendances contradictoires, et se fait son directeur de conscience. 'Il y a une réalité,' écrit-il 'dont tu ne peux pas douter, car tu la possèdes, tu la sens, tu la vis à chaque minute : c'est ton âme.'[18]

Après *le Disciple*, Bourget, dont l'évolution intellectuelle est typique de toute sa génération, s'attaque au problème de la régénération sociale et morale, dirigeant son œuvre moralisatrice non pas vers le salut de l'âme individuelle, mais vers le renouvellement national. Il estime que le catholicisme seul peut combattre les menaces du cosmopolitisme et il préconise un retour aux valeurs traditionnelles : celles de la famille, de l'armée, de la monarchie et surtout celles de l'Eglise. Malgré l'attitude conciliante de Léon XIII, l'Eglise est tenue pour le bastion des disciplines anciennes et l'ennemie de l'individualisme moderne. Au terme de cette évolution vers le christianisme, Bourget ajoute à ses *Essais* une préface religieuse, répondant à la question tourmentée qu'il avait posée dans la première édition. Il se permet de déclarer : 'Pour ma part, la longue enquête sur les maladies morales de la France actuelle, dont ces *Essais* furent le début, m'a contraint de reconnaître à mon tour la vérité proclamée par des maîtres d'une autorité bien supérieure à la mienne : Balzac, Le Play et Taine, à savoir que pour les individus comme pour la société, le christianisme est à l'heure présente la condition unique et nécessaire de santé et de guérison.'[19]

De même, pour Maurras et les partisans du nationalisme et de l'idéologie monarchique, le catholicisme est nécessaire à la régénération sociale. L'Eglise est la gardienne du système de l'ordre. Les activistes de l'*Action française* voient dans le catholicisme le complément à la monarchie et au nationalisme, et le moyen de raffermir les bases de l'autorité. Pour sa part, Barrès, passant du culte du moi à l'aventure de l'énergie nationale, découvre dans une certaine forme du nationalisme des 'affinités' collectives. Il déclare que le 'moi individuel' est 'tout supporté et alimenté par la société' et qu'il a passé lui-même par les diverses étapes de l'acheminement vers le 'moi social.'[20] Dans *les Déracinés*, de 1897, il étudie la crise individualiste et trouve la solution dans la réintégration de l'individu dans ses rapports avec la réalité nationale. 'En dépit de leurs dissemblances de tempérament, et bien qu'ils soient parvenus à leurs doctrines par des voies différentes, Bourget, Barrès et Maurras ont en commun la volonté de soustraire au contrôle du jugement humain les principes sur lesquels repose la vie morale et sociale.'[21] Devant le spectacle de la désintégration décadente, ils se rabattent sur la foi et les disciplines du passé. Méfiants et hostiles envers les doctrines universalistes et libérales, ils renoncent à la raison abstraite au nom de la raison d'état et sacrifient le libre arbitre humain aux idoles collectives dont les perspectives sont plutôt limitées : nation, traditions, institutions détenant l'autorité.

Pourtant, si le mouvement des 'retours' domine la littérature au tournant du siècle, il ne correspond guère aux aspirations d'un pays où la prospérité et la confiance augmentent. Dans les milieux républicains surtout, un idéal de progrès social, anticlérical et humanitaire, reprend de l'élan, idéal qui met les droits de l'homme au-dessus de la raison d'état. On s'efforce de trouver un compromis entre la pensée libérale française et les aspirations des partis socialistes qui s'imposent de plus en plus au Parlement et que Jaurès s'efforce de rallier à la République : 'C'était un état d'esprit plutôt qu'une doctrine, une sorte de messianisme de la démocratie et de la libre pensée, naïvement épris de science et de justice sociale.'[22] Cette idéologie de gauche trouve sa meilleure expression dans la doctrine du 'solidarisme,'[23] par lequel les républicains libéraux cherchent à concilier les droits de l'individu avec les devoirs collectifs et à résister au désordre individualiste, à la conspiration monarchiste et au dogmatisme marxiste. Voici comment Micheline Tison-Braun définit le mouvement :

Cette doctrine, transmise et filtrée par Renouvier et Fouillé [*sic*], apportait au problème de l'individu et de la société une solution humanitaire, compatible avec l'individualisme et l'idéalisme moderne. La société respectait les droits de l'individu, puisque la civilisation moderne tendait vers un individualisme toujours plus accusé; l'individu, de son côté, se reconnaissait une dette envers la collectivité, à laquelle il était lié, juridiquement, par un 'quasi-contrat.' Il devait donc consacrer son énergie au progrès et au bien-être de tous. Autour de cette idée centrale s'organisaient les principaux thèmes humanitaires : l'égalité et la défense des droits de l'homme, la fraternité des classes, la protection ouvrière, l'anticléricalisme et un internationalisme très patriote.[24]

Ce mouvement exprime le renouvellement d'espoir et de confiance dans la primauté de la raison, renouvellement qui se développe chez les 'intellectuels de gauche' et inspire la création d'universités populaires et le culte de l'enseignement laïque. On recommence à croire que le progrès social et moral, le règne de la liberté et de la justice universelles sont réalisables.

En 1896, Alfred Fouillée prend le pouls de son époque et y reconnaît les signes d'un rétablissement. Il observe une orientation des esprits vers des buts élevés, le renouveau d'un 'idéalisme' qu'il définit comme une réhabilitation de 'la notion complète de la conscience et de sa portée universelle,' 'le germe même du social et du moral.' Il déclare que la conscience est 'essentiellement *sociale* et *sociable*' et qu'il existe, dans la constitution même de l'intelligence, 'une sorte d'altruisme, lequel explique, justifie, entraîne rationnellement l'altruisme dans la conduite.' Loin de vouloir soumettre le principe de la vie morale et sociale à un ordre répressif, il veut simplement que la conscience se traduise 'd'une façon adéquate dans tous nos actes pour constituer un règne de liberté et d'égalité, c'est-à-dire de justice.'[25]

Pareillement, dans le domaine littéraire, même le Monsieur Bergeret d'Anatole France, témoin incrédule et sans illusions de l'*Histoire contemporaine* (1897–1901), en vient à 'caresser l'idée' du progrès social et moral. 'Non,' dit-il à sa fille, dans *Monsieur Bergeret à Paris*, 'je ne bâtis pas en utopie. Mon songe, qui ne m'appartient nullement et qui est, en ce moment même, le songe de mille et mille âmes, est véritable et prophétique.'[26] Il constate la réalité de lents progrès dans l'ordre social et prévoit la fin possible de toute iniquité. 'Rien n'est plus puissant que la parole,' déclare-t-il. 'La parole, comme la fronde de David, abat les violents et fait tomber les forts.'[27] C'est ce genre de foi, plus naïf, mais plus enthousiaste, qui anime les dernières œuvres de Zola, et surtout les *Evangiles*.

VERS L'EVANGELISME

Zola n'est pas homme à rester indifférent devant les remous spirituels et moraux de son époque, devant l'appel aux prophètes des temps nouveaux. Il a la vision du prophète, le sens du destin, une somme de convictions à apporter. Il n'a jamais cessé d'être le témoin de la vie des hommes, mais sans trop s'y mêler. Il a toujours cru que l'art, indépendamment des doctrines, exige une participation à la vie de son époque. Il avait beau se proclamer, en résonance avec l'esprit positiviste de son temps, un simple 'greffier' qui se défendait de 'juger et de conclure' (x, 1240). Il avait eu beau dire, lorsqu'il préparait ses *Rougon-Macquart* : 'ne pas écrire en philosophe ni en moraliste.'[28] L'objectivité apparente de ses romans cachait de forts instincts de moraliste. Ecrire des romans qui portent leur morale 'en soi,' comme Zola disait de ses *Rougon-Macquart*, ce n'est qu'une façon subtile de faire la morale.

En effet, les doctrines scientifiques du romancier s'étaient imposées aux dépens d'une croyance de jeune poète dans la mission réformatrice et sacrée de l'art. A vingt ans, émule de Victor Hugo, Zola aimait proclamer sa foi à ses amis. Le 10 août 1860, il écrit à Baille : 'La chose dont je voudrais qu'on fût persuadé est celle-ci : que l'art doit être avant tout utile ... L'artiste, – poète, peintre, sculpteur, musicien, – est un véritable grand prêtre. Je l'ai tantôt comparé à un prophète : c'est la meilleure comparaison possible' (xiv, 1250). La fonction du poète est celle du 'régénérateur,' dit-il à Baille, le 24 juin 1860, celle de l'homme 'qui se dévoue au progrès de l'humanité.' 'Ce qu'il avance, ce sont bien des rêves, mais des rêves qui doivent recevoir leur accomplissement.' Est-ce qu'on se délivre définitivement d'un tel état d'esprit ? Même lorsque la ferveur apostolique de la jeunesse commence à s'éteindre et que le principe d'objectivité esthétique l'amène à les supprimer, ses instincts de missionnaire persistent. 'J'ai besoin de la foule,' écrit-il, le 4 avril 1867, à Valabrègue, 'je vais à elle comme je peux, je tente tous les moyens pour la dompter.' Si l'on avait besoin de lui plus tard, il suffirait de rallumer les feux.

Or, au cours des années 90, et même avant, 'la foule' se détourne des formules naturalistes. Zola avoue à Jules Lemaître, le 9 mars 1890, qu'il commence à être 'las' de la série des *Rougon-Macquart*. Sans doute, il se résigne difficilement à rester neutre, lorsqu'autour de lui, tout est en émoi. Déjà en 1883, il se montrait impatient. Il écrivait alors à Huysmans : 'Plus je vais et plus je me détache des coins d'observation simplement curieux, plus j'ai l'amour des grands créateurs abondants qui apportent un monde' (xiv, 1427). En 1891, il veut bien admettre, dans sa réponse à l'enquête de Jules Huret, que, peut-être, le naturalisme 'tire à sa fin.' Mais il considère avec dédain ceux qui cherchent à le supplanter. Il y déclare que l'avenir appartiendra 'à celui ou à ceux qui auront saisi l'âme de la société moderne, qui, se dégageant des théories trop rigoureuses, consentiront à une acceptation plus logique, plus attendrie de la vie.' Il croit, dit-il, 'à une peinture de la vérité plus large, plus complexe, à une ouverture plus grande sur l'humanité, à une sorte de classicisme du naturalisme.'[29] Voici que Zola assouplit, d'une façon marquée, sa formule, prépare le chemin de la transition qu'il sent venir. Il commence déjà à se prononcer, dans le cadre historique des derniers volumes de sa série, sur des problèmes contemporains.

Malgré ses crises de doute, Zola a toujours cru au progrès de l'humanité. Il suffisait, pensait-il, d'y contribuer par la constatation de la vérité. Mais, arrivé au terme de son cycle de romans, il ne sait pas trop comment le progrès doit se réaliser. Le héros du dernier roman de la série (*le Docteur Pascal*) croit, comme Zola, que cette amélioration naîtra de la simple évolution naturelle, que 'le monde se sauve à chaque heure par l'amour, par le travail immense et incessant de tout ce qui vit et se reproduit, à travers l'espace' (vi, 1296).

Mais Zola attribue aussi au docteur Pascal une confiance absolue dans les conquêtes de la science, une somme de convictions empruntées à *l'Avenir de la Science* de Renan, qu'il résume ainsi dans le *credo* de son héros : 'Je crois que l'avenir de l'humanité est dans le progrès de la raison par la science. Je crois que la poursuite de la vérité par la science est l'idéal divin que l'homme doit se proposer. Je crois que tout est illusion et vanité, en dehors du trésor des vérités lentement acquises et qui ne se perdront jamais plus' (vi, 1190). Chez Zola, une croyance *instinctive* et *élémentaire* dans les forces de la vie, qui éclate parfois dans l'expression d'un panthéisme optimiste, est doublée de la conviction *intellectuelle* que l'effort de la science et de la raison doivent amener le bonheur de l'humanité. De toute façon, Zola voit maintenant qu'il ne peut laisser passer sans commentaire l'éveil du mysticisme et du catholicisme, le courant de pessimisme d'alors, toutes les tendances qui s'opposent à sa foi. Les derniers romans de la série des *Rougon-Macquart* contiennent la promesse d'élans nouveaux. Zola crée des personnages, surtout des héroïnes, qui échappent aux fatalités de la race, du milieu et du moment. Il veut conclure sa série 'par le recommencement éternel de la vie, par l'espoir en l'avenir, en l'effort constant de l'humanité laborieuse' (xiv, 1485). Dans le dernier roman, *le Docteur Pascal*, Clotilde offre, souriant aux siècles futurs, l'enfant qu'elle a conçu du docteur. Il sera le 'Messie de demain.' On attend son Evangile.

Pourtant, il y a bien des épreuves à subir; toute une génération doit passer avant que la nouvelle religion puisse être promulguée. Bien qu'elle se soit soumise à la foi de Pascal, 'la foi en la vie que le maître avait enracinée en elle' (vi, 1400), Clotilde garde un besoin de rêves et d'illusions, celui de la génération néo-catholique que, par certains côtés, elle représente.[30] 'Elle entendait encore sa lamentation sous les étoiles: la nature atroce, l'humanité abominable, et la faillite de la science, et la nécessité de se perdre en Dieu, dans le mystère' (vi, 1393). L'abbé Pierre Froment, le personnage central de la nouvelle série (*les Trois Villes*), hérite spirituellement de la double descendance de Pascal et Clotilde. Il doit jouer un double rôle. Il est un autre Zola, témoin des troubles intellectuels de l'époque. Il est aussi un esprit représentatif de cette époque partagée entre la science et la foi, hésitant entre la fidélité aux croyances du passé qui se renouvellent, et la foi dans les possibilités futures que la science et la vie elle-même doivent assurer.

Dans *les Trois Villes*, Pierre Froment traverse le malaise intellectuel et moral où se débat la fin du siècle. Zola dépeint la désintégration et la régénération qu'on a vu s'opérer à cette époque, tâche qu'il poursuivra aussi dans les *Evangiles*. A Lourdes, l'abbé Froment ne peut que rejeter la tentative du catholicisme pour réveiller la foi naïve et totale des siècles passés. A Rome, il se bute à l'Eglise murée dans ses dogmes et ses principes de domination et annonce l'échec du socialisme catholique. A Paris, il s'en prend aux valeurs de la jeunesse, une jeunesse dégoûtée du travail et indifférente à la science. Le seul lien qui l'attache à l'église – l'espoir du salut du monde par la charité chrétienne – est brisé : 'Et l'évangile n'est plus qu'un code aboli dont les sociétés ne sauraient rien tirer que de trouble et de nuisible ... Il faut s'en affranchir' (VII, 1442). Zola n'a pas cessé de confondre, lui aussi, la question religieuse et la question sociale. Il conclut maintenant que l'Evangile du Christ ne saurait prétendre formuler des préceptes applicables aux sociétés de demain. Il a déblayé le terrain ; il ne lui reste qu'à construire son propre édifice.

Ce qui a justement poussé Zola à cette entreprise, c'est le fait qu'à travers 'l'enquête' de Pierre Froment, il a été mis en présence de graves problèmes sociaux et intellectuels : 'Après les échecs de son enquête à Lourdes, à Rome, dans cette troisième expérience qu'il faisait avec Paris, il comprenait bien que c'était tout le cerveau du siècle qui se trouvait en question, les vérités nouvelles, l'évangile attendu, dont la prédication allait changer la face de la terre' (VII, 1316). Dans la confusion, sans cesse accrue, des cercles intellectuels de Paris, Pierre Froment est désorienté et reflète, par ses hésitations, le désarroi de son créateur : 'Le siècle s'achève dans les décombres ... Fourier a ruiné Saint-Simon, Proudhon et Comte ont démoli Fourier, tous entassent les contradictions et les incohérences, ne laissent qu'un chaos, parmi lequel on n'ose faire un triage ... Je ne crois plus à rien, à rien, à rien !' (VII, 1323–4). Zola ne peut qu'opposer à ce chaos intellectuel les convictions qu'il a déjà affirmées. La pensée du romancier n'a subi aucune évolution fondamentale à travers cette série. Il a embarqué son prêtre dans une aventure spirituelle pour pouvoir aboutir aux conclusions formulées dans les derniers romans de la série précédente.

Mais l'urgence de sa tâche est devenue plus manifeste. A la fin de
Paris, une autre conversion à la religion de la vie (et de la science)
est consommée. Un autre enfant est offert aux siècles futurs. C'est
Jean Froment, qui devait, dans les premiers plans des *Quatre Evan-*
giles, occuper le rôle central de toute la série.[31] Le péan à la vie et à
la nature est répété : 'Et l'éternelle vie redevient la bonne déesse, le
désir et le travail sont la loi même du monde, la femme féconde rentre
en honneur, l'imbécile cauchemar de l'enfer fait place à la glorieuse
nature toujours en enfantement. C'est le vieux rêve sémite de l'évangile que balaie la claire raison latine, appuyée sur la science moderne'
(VII, 1443). Voici, en germe, toute la base 'doctrinale' du premier
'Evangile,' *Fécondité.*

Ce qui sort avant tout de l'aventure de Pierre Froment, c'est la
nécessité de formuler d'urgence une doctrine pour remplacer celles
qui n'ont pas supporté l'épreuve : 'Une religion nouvelle, une religion
nouvelle ! Comme il l'avait crié après Lourdes, une religion qui ne
fût surtout pas un appétit de la mort ! Une religion qui réalisât enfin
ici-bas le royaume de Dieu dont parle l'évangile, qui partageât équi-
tablement la richesse, qui fît régner, avec la loi du travail, la vérité
et la justice !' (VII, 998–9). Lors du séjour qu'il fit à Lourdes en août
1892 pour préparer son roman, Zola eut la révélation que le peuple
a besoin de foi. Désormais, il lui faut tenir compte du phénomène,
admettre dans l'art autant de merveilles que de vérités, nourrir, sur
de meilleures bases, les éternels sentiments religieux que son témoin
délégué a découverts : 'Une religion nouvelle, une espérance nouvelle,
un paradis nouveau, oui ! le monde en avait soif, dans le malaise
où il se débattait' (VII, 397–8). Les cris des pèlerins de Lourdes lui
ont aussi démontré que c'est un besoin de bonheur terrestre, non pas
un besoin de salut éternel, qui conduit les âmes croyantes : 'Cela
sonnait toujours, grandissait comme une volée de cloche, dans la
songerie de Pierre. Une religion nouvelle ! Une religion nouvelle !
Il la faudrait sans doute plus près de la vie, faisant à la terre une part
plus large, s'accommodant des vérités conquises. Et surtout une
religion qui ne fût pas un appétit de la mort' (VII, 398). Zola se fait
l'écho du cri du cœur que poussent ses contemporains. Dans la mêlée
des attentats anarchistes, il implore : 'Qui nous donnera un idéal
nouveau ?'[32] C'est que la mission de l'enfant du docteur Pascal reste

à accomplir : 'Puisque la nation était à refaire, celui-ci ne venait-il pas pour cette besogne ? Il reprendrait l'expérience, relèverait les murs, rendrait une certitude aux hommes tâtonnants, bâtirait la cité de justice, où l'unique loi du travail assurerait le bonheur. Dans les temps troublés, on doit attendre les prophètes' (VI, 1401).

Tout pousse Zola à croire qu'il est l'homme appelé à cet apostolat. Bien qu'il approche de ses soixante ans, de l'âge du repos, il ne cesse pas de produire. Il ne résistera pas, dans ses dernières œuvres, au plaisir de se représenter sous les traits du vieux patriarche salué, vénéré, consulté. Sans doute, se complaira-t-il un peu trop à recréer une Providence à son image. Mais, sous les caprices de l'imagination, s'affirment des préoccupations fortement morales et un besoin de guérir les tristesses et les fièvres de l'heure présente ; d'autant plus qu'il ne trouve pas, autour de lui, un homme qui remplisse cette tâche. Depuis 1885, la place de Victor Hugo, en tant que guide de la patrie et de l'humanité par la voie de la littérature, est vacante : 'Eh quoi ! vraiment, parmi les maîtres de notre jeunesse, rien que des foudroyés, des inconnus et des incomplets ? Pas un homme qui ait eu quelque chose à dire à la foule et que la foule ait entendu ? Pas un homme aux idées vastes et claires, dont l'œuvre se soit imposée avec la toute-puissance de la vérité, éclatante comme le soleil ? Pas un homme sain, fort, heureux, ayant rempli son mérite, proclamant par son exemple même, comme un Goethe, comme un Hugo, les forces éternelles de la vie ?' (XIV, 720).

Il entre certainement, dans cette évolution de Zola vers l'évangélisme, des sentiments personnels. Comme Hugo lui-même l'avait écrit : 'L'adorable hasard d'être aïeul est tombé / Sur ma tête, et m'a fait une douce fêlure.'[33] Depuis quelque temps, Zola est père. La jeune femme, Jeanne Rozerot, qui en 1888 était devenue sa maîtresse, lui a donné une fille (Denise) en septembre 1889, puis un fils (Jacques) deux ans plus tard. Ce contact avec l'enfant lui a donné sans doute une impulsion de plus pour se tourner vers l'avenir, pour se soucier de préparer un monde meilleur. Ce renouveau de lui-même a rendu plus urgent la tâche de régénération sociale et précipité son engagement vers le genre didactique. D'autre part, rien de plus naturel que l'empressement qui vient avec l'âge. Rien de plus naturel que de le voir se cantonner dans ses convictions, s'efforcer de les imposer.

Il s'empresse de réaliser, même si ce n'est que sur le plan littéraire, le règne de bonheur terrestre qu'il avait reculé auparavant dans un avenir lointain, après la longue analyse scientifique.

C'est d'autant plus le cas qu'il ne voit aucune solution dans la réforme politique. Sur le tard de sa vie, il retrouve le dédain de sa jeunesse pour la politique, pour la 'cuisine parlementaire.' Dans *Paris* et dans ses dernières œuvres polémiques, il dénonce avec véhémence les fonctionnaires de la 'machine gouvernementale' et leur impuissance à améliorer les conditions sociales, à viser plus haut que l'avancement de leurs ambitions. C'est donc au-dessus de la politique qu'il faut agir. Zola réclame le privilège de la direction spirituelle et sociale pour les poètes, les génies, les prophètes. Voici donc qu'à l'époque où les forces de ralliement national s'engagent de plus en plus dans la politique – la pensée de droite vers un nationalisme exalté, la pensée de gauche vers un socialisme et un internationalisme humanitaires – le romancier se tient à distance. Lorsque ces deux courants politiques se heurteront dans l'Affaire Dreyfus, Zola prendra bien parti. Mais son engagement politique et son œuvre littéraire seront, comme il reste à voir, des mondes à part. Bien qu'il cherche à influencer la vie de son siècle, il ne se mêle plus guère à la vie publique. Il prend de plus en plus le rôle du prophète, dans son refuge de Médan, consulté et prononçant ses avis sur des problèmes locaux et nationaux. Saint-Georges de Bouhélier se rappelle qu'il 'se regardait comme un patriarche,' que son langage parlé 'se mêlait d'images imprévues, d'un tour qui fleurait bon la terre et qui rappelait la poésie biblique.'[34]

Néanmoins, pour méprisant qu'il soit de l'action civique, Zola exposera, dans la série de romans qui va suivre *les Trois Villes*, bien des convictions et des aspirations qui marquent les dernières années du siècle et qui constituent, comme on l'a vu, l'idéologie de gauche, opposée au mouvement réactionnaire qui domine l'époque. Quelques-uns des principaux thèmes des milieux républicains, libéraux et socialisants, y apparaîtront, mêlés, non sans disparates parfois, aux convictions plus personnelles du romancier, convictions auxquelles il se permettra de donner libre et généreuse expression. Son propre regain d'optimisme et d'espoir a bénéficié du renouveau de cette même tendance chez bon nombre de ses contemporains. Comme eux, il s'efforcera à la fois d'inspirer un sens de solidarité avec la collectivité et de vanter le rôle de l'effort individuel. Il croit, comme eux, au progrès par la raison, la justice et la science, et s'adonnera à l'exaltation de la bonté foncière du peuple, des vertus artisanales, du rôle rédempteur de l'instituteur et de l'enseignement laïque. L'anti-cléricalisme républicain renforce ses propres penchants. Il reprend à son compte l'internationalisme patriotique de ces années-là, pro-clamant la mission régénératrice de la France, faisant même l'éloge de l'impérialisme français, mais croyant toujours mettre les droits de l'humanité au-dessus de ceux de la patrie.

En somme, beaucoup plus que l'élaboration d'une doctrine con-séquente, les *Evangiles* de Zola seront une œuvre qui rassemble divers éléments de cette idéologie de gauche, de cet 'état d'esprit' républicain et laïque, à tendances internationalistes, imbu d'un humanitarisme expansif. Et qui plus est : 'L'enthousiasme contagieux de la bagarre dreyfusienne renforça les convictions. On se battait pour la raison et la justice contre l'obscurantisme, l'intérêt et l'inertie d'un passé qui ne voulait pas mourir. Aussi les dreyfusards prennent-ils souvent des accents messianiques pour parler de leurs combats : "Nous fûmes des héros" affirme Péguy.'[35] Les protagonistes de la nouvelle série de Zola seront aussi des apôtres héroïques, des 'professeurs d'énergie,' chargés de la mission de réaliser ces aspirations humanitaires pour le nouveau siècle dont l'aube va bientôt paraître.

En même temps, Zola en est venu à constater la nécessité d'un acte de foi, de l'élaboration d'une doctrine religieuse à offrir au peuple qu'il veut guider sur le chemin du bonheur terrestre. On attend un nouvel Evangile. Mais quelles sont les vérités qu'il doit révéler, les doctrines qu'il va exposer ?

Les mots 'fécondité,' 'travail,' 'vérité' et 'justice' reviennent sans cesse sous la plume de Zola, dans les œuvres de cette époque-là. Ces termes abstraits expriment des notions larges et générales dans les-quelles le romancier met ses espérances pour l'avenir. Il s'efforcera de les ériger en une nouvelle doctrine conséquente. Elles fournissent des points de repère selon lesquels le prophète des temps meilleurs peut orienter ses idées. Elles ont ceci de commun qu'elles s'opposent, aux yeux de Zola, à l'obscurantisme de l'Eglise que le romancier a toujours condamnée pour avoir prêché une religion réactionnaire, une religion de la mort, qui nie la femme, la vie, la science – les véritables forces du progrès. Elles vont à l'encontre de l'exaltation idéaliste, du mysticisme et de la soif d'éternité, qui venaient de s'affirmer dans la conscience du pays et dans son art.

La nouvelle doctrine sera plus près de la simple croyance stoïque de la servante de *Rome,* Victorine, qui est beauceronne et qui représente le bon sens paysan, avec 'son bel équilibre de créature saine et bornée qui se contentait de la terre,' avec 'cette tranquille irréligion, cette insouciance si sage, si gaie, du petit peuple incrédule de France' (VII, 947). La nouvelle doctrine sera nourrie d'un hédonisme, venu de la redécouverte des joies de vivre, d'autant plus vif que longtemps réprimé et tardivement reconquis. Dans la dernière scène de *Paris,* tout le paganisme exalté de *Fécondité* s'affirme : 'Pendant deux mille ans, la marche en avant de l'humanité aura eu pour entraves cette odieuse idée d'arracher de l'homme tout ce qu'il a d'humain, les désirs, les passions, la libre intelligence, la volonté et l'acte, toute sa puissance. Et quel réveil joyeux, lorsque la virginité sera méprisée, lorsque la fécondité redeviendra une vertu, dans l'hosanna des forces naturelles libérées, les désirs honorés, les passions utilisées, le travail exalté, la vie aimée, enfantant l'éternelle création de l'amour !' (VII, 1560). Dans *Paris,* Zola poursuit aussi sa défense de la science qui aura bien un rôle important à jouer dans son nouvel 'Evangile,' surtout dans le deuxième roman de la série, *Travail* (1901). Sans doute, il le fait surtout parce qu'on proclame la banqueroute de la science.[36] Mais toute la chaleur de la conviction va au parti que Pascal Rougon avait fini par prendre, à la libération et au culte des forces créatrices de la vie, car à la base des professions de foi du romancier il y a la croyance intuitive que la vie contient un élan naturel vers le bien, 'la certitude supérieure que la vie se suffisait, était l'unique faiseuse de santé et de force' (VI, 1298). Tel sera le premier et le principal article de foi de son œuvre apostolique.

2

Zola, le malthusianisme et la dépopulation en France

PERSPECTIVE HISTORIQUE

L'idée de la décadence française semblait être confirmée par le fait du très lent accroissement de la population du pays. Au cours de la dernière décennie du siècle, un public plus large commençait à prêter attention aux cris d'alarme, répétés de plus en plus fréquemment depuis quelque temps par certains économistes et démographes.

C'est qu'en effet, pendant le dix-neuvième siècle, la France avait perdu l'hégémonie démographique de l'Europe, en cessant de maintenir un taux d'accroissement comparable à celui des pays voisins. Mais le phénomène était resté inaperçu ou mal compris. De plus, à l'encontre de la forte tradition de pensée nataliste qui caractérise les pays latins, un nouvel état d'esprit prédominait. Antérieurement, on avait envisagé la question surtout par rapport au développement de l'agriculture. Pour le marquis de Mirabeau, comme pour les physiocrates, qui s'étaient le plus intéressés aux problèmes démographiques du dix-huitième siècle, 'le premier des biens, c'est d'avoir des hommes, et le second, de la terre.'[1] Pour eux, une abondante population constituait la principale richesse d'un pays. Il en est de même pour Rousseau qui écrit dans le *Contrat social* : 'Ce sont les hommes qui font l'Etat, et c'est le terrain qui nourrit les hommes; ce rapport est donc que la terre suffise à l'entretien de ses habitans, et qu'il y ait autant d'habitans que la terre en peut nourrir.'[2] On sait aussi avec quelle vigueur Montesquieu parlait du problème (illusoire) du dépeuplement de la Terre, comme de 'la plus terrible catastrophe qui soit jamais arrivée dans le Monde.'[3]

Pourtant, au tournant du siècle, avec l'industrialisme de plus en plus répandu, la doctrine malthusienne s'établissait, d'inspiration socio-économique. 'En France,' dit René Gonnard, 'la fortune du malthusianisme fut exceptionnelle. La misère des classes inférieures était attribuée, par beaucoup d'économistes et de polygraphes anglais et français, à une surpopulation ... Les auteurs français, sous l'influence de ces idées, ne furent pas longtemps à adopter le malthusianisme.'[4] L'auteur de l'*Essai sur le Principe de Population* (1798) avait fait de la notion d'équilibre entre les subsistances et la population la pierre de touche de son système. Selon lui, chaque peuple tend à se multiplier plus rapidement que les subsistances. Plus précisément, la race humaine croît en proportion géométrique comme les nombres 2, 4, 8, 16, 32, tandis que les subsistances ne croissent qu'en proportion arithmétique comme 1, 2, 3, 4, 5. Cette loi d'accroissement porte en soi le germe fatal de la misère des hommes, dont la principale cause est leur excessive fécondité naturelle; les individus qui sont en trop doivent fatalement disparaître. Il résume les prémisses de sa doctrine par les propositions suivantes :

1 Le niveau de la population est nécessairement limité par les moyens de subsistance.

2 La population s'accroît partout où croissent les moyens de subsistance, à moins que des obstacles puissants ne l'arrêtent.

3 Ces obstacles particuliers, et tous ceux qui freinent l'accroissement de la population et la forcent à se réduire constamment au niveau des moyens de subsistance, peuvent tous se rapporter à trois chefs : la contrainte morale, le vice et le malheur.[5]

Trop vertueux pour préconiser des 'obstacles' répressifs, trop chrétien pour sanctionner de 'vicieuses' pratiques anticonceptionnelles, Malthus voit dans la continence (*moral restraint*) la seule solution au problème du surpeuplement. Un individu n'a le droit de se marier et de procréer que s'il a de quoi suffire aux besoins de sa famille.

Pourtant, quelques recommandations politiques, ajoutées à cette solution de moraliste protestant, lui valurent la censure immédiate de ses contemporains. Il faut, dit-il, refuser aux pauvres et aux enfants illégitimes leur prétendu droit à être entretenus aux frais de la société. Voici la célèbre parabole du banquet qui résume cette idée :

Un homme qui est né dans un monde déjà occupé, s'il ne peut obtenir de ses parents la subsistance, et si la société n'a pas besoin de son travail, n'a aucun droit de réclamer la plus petite portion de nourriture, et en fait il est de trop. Au grand banquet de la nature, il n'y a pas de couvert mis pour lui. Elle lui commande de s'en aller, et elle met elle-même promptement ses ordres à exécution s'il ne peut recourir à la compassion de quelques-uns des convives du banquet.[6]

C'est ainsi qu'en France, au cours de la première moitié du siècle, où l'influence du malthusianisme s'imposait, on considérait que la diminution relative du taux d'accroissement démographique était un facteur heureux. Peu d'économistes y voyaient autre chose que l'évidence du bien-être du pays et de la droiture de ses institutions.

Toutefois, à l'appui de raisons doctrinales, deux courants de pensée s'opposaient à l'influence malthusienne. D'abord, le catholicisme y voyait une doctrine contradictoire au *Crescite* de la Genèse et la justification de la jouissance égoïste. D'autre part, le socialisme condamnait une doctrine niant l'efficacité des réformes pour améliorer le sort des pauvres et préconisant la contrainte morale, liée à la propriété privée et à l'individualisme. Les socialistes y voyaient 'le palladium de l'individualisme manchestérien; et, comme on l'a dit, l'auteur de l'*Essai* fut longtemps la "bête noire" du socialisme.'[7]

Néanmoins, sous le Second Empire, il n'y avait eu que quelques rares avertissements. Le recensement de 1856 avait marqué une récente baisse et, pour la première fois, le problème avait été discuté dans les journaux et dans les revues. Mais on s'inquiétait avant tout de l'effet qu'aurait ce déclin sur l'agriculture et sur les effectifs du pays. Lorsque le recensement de 1866 confirma le déclin, l'académicien et homme politique Prévost-Paradol fut en mesure d'exposer avec plus d'autorité le phénomène, dans un livre retentissant, *la France nouvelle* (1868), où il fait appel à des mesures propres à stimuler la population du pays et une politique d'expansion coloniale en Afrique pour faire face à la menace allemande. Ou bien la France, selon lui, restera 'dans une agitation intermittente et impuissante ... dans une honteuse insignifiance, sur ce globe occupé par la postérité de [ses] anciens rivaux ... ou bien de quatre-vingts à cent millions de Français, fortement établis sur les deux rives de la Méditerranée, au

Table 1

	Population (milliers)	Excédent des naissances sur les décès (+) ou diminution de population (−)
1851	35.782	
1871	36.544	
1881	37.672	+ 108.229
1885	38.105	+ 87.661
1890	38.383	− 38.446
1891	38.343	− 10.505
1892	38.323	− 20.041
1893	38.380	+ 7.146
1894	38.418	+ 39.768
1895	38.459	− 17.813
1896	38.517	+ 93.700
1897	38.659	+ 108.088
1898	38.745	+ 33.860

cœur de l'ancien continent, maintiendront, à travers les temps, le nom, la langue et la légitime considération de la France.'[8]

C'est après la défaite de 1870, essuyée sous les coups d'un pays plus prolifique, que la France prit nettement conscience de l'insuffisance de son accroissement démographique. C'est surtout à partir de cette date qu'on constate à chaque recensement des excédents de naissances dérisoires, et parfois même des diminutions de population (voir table 1). Si la France ne se dépeuplait pas, au sens exact du terme, elle cessait de se peupler. Par conséquent, elle se sentait de plus en plus à la merci de l'Allemagne, nation plus puissante et prolifique. En 1870, les deux populations étaient à peu près équivalentes. Mais, dix ans plus tard, tandis que celle de la France restait stationnaire avec 37 millions d'habitants, la population allemande en comptait 45 millions, pour s'élever jusqu'à 49 millions en 1890. Le problème devenait l'objet de nombreuses discussions dans la presse et le sujet de bien des études de statisticiens et de démographes. Pourtant, on ne parvint pas, au cours de cette période, à formuler définitivement une loi démographique valable. On voyait simplement qu'il s'agissait désormais d'écarter les appréhensions suscitées par Malthus pour faire face à de graves dangers politiques et militaires. On se reprit à envisager le problème du point de vue national et à voir que le péril n'était plus dans la surpopulation mondiale, mais dans la dépopulation nationale.

Néanmoins, cette prise de conscience du problème produisait peu d'effet. En 1881, Raoul Frary note : 'Nous devons parler encore de la stagnation de la population, car c'est le plus grave de tous les périls, le péril de l'avenir ... Déjà quelques économistes ont poussé un cri d'alarme qui n'a eu que peu de retentissement. On dit : "La population n'augmente plus guère; c'est un grand malheur; mais qu'y faire ?" Et l'on n'y pense plus.'⁹ On répugnait à changer des habitudes sociales et surtout à s'imposer des privations. De plus, on signalait un problème de surpeuplement en Allemagne où l'émigration forcée avait été instituée. La France d'après le désastre de 1870–1 semblait à certains devoir vite regagner sa prospérité et on voyait la population des autres pays commencer à se niveler aussi.

Voici donc que, vers les années 1890, le problème devient de plus en plus inquiétant pour ceux qui, économistes, démographes et littérateurs, tiennent compte des conséquences. A quatre reprises, au cours de cette période, les décès excèdent les naissances. Les avertissements, les explications et les théories se multiplient.

THEORIES DE LA POPULATION

Il est possible de distinguer deux ordres de théories qui s'offrent à cette époque pour expliquer le déclin de la fertilité des ménages français. D'abord, celles qui y voient un phénomène naturel, involontaire, inévitable même, attribuable à la condition physiologique de la population et à l'état présent de son développement. Mais plus communes sont celles qui considèrent la restriction volontaire comme responsable du déclin, soit en se référant à des institutions et des coutumes particulières à la France, soit en désignant des caractères communs aux pays occidentaux, mais trouvés à un état plus développé en France.

Les interprètes des théories de la première catégorie attribuent la basse natalité française à une incapacité de procréer. Ils tendent en effet à proclamer l'existence d'une sorte d'antinomie entre les deux termes : population et civilisation. Vers cette conclusion convergent les travaux et les théories des physiologistes d'une part, qui établissent une opposition physique entre 'l'individuation' et la genèse, et puis des sociologues d'autre part, qui proclament cette opposition en des termes plus généraux. Le plus souvent, ils se réclament de Herbert Spencer, le philosophe évolutionniste anglais, dont la doctrine de la population est exposée dans la sixième partie des *Principes de biologie* (1864), traduits en français en 1877-8 par E. Cazelles. D'après Spencer, le développement de l'être humain vers 'l'individuation' et vers 'l'extension de l'intelligence' s'accompagne nécessairement d'un affaiblissement de la fécondité. L'activité procréatrice diminue en proportion de l'intensité du travail mental et nerveux et du détournement de l'énergie vers d'autres formes de l'activité. Dans la lutte pour la vie, l'homme se perfectionne et dépend de moins en moins de l'abondance de population pour progresser :

L'excès de fécondité a rendu la marche de la civilisation inévitable, et la marche de la civilisation doit inévitablement diminuer la fécondité et en définitive en détruire l'excès ... Enfin, après qu'elle a été cause que le globe s'est couvert de la population qu'il peut porter et que toutes les parties habitables ont été mises au meilleur état de culture; après qu'elle a élevé à la perfection toutes les opérations qui servent à satisfaire les besoins humains; après qu'elle a développé en même temps l'intelligence pour la rendre capable de remplir sa tâche, et les sentiments pour les adapter complètement à la vie sociale; après avoir fait tout cela, cette cause, ayant fini son œuvre, doit elle-même graduellement finir.[10]

D'après ces principes, Spencer prévoit pour tous les peuples à venir un état stationnaire dans lequel le monde sera habité et cultivé au plus haut degré et où la fécondité abondante de l'homme ne servira à aucune fin :

A mesure qu'il s'approche de l'équilibre entre sa nature et les circonstances toujours en voie de variation de son milieu inorganique, et qu'il s'approche d'un équilibre entre sa nature et toutes les nécessités de l'état social, l'homme s'approche en même temps de la limite la plus basse de fécondité où l'équilibre de la population se soutient par l'addition d'un nombre d'enfants égal au nombre de vieillards que la mort soustrait. Des changements numériques, sociaux, organiques, doivent, par leur influence mutuelle, créer sans cesse un état d'harmonie où chacun des facteurs est juste au niveau de son œuvre.[11]

En s'appuyant sur l'autorité de Spencer, on pouvait croire que la France, dans son état stationnaire, ne faisait que devancer les autres pays du monde sur le chemin de l'équilibre.

D'autres théoriciens vont dans le même sens que Spencer, sans exclure d'autres facteurs caractéristiques des pays civilisés, qui incitent à la continence.[12] Paul Leroy-Beaulieu est le principal représentant de ce point de vue éclectique. A l'instar de Spencer, il considère comme démontrable que la civilisation démocratique est contraire à la 'prolificité,' et que, peu à peu, tous les peuples civilisés verront leur natalité décroître et se rapprocher de celle de la France. Cependant, il soutient aussi que les circonstances économiques du pays ne sont plus favorables aux familles nombreuses. L'école obligatoire et les lois sur les fabriques rendent les enfants moins rémunérateurs qu'autrefois. L'effet est renforcé par l'affaiblissement des croyances religieuses, car les provinces les plus prolifiques sont celles qui ont conservé leur fidélité aux anciennes croyances. Sous un régime plus démocratique, la concurrence est beaucoup plus vive pour ceux qui se destinent aux carrières libérales, commerciales et industrielles, de sorte qu'on étend la période de vie entre la puberté et le mariage. Par l'addition de ces raisons sociales et économiques, il aboutit à la même conclusion que Spencer et ses disciples : 'En ce qui concerne les nations de l'ouest et du centre de l'Europe, il ressort de l'observation du mouvement démographique depuis trois quarts de siècle et surtout depuis vingt ans que, au fur et à mesure que l'aisance s'y accroît et qu'elles s'imprègnent de la civilisation démocratique, la fécondité s'y réduit.'[13]

Le même auteur écarte pourtant les idées extrêmes de notre première catégorie de théoriciens, c'est-à-dire de ceux qui voient dans la dépopulation de la France le résultat direct de l'affaiblissement général d'une race vieillie. Selon cette conception du problème, la force reproductrice de la nation a été atteinte par la culture trop raffinée, par l'hypernervosité et la dégénérescence d'un pays décadent. Comme chez l'individu, une fois le système nerveux détraqué, la stérilité est venue. Si le progrès de la civilisation amène l'infécondité, celle-ci est aussi le symptôme de son étiolement. Selon Gustave Le Bon, 'passer de la barbarie à la civilisation en poursuivant un rêve, puis décliner et mourir dès que ce rêve a perdu sa force, tel est le cycle de la vie des peuples.'[14]

Cependant, en général, on reste attaché à l'opinion que c'est la restriction volontaire qui provoque cette crise. Des besoins nouveaux et des plaisirs nouveaux sont venus se substituer aux plaisirs élémentaires des relations sexuelles et de la maternité. On consent de plus en plus à restreindre le nombre d'enfants ou bien à se marier plus tard. Pour expliquer ce phénomène, certains théoriciens ne proposent comme explications que les moyens de restriction volontaire qu'ils tendent à confondre avec les causes. On blâme avant tout les pratiques anticonceptionnelles, la fréquence de l'ovariectomie,[15] la mortalité des nouveaux-nés et l'avortement.

Mais d'autres commentateurs cherchent à expliquer les motifs qui conduisent les familles françaises à limiter le nombre d'enfants. Deux théories rigoureuses méritent un examen assez attentif : d'abord, celle des disciples de Le Play, auteur de *la Réforme sociale en France* (1864), ouvrage qui leur offrait une explication toute prête du déclin de l'esprit familial en France; et celle d'Arsène Dumont, auteur de *Dépopulation et Civilisation* (1890).

Le Play (1806–82) avait été un critique sévère de l'organisation individualiste de la société française depuis la Révolution, et surtout du régime du partage forcé des héritages, instauré par le Code civil. Le partage du patrimoine dissout, selon lui, les ressources de la famille, créant de nombreuses petites familles instables. D'où le fait, conclut-on, que les familles se limitent pour éviter le morcellement de leur domaine. La stabilité sociale et démographique dépend de la stabilité familiale qu'assurerait la solidité féconde de ce que Le Play appelle la 'famille-souche,' c'est-à-dire la famille unie et féconde qui comprend les proches parents vivant tous en communauté, sous l'autorité d'un chef.[16] Maintenant, chez les populations ouvrières et dans les classes riches, c'est la famille instable qui prédomine. Dans la 'famille-souche' (que garantirait la liberté testamentaire), le père est libre d'associer à ses travaux celui de ses nombreux enfants qu'il juge le plus apte à continuer l'œuvre de la famille. Il y existe un foyer familial perpétuel, auquel les autres enfants peuvent s'adjoindre et où ils peuvent profiter du travail des aïeux, s'ils ne veulent pas chercher une situation et s'établir ailleurs. Ainsi le rétablissement de la liberté testamentaire assurerait la transmission intégrale du patrimoine et, avec elle, la fécondité des mariages serait rétablie.

Certains littérateurs invoqueront les théories de Le Play et son analyse de la désagrégation de l'ancien système familial.[17] On ne peut que reconnaître la valeur de son étude des effets désastreux du système successoral sur les domaines familiaux et sur la population des régions agraires. Mais elle n'explique pas la baisse de la natalité dans les grandes villes. C'est ce que s'efforce de faire Arsène Dumont dans son étude démographique, *Dépopulation et Civilisation*.

Dumont part de l'idée spencérienne d'une opposition entre 'l'individuation' et la genèse. Mais, au lieu d'y voir l'évidence d'une diminution inconsciente de la faculté génératrice, il constate une diminution voulue et réfléchie : 'La vraie cause de l'affaiblissement de notre natalité est la volonté de n'avoir que peu ou point d'enfants, et cette volonté elle-même est déterminée par un ensemble de dispositions intellectuelles, morales, esthétiques, particulières à notre nation.'[18] Sous un régime démocratique où se rencontrent l'égalité politique et l'inégalité économique, la vie offre des possibilités d'avancement social qu'excluent d'autres régimes, où la majorité 'subalternée' se contente de proliférer. On cherche à monter dans l'échelle sociale, puis à reporter sur ses enfants les rêves ambitieux qui n'ont pas été réalisés. Le meilleur moyen de faciliter l'ascension de ses enfants, c'est d'en limiter le nombre et de leur laisser une plus grande part de fortune. De plus, cette ascension sociale entraîne des difficultés financières qu'une famille nombreuse ne ferait qu'aggraver. Dumont fait, de ces observations, une loi souveraine qu'il appelle la loi de la capillarité sociale et qu'il résume ainsi :

Le progrès de la natalité est en raison inverse de la capillarité sociale.

Le progrès de l'individu, soit en valeur soit en jouissances, est en raison directe de la capillarité sociale.

D'où cette conséquence que le développement de la race en nombre est en raison inverse du développement individuel en valeur ou en jouissances. Plus un foyer de culture est lumineux, plus il exerce d'attraction, et plus il exerce d'attraction, plus il est lumineux. C'est 'un effet qui s'augmente par son effet même.'

Plus l'attraction exercée est considérable, plus ceux qui la subissent sont rapidement consumés au foyer. Le plébéien met le but plus haut que le fils de l'aristocrate. Il est aussi plus âpre à la jouissance, quand il se tourne de ce côté.

La démocratie se trouve ainsi représenter la viriculture intensive, comme à l'extrême opposé le régime des castes représente la viriculture extensive.[19]

Pour combattre l'influence néfaste de cette loi sur la natalité du pays, il aurait fallu, selon Dumont, éliminer les conditions sociales qui créent l'inégalité économique, freiner la centralisation et l'urbanisation excessives et, en même temps, susciter des valeurs et des aspirations collectives.

Plusieurs démographes ont accepté la théorie de Dumont,[20] qui offrait une analyse rigoureuse d'un des facteurs de la civilisation moderne qui contribuait à la dépopulation. Il importe de mentionner surtout l'économiste italien, Francesco S. Nitti, auteur d'une étude sur ce problème, *la Population et le Système social* (1897),[21] étude fort estimée en France, surtout par les théoriciens de tendance socialiste. Dans cet ouvrage, Nitti cherche à réunir les théories de Spencer et de Dumont et, conformément à la tradition italienne, à écarter les craintes malthusiennes : 'Dans toute société où l'individualité sera fortement développée et où le progrès de la socialisation ne détruira pas toute activité individuelle, dans toute société où la richesse sera largement subdivisée et où les causes sociales d'inégalité seront éliminées grâce à une forme élévée de coopération, la natalité tendra à s'équilibrer avec les subsistances et les variations rythmiques de l'évolution démographique n'auront plus rien d'effrayant pour l'humanité.'[22]

D'autres commentateurs considèrent que la conception générale de la vie, manifestée dans les croyances philosophiques et religieuses et dans les goûts littéraires et artistiques de la nation, exerce une influence décisive sur la natalité de certaines classes. On débat surtout la question de savoir si le christianisme favorise ou non la fécondité. Dumont lui-même est le plus acharné à condamner son influence. Selon lui, comme toute croyance surnaturelle, le christianisme détourne l'esprit des devoirs sociaux et méconnaît la solidarité de l'individu avec la race. 'Si le mariage et la vie active,' écrit-il, 'sont tolérés comme des nécessités inévitables, l'idéal reste toujours le moine ou la religieuse, l'individu isolé, en tout cas le célibataire désœuvré; car le modèle suprême que tous les hommes sont appelés à imiter c'est, il ne faut jamais l'oublier, un homme-dieu qui n'eut ni patrie, ni propriété, ni profession régulière, ni famille, ni femme, ni enfants, tandis que le modèle proposé aux femmes est une vierge.'[23] D'habitude, pour appuyer un tel argument, on se réfère aux paroles, qui ne sont guère approbatrices, de Saint-Paul sur le mariage : 'Je pense qu'il est bon pour l'homme de ne point avoir de contact avec une femme. Toutefois, pour éviter l'impudicité, que chacun ait sa femme, et que chaque femme ait son mari ... car il vaut mieux se marier que de brûler' (1 Corinthiens, VII, 2 et 9).

Par contre, les défenseurs du christianisme répondent par le 'Croissez et multipliez-vous' de la Genèse, constatant aussi que l'enseignement du Christ avait sanctifié et exalté les lois naturelles. Il assure la paix des ménages et la durée des familles. Aux yeux de l'Eglise, le but essentiel du mariage est la génération. Selon Leroy-Beaulieu, 'la religion catholique, plus encore que toutes les autres, enseigne la résignation au sort, condamne l'égoïsme et l'ambition et exalte le sentiment' qui tend à rendre les familles nombreuses.'[24]

Dans *l'Irréligion de l'avenir* où il analyse le rôle de la religion dans la société, le philosophe et poète Jean-Marie Guyau consacre un chapitre important aux rapports des croyances religieuses et de la fécondité (chapitre 7), auquel se réfèrent bien des démographes. Il a déjà constaté que la civilisation s'achemine de plus en plus vers un état d'individualisme et 'd'*anomie* religieuse.' Il considère que toutes les religions attachent une importance considérable à l'accroissement rapide des familles. Puisque l'influence de l'esprit religieux diminue chez les peuples les plus avancés et que l'esprit moderne s'oppose aux croyances religieuses, l'infécondité doit être le résultat inévitable de ce mouvement. 'En somme,' écrit-il, 'la question de la population française est purement et simplement une question de *morale*; mais elle est liée plus que toutes les autres questions de ce genre à la religion, parce que la morale religieuse a été, jusqu'à présent, la seule qui ait osé aborder ces problèmes dans l'éducation populaire : la morale laïque a montré à cet endroit la plus blâmable négligence.' Puisqu'il est démontré que les races intelligentes se reproduisent plus difficilement, 'augmenter cette difficulté naturelle par la restriction volontaire, c'est travailler de gaieté de cœur à l'abrutissement de la race humaine.'[25] Il importe d'inspirer des sentiments de devoir familial et patriotique. Surtout, il faut qu'une obligation morale remplace l'obligation religieuse et que l'action et la fécondité deviennent des principes moraux :

Vie, c'est fécondité ... L'expansion, loin d'être ainsi contre la nature de la vie, est selon sa nature; elle est même la condition de la vie véritable, de même que, dans la génération, le besoin d'engendrer un autre individu fait que cet *autre* devient comme une condition de *nous-même*. C'est que la vie n'est pas seulement nutrition, elle est production, et l'égoïsme pur, au lieu d'être un agrandissement, serait une diminution et une mutilation de soi. Aussi l'individualité, par son accroissement même, tend-elle à devenir sociabilité et moralité. C'est cette sociabilité qui, après avoir fait le fond de l'instinct moral, crée l'instinct religieux ou métaphysique, en ce qu'il y a de plus profond et de plus durable.[26]

Guyau s'oppose aussi à toute la morale pessimiste qui s'est infiltrée dans les habitudes de penser des esprits cultivés de cette époque et qui est singulièrement contraire à l'idéal familial. Depuis assez longtemps, les idées de l'auteur de *la Métaphysique de l'amour* sont bien connues en France.[27] Selon Schopenhauer, l'amour est la grande tromperie de la nature. Dans l'immense illusion qu'est la vie, les femmes sont les complices du génie de l'espèce qui ne veut que se reproduire et perpétuer la douleur et la souffrance qui accompagnent toute vie et tout effort. Par un accord tacite des volontés, il faut déjouer les ruses du génie et, par l'acte d'abstention, par l'ascèse bouddhiste et par la suppression de la volonté d'agir, atteindre 'le règne de la grâce' qui précède l'anéantissement final.

Une bonne partie de la littérature décadente et symboliste est comme possédée par la morale ascétique de Schopenhauer et par la méfiance envers l'amour, la nature et la femme. L'idéal esthétique de cette fin de siècle subit directement et indirectement son influence. Pessimisme, raffinement et ascétisme sont trois éléments importants d'une certaine forme de la mentalité moderne, éléments des plus néfastes à l'idée de la fécondité. A la remorque de Baudelaire, les poètes déclarent que 'la femme est *naturelle*, c'est-à-dire abominable' ('Mon cœur mis à nu,' III). Elle est proche de la Nature, domaine de la déchéance universelle. Ils chantent, par opposition, les 'paradis artificiels' et les 'voluptés factices.' Laforgue rêve de relations amoureuses libérées des attaches sensuelles du génie de l'espèce. Mallarmé déteste la nature et préfère le stérile hiver. Au moyen du personnage d'Hérodiade, qui dit : 'Je ne veux rien d'humain ... c'est pour moi, pour moi, que je fleuris, déserte,' il exalte 'la chair inutile' de la femme stérile; et, selon lui, la vierge est 'le seul être qui mérite l'adoration.'[28] Pour les poètes symbolistes d'ailleurs, la femme n'est que 'l'aide commode d'une méditation, intermédiaire dont on se débarrasse dès que, par sa vertu, on se croit siéger dans des sphères supérieures.'[29] Elle n'est tolérée que comme un être ambigu, ayant pour principal devoir de maintenir la pureté des formes inaltérées. De plus, Téodor de Wyzewa et les adhérents de la *Revue Wagnérienne* ont annexé l'œuvre de Wagner au symbolisme, mettant en valeur avant tout l'aspect philosophique et symbolique d'une œuvre qui exalte le *Liebestod* et cherche l'épanouissement éternel de l'amour au royaume de la nuit et de la mort. Lohengrin et le cygne, Parsifal et le Graal se sont insérés dans la symbolique de l'évasion vers l'idéal, qui caractérise le mouvement symboliste et décadent.[30]

Cependant, l'érotisme n'est point interdit. Au contraire, les héroïnes décadentes surtout sont le plus souvent des plus lascives; mais l'important, c'est qu'elles restent hors nature et infécondes. Dans *A Rebours* de Huysmans, par exemple, le type même des esthètes décadents, des Esseintes, s'extasie devant la 'Salomé' de Gustave Moreau, 'la déité symbolique de l'indestructible Luxure.'[31] Rien d'étonnant, par conséquent, à ce qu'il déclare que 'la nature a fait son temps,' qu'elle a 'définitivement lassé ... l'attentive patience des raffinés.' Quant à l'idée de la fécondité, il est intraitable là-dessus :

Quelle folie que de procréer des gosses ! pensait des Esseintes. Et dire que les ecclésiastiques qui ont fait vœu de stérilité ont poussé l'inconséquence jusqu'à canoniser saint Vincent de Paul parce qu'il réservait pour d'inutiles tortures des innocents ! ...

Ah ! si jamais, au nom de la pitié, l'inutile procréation devait être abolie, c'était maintenant ![32]

Il voudrait qu'on laisse 'doucement périr' les enfants abandonnés. Selon lui, les lois édictées par 'les Portalis et les Homais' de cette 'singulière époque' poussent l'inconséquence jusqu'à trouver toutes naturelles 'les fraudes en matière de génération' et à poursuivre les pratiquants de l'avortement. 'Il est bon d'ajouter, pensait des Esseintes, que, pour plus d'équité, ce n'est point l'homme maladroit, qui s'empresse généralement de disparaître, mais bien la femme, victime de la maladresse, qui expie le forfait d'avoir sauvé de la vie un innocent !'[33]

Le 'prince des esthètes,' se réfugiant ainsi dans le mépris de l'humanité et de la nature, n'a rien de commun avec le bourgeois moyen qui cherche à préserver intact l'héritage d'un fils ou d'une fille unique, sauf peut-être l'indifférence qu'il témoigne pour la santé démographique de son pays. Certains commentateurs, tout en tenant compte des facteurs sociaux et économiques de ce déclin, s'en prennent aux valeurs morales, philosophiques et esthétiques de l'élite intellectuelle du pays. On parle même d'une 'sélection à rebours,' opposée à celle de Darwin, selon laquelle les couches sociales 'supérieures,' qui devraient être les plus dynamiques, sont vouées à une rapide diminution, au détriment du pays, car ce sont surtout elles qui les premières préconisent le malthusianisme. A ce propos, Alfred Fouillée écrit : 'Outre les dangers extérieurs, l'infécondité systématique met en œuvre, à l'intérieur, un darwinisme à rebours, en faisant reposer le recrutement de la population sur la sélection des types inférieurs.' Le même auteur ajoute plus loin : 'Que faisons-nous en ce moment contre une dépopulation qui menace la patrie même et constitue ... le plus grand de tous les périls nationaux, puisqu'il porte sur l'existence même et la puissance de la nation ? Rien, absolument rien.'[34]

Pourtant, la propagande nataliste va toujours croissant et le problème s'impose de plus en plus à l'attention du public. En 1896, on prend des mesures actives contre la baisse de la natalité. C'est alors que les

principaux partisans d'une politique nataliste fondent la première
des ligues visant au relèvement de la population : *l'Alliance nationale pour l'Accroissement de la Population française*. En principe,
c'est une société de propagande, qui a pour buts principaux de mettre
en pleine lumière les dangers du dépeuplement en France et de faire
campagne pour certaines réformes fiscales : la surcharge des célibataires, l'exonération des chefs de familles nombreuses, la modification
du régime successoral et le rétablissement du droit d'aînesse. Les
moyens d'action consistent en des conférences, des publications à bas
prix et des délibérations provoquées dans les Conseils généraux et
les Chambres. Dans le programme de l'*Alliance*, on trouve, sur la
liste des premiers sociétaires, le nom d'Emile Zola, de même qu'une
citation tirée de l'article 'Dépopulation' qu'il vient de publier dans
Le Figaro (23 mai 1896).

DU ROMAN DU DECHET AU POEME DE LA FECONDITE

Bien que le thème de la fécondité joue un rôle essentiel dans *les
Rougon-Macquart*,[35] la question du malthusianisme n'entre guère
dans le cadre des études sociales du Second Empire, où elle était à
peine débattue. Zola nous offre bien des tableaux qui décrivent les
misères de la fécondité ouvrière : la Maheude et les autres femmes
du 'coron,' déformées par les successives maternités, dans *Germinal*;
Mme Gaudron et le pullulement extraordinaire dans la grande maison de la rue de la Goutte-d'Or, dans *l'Assommoir*; la troupe de petits
déguenillés de Bonneville, dans *la Joie de Vivre*. Dans *la Terre*
cependant, il aborde le problème du dépeuplement de la campagne.
Mais là encore, Zola ne fait que reprendre très sommairement les
idées de Léonce de Lavergne, auteur de *l'Agriculture et la Population* (1857) et l'un des premiers à signaler un problème de dépeuplement en France, mais seulement du point de vue de l'agriculture.
Disciple de Malthus lui-même, Lavergne attribue la crise au manque
de subsistances et aux problèmes économiques d'après-guerre. Zola
avait lu aussi les *Pensées* (1886) de l'abbé Joseph Roux, qui insiste
sur le malthusianisme des paysans, ce qu'il impute à leur matérialisme
grossier. Le romancier introduit ces idées fidèlement dans son œuvre.[36]
Même, dans *Pot-Bouille*, il effleure la question du malthusianisme

des familles bourgeoises, lorsqu'il prend un malin plaisir à déjouer la prévoyance des Pichon, qui, sur les instances des parents de la femme, économes et pudibonds, promettent d'en rester à un seul enfant (mais qui se retrouvent avec trois filles sur les bras et se voient de ce fait déshérités). Mais c'est un sujet qui ne retient guère Zola. Il est même probable qu'il avait lui-même eu recours aux pratiques anticonceptionnelles, sans doute devant les nécessités économiques des années difficiles.[37] Ainsi s'explique, en partie, le fait que, par contre-coup, lorsque le romancier a deux enfants en dehors du mariage, la question revêt pour lui une si grande importance.

Pourtant, venu au terme de sa série, l'attitude de Zola est tout autre. L'acte infécond est devenu pour lui un crime contre nature, un attentat contre la vie et la sainte maternité que, dans le dernier roman, le Docteur Pascal, il cherche à exalter. La double coïncidence de sa propre paternité et l'aggravation de la crise démographique de son pays l'amène, déjà en 1892, à méditer un roman sur le problème de la dépopulation. Le 22 juillet de cette année, c'est-à-dire lorsqu'il est occupé précisément à la préparation du Docteur Pascal, il en parle à l'interviewer du Gil-Blas, Max Rivière, qui l'interroge sur son projet de roman sur Lourdes :

J'ai beaucoup d'autres idées en tête. Aussi, je suis également assez tenté par un livre sur la dépopulation. Cela vous semble étrange ? ... J'ai sur ce sujet des documents très curieux, et on m'en a promis d'autres.[38] Ce qui me frappe surtout dans cette question aujourd'hui à la mode, c'est la mortalité infantile : on n'imagine pas le nombre d'enfants qui disparaissent en bas âge, ce qu'on pourrait appeler le Déchet de la vie. Et ce serait là le titre du livre : le Déchet.

Pourtant, le roman reste assez longtemps dans les cartons, car l'étude sur Lourdes devient la trilogie des Trois Villes. Mais Zola, semble-t-il, ne cesse de porter un vif intérêt à la question. Au lendemain de la création de l'Alliance nationale pour l'Accroissement de la Population française, dans son article du Figaro (23 mai 1896), 'Dépopulation,' il explique comment il envisage le problème et pourquoi il a adhéré à la ligue. C'est un texte important qui nous renseigne sur la façon originale dont Zola envisageait cette question. Là apparaissent déjà dans toute leur ampleur des vues qui trouveront leur expression définitive dans *Fécondité.*

Zola commence par déclarer que, depuis 'une dizaine d'années,' il est hanté par l'idée d'un roman sur ce sujet :

Mon roman se serait appelé *le Déchet,* et j'y voyais une fresque immense, tout ce qu'une ville comme Paris tue de germes, dévore d'êtres à naître, consomme d'avortements, pour être ce qu'elle est, le foyer toujours flambant de la vie de demain. On ne se doute pas des tragédies de la natalité; il y a là des dessous exécrables, un noir lac souterrain coulant au néant. Et rien ne me semblait plus vaste, plus grand, plus honnête, qu'un tel poème, où j'aurais plaidé les droits à la vie, avec toute la passion que je puis avoir dans le cœur. Mais il y faudrait un effort dont je ne suis plus capable peut-être ... [xiv, 786].

Il explique qu'à son idée, il ne s'agit pas d'un simple problème social. La prévoyance des 'malthusianistes' et les crimes contre l'enfance font outrage à son amour panthéiste 'du flot incessant et débordant de vie que charrient les veines du monde.' L'éternelle nature et son labeur sont la seule réponse au néant. Déjà, la nature 'insoucieuse, trop riche pour compter,' perd trop de germes 'au milieu de l'éternelle lutte des éléments.' Mais, pour l'homme, le problème est d'autant plus grave, car 'ici, ce n'est plus seulement l'insouciante largesse de la bonne nature qui se sait trop riche pour être ruinée jamais. Il y a raisonnement, volonté, et souvent c'est la débauche, et souvent c'est le crime, et dès lors le plus admirable sujet d'étude s'évoque, toutes les comédies, tous les drames qui sèment ainsi au néant la semence auguste des hommes, de même qu'un semeur assassin tuerait dans son germe le blé qui fait vivre, en le jetant à un champ de cailloux.' Il note que c'est le cri d'alarme, 'poussé en ce moment,' qui a revivifié en lui le désir d'écrire ce roman, d'autant plus qu'à chaque recensement, 'le patriotisme s'inquiète, se lamente, clame que la patrie est en danger ... Puis, tout se calme, et nos femmes ne font pas plus d'enfants qu'auparavant' (xiv, 786).

Zola trouve dans cet article l'occasion de bien faire comprendre à ses lecteurs son attitude envers les buts et les méthodes de la ligue, avec lesquels il n'est pas tout à fait d'accord. Comme on l'a déjà vu, il ne croit aucunement à l'efficacité des réformes légales. Il félicite donc ses collègues de leurs excellentes intentions, mais déclare que la solution du problème est ailleurs. 'Je crois,' dit-il, 'qu'on ne peut transformer les fâcheuses conditions existantes qu'en leur opposant, par la parole, par le journal, par le livre, d'autres conditions, l'idéal de mœurs nouvelles qui favoriseraient l'éclosion de familles nombreuses.' Il considère tout à fait inutile 'un peu moins, un peu plus de justice dans l'impôt.' Il y a là un phénomène économique qui tient à de 'profondes causes sociales' et qu'on ne pourrait changer 'sans une révolution violente' : 'Et c'est pourquoi, les législateurs me paraissant être sans force, je voudrais qu'on confiât la tâche aux moralistes, aux écrivains, aux poètes.' Il s'agit de créer un 'nouvel idéal social' et l'écrivain réformateur doit être chargé de la mission de le répandre. 'Et, si la beauté était mise à avoir beaucoup d'enfants, si la fécondité ennoblissait, est-ce que, de toutes parts, nous ne verrions pas se multiplier les naissances ? On souffrirait, on lutterait, on finirait bien par s'accommoder au nouvel idéal social, pour être fort, pour être beau' (xiv, 787). Comme Guyau, Zola envisage le problème surtout sous son aspect moral, en reconnaissant aussi qu'il y a 'certainement une part de mode et de bon ton.' En somme, il importe avant tout de persuader les jeunes et jolies filles 'que rien n'est beau, que rien n'est fort comme les nombreuses familles.'

Puis le futur auteur de *Travail* touche à l'indifférence des socialistes à l'égard de ce grave problème national. Admettons, dit-il, qu'on puisse espérer voir un jour les nations se réunir pour ne faire qu'un peuple et que la diminution de la natalité d'un pays ne fasse que partie du flux et du reflux de l'histoire. Mais 'nous n'y sommes pas,' écrit-il, 'ce n'est pas demain que les frontières disparaîtront, et le plus sage est donc de vivre chez soi, pour soi, puisque l'idée de patrie est encore le levier nécessaire qui soulève les cœurs, qui enflamme les courages.' Il faut absolument que les mères françaises aient beaucoup d'enfants, 'car il est nécessaire au salut du monde que la France vive, elle d'où est partie l'émancipation humaine, elle d'où partiront toute vérité et toute justice ! Si elle doit un jour ne faire plus qu'une avec l'humanité, ce sera comme la mer où tous les fleuves viennent se perdre' (xiv, 790). Si le patriotisme de Zola prime ici ses tendances socialistes, déjà le problème de la natalité est absorbé dans une vision plus vaste. Le

besoin d'une régénération nationale se confond avec des rêves humanitaires d'émancipation humaine. Un souffle d'évangélisme infuse ces
pages. C'est le résultat des expériences de Pierre Froment dans *les
Trois Villes*. Il ne s'agit plus de s'en tenir à des scènes d'avortement et
de mortalité infantile. Pour avoir été laissé en friche avant que la série
des *Trois Villes* fût achevée, le roman du *Déchet* a changé de caractère, devenant le poème de la fécondité et le premier des quatre
'Evangiles' sociaux : [39]

Je voudrais ... que le déchet de la vie cessât, que la vie fût adorée comme la
bonne déesse, l'immortelle, celle qui donne l'éternelle victoire. Et je
voudrais qu'elle eût une littérature puissante et naturelle, virile et saine,
d'une honnêteté qui brave les choses et les mots, remettant en honneur
l'amour qui enfante, créant de vastes monuments de solidité et de paix,
pour le flot débordant des générations futures. Et je voudrais que toute une
société nouvelle en sortît, de braves hommes, de braves femmes, des
ménages ayant chacun douze enfants, pour crier la joie humaine à la face
du soleil [xiv, 790]

Cependant, c'est aussi en tant qu'artiste que Zola envisage le
problème de la dépopulation. Il trouve ainsi un terrain de lutte et de
solides arguments pour combattre certaines tendances artistiques et
littéraires de son temps. 'Il est certain,' écrit-il, 'que, si, réellement, la
littérature a une influence sur les mœurs, rien ne saurait aider davantage à la dépopulation que toutes ces œuvres littéraires et artistiques qui exaltent la femme inféconde, qui méprisent le mâle solide
et puissant.' La question de la fécondité, qui soulève aussi celle de la
valeur et des buts de la vie, oppose d'une façon très nette le naturalisme
du romancier (au sens le plus large du terme) à l'idéalisme et au
pessimisme de ses contemporains. 'Et le pis est,' ajoute-t-il, 'que la
mode s'en est mêlée, qu'on va à je ne sais quelle faillite de notre belle
santé gauloise, de notre bonhomie et de notre fécondité, pour le plaisir
d'être des sots intellectuels, coupeurs de cheveux en quatre et analystes
des ténèbres de l'invisible' (xiv, 788).

Comme on pourrait s'y attendre, Zola vise en premier lieu la philosophie de Schopenhauer, dont le culte des années 1880 était bien
dépassé, mais dont l'influence persistait. Ce qui retient l'attention de

Zola, c'est la théorie de la douleur de vivre du philosophe allemand, 'sa haine de la vie qu'il poursuit dans la femme et dans l'amour.' A vrai dire, plutôt que sa philosophie elle-même, que le romancier ne connaît sans doute pas trop bien, il condamne la vulgarisation de sa doctrine, 'abêtie à ce point qu'elle devient le lieu commun de tous les sots et l'excuse de tous les débauchés.' Zola résume leurs idées : 'Donner la vie à un être devient un crime. On n'a pas le droit de mettre au jour une créature fatalement vouée à la souffrance, et le sage est celui qui ne procrée plus, qui rêve la fin de la vie, par la grève de toutes les forces génératrices' (xiv, 787). Il s'en est déjà pris à cette attitude, dans ses diverses manifestations, telles que le schopen-hauérisme 'mal digéré' de Lazare Chanteau dans *la Joie de Vivre*, où le héros déclare : 'Tout le mal venait des femmes, sottes, légères, éternisant la douleur par le désir, et l'amour n'était qu'une duperie, l'égoïste poussée des générations futures' (iv, 1173). Zola reprend ces griefs dans *Fécondité*, là où il s'attarde sur les manières affectées de Séguin, avec son 'air d'homme du monde, d'homme de cheval, mâtiné d'amateur de littérature et d'art, mettant sa gloriole dans l'imbécile pose au pessimisme, déclarant que le monde ne valait pas la cartouche qui le ferait sauter' (viii, 116). On pense à Lazare Chanteau, s'attendant à 'la catastrophe cosmique ... la cartouche colossale qui allait faire sauter le monde, ainsi qu'un vieux bateau pourri' (iv, 1265).[40]

A l'influence néfaste de Schopenhauer, selon l'article de Zola, est venue s'ajouter celle de Wagner, qui exalte la virginité, le renonce-ment, 'qui met le sublime dans la pureté immaculée et inféconde.' Rien de plus étranger à l'esprit de Zola que l'idéalisme de Wagner. Le romancier se moque des héros du renoncement wagnériens, 'che-vauchant des cygnes, portant des palmes, buvant à la mort de l'amour dans des calices mystiques.' Il aurait voulu voir Tannhäuser retourner 'faire un enfant à Vénus.' On sait que Zola avait été parmi les premiers à applaudir et à défendre contre les ennemis de la musique allemande les fragments de l'œuvre de Wagner qu'on jouait aux concerts Pasde-loup vers la fin de l'Empire. Plus tard, ses drames lyriques, comme *Messidor*, portent l'empreinte de l'influence du musicien allemand dont, avec la collaboration d'Alfred Bruneau, il essaie de renouveler la formule. Mais, avec la célébrité croissante des œuvres de Wagner, l'enthousiasme de Zola a largement disparu. Les représentations étaient devenues moins fragmentaires et l'idéalisme chrétien de Wagner devenait plus manifeste. Aux années 90, il ne s'agissait plus de répondre aux coups de sifflet des chauvins, mais de s'opposer à un courant doctrinal.[41]

Ensuite, dans l'article du *Figaro*, Zola se tourne brièvement vers les 'romans de psychologie mondains,' où il constate que le même 'vent de stérilité souffle' : 'L'éternel adultère y règne en maître, et le pis est qu'il est infécond; car, si l'amant, au lieu du mari, fécondait la femme, ça compterait tout de même, pour la bonne nature' (xiv, 788). Tout en optant ainsi contre la morale bourgeoise en faveur des lois de la nature, il pense sans doute à son cas particulier dont il trouve d'instinct une manière de justification lorsqu'il écrit : 'Tout amour qui n'a pas l'enfant pour but n'est au fond qu'une débauche.' Comme on le verra plus loin,[42] Zola vise ici, selon toute vraisemblance, les romans de Paul Bourget, avec leurs complications sentimentales et leurs intrigues mondaines. Il a déjà fait des réserves, dans un article sur *Cosmopolis* (dans *Le Gaulois* du 7 décembre 1892), sur le rôle de l'amour dans les romans de son confrère. 'N'est-ce pas une stupéfaction,' demande-t-il, 'que l'idée de l'enfant n'apparaisse même pas ? On s'adore, on se prend, on se quitte, on sanglote, on se tue, et tout cela en dehors du seul but naturel et propre.' Là aussi, Zola énonce la formule qui reviendra souvent dans ses dernières œuvres : 'L'enfant doit être au bout, ou il n'y a qu'ordure' (xii, 674). Pourtant, son attitude rappelle, plus qu'il ne le pense, celle de Bourget, qui voit dans l'encouragement à la liberté sexuelle la menace de la désintégration de la société. Mais, tandis que, pour Bourget, cette 'cruelle énigme' est une force à réprimer, pour Zola, il s'agit de la libérer et de l'utiliser à ses fins naturelles.

Finalement, dans son article sur la dépopulation, Zola garde ses plus fortes rancunes pour ce qu'il appelle 'l'école décadente et l'école symbolique.' Avec son art essentiellement social, étranger au genre poétique, Zola ne comprend pas, ni ne veut comprendre, l'effort des symbolistes pour explorer les régions poétiques de l'âme, en dehors de l'observation et de la raison. En 1891, dans sa réponse à l'enquête littéraire de Jules Huret, il avait témoigné son mépris des 'quatre sous de vers de mirliton' des 'assidus de brasserie.'[43] Il n'y voit qu'afféterie creuse et aberrante, retraite dans le mysticisme obscurantiste, signe d'épuisement et de décadence. Il dénonce donc le danger social d'une esthétique immorale qui dénature la femme : 'C'est le flot des femmes insexuées, minces comme des perches, sans aucun des organes qui font la femme mère et nourrice. Des vierges informulées flottent dans des limbes crépusculaires. Et ce sont aussi, du côté des hommes, de pâles éphèbes qu'on peut prendre pour des filles, et qu'on prend pour des filles.' Dans la littérature symboliste, l'enfant est banni, 'grossier, malpropre, honteux comme un attentat à l'intellectualité des amants.' 'On ne se féconde plus que cérébralement, on n'enfante plus que par le commerce des âmes. On se permet tout de l'amour, excepté l'acte naturel pour lequel l'amour est fait' (xiv, 788).

La question de la fécondité semble donc à Zola fournir des arguments pour accabler la littérature qui est en faveur auprès du public et de la jeunesse. Son roman, *Fécondité*, sera écrit comme contrepartie à toutes ces tendances 'pessimistes.' En l'écrivant, Zola cherchera à réaliser la promesse qu'il venait de faire à la jeunesse de son temps, dans un article du *Figaro* (7 février 1896) :

Encore des lis, encore des lis, je vous assure que vous n'en avez pas mis assez ! Des jonchées, des brassées de lis, pour que vous en empoisonniez le monde ! Et des vierges pâles, des vierges tout âme se promenant dans les forêts, fondant entre les bras des amants comme des rêves, encore d'autres, toujours d'autres, pour que nous en soyons écœurés jusqu'au dégoût ! Et des symboles, oh ! des symboles, je vous en supplie, ne vous arrêtez pas, faites-en sans lassitude, et de plus obscurs, et de plus compliqués, et de plus accablants pour les pauvres cervelles humaines !

Quelle revanche vous nous préparez, mes petits ! Si votre moisson de lis, seule cause des migraines contemporaines, dure quelques années encore, le naturalisme, ce vilain naturalisme que vous avez mis en terre, va repousser dru comme les grands blés, nourrisseurs des hommes [xiv, 727–8].

A toute la symbolique de la stérilité et de l'évasion, lune, neige, lys et cygne, il opposera les symboles de son culte païen des éléments féconds, soleil, blé, arbres et sèves.

Il est peut-être significatif, sinon quelque peu étonnant, que Zola ne fasse aucune mention des œuvres récentes de Tolstoï dans son article. Autant que les artistes et les penseurs dont il fait cas, le prophète d'Iasnaïa Poliana, dans ses œuvres polémiques, s'est prononcé contre la maternité, le mariage et la sexualité. Zola ne pouvait ne pas être conscient de l'influence réelle qu'exerçait le Tolstoï prédicateur et réformateur, qui était venu, vers les années 1890, s'ajouter à l'estime dans laquelle on tenait déjà le romancier. L'écrivain russe offrait à Zola l'exemple d'un grand romancier qui cherchait à restaurer des valeurs morales dans la littérature. Il avait été, à n'en pas douter, pour quelque chose dans l'évolution de Zola vers l'évangélisme. Non que leurs doctrines aient beaucoup en commun. Pour Tolstoï, ennemi de l'égoïsme et de l'individualisme qui régnaient dans les démocraties matérialistes de son époque, le salut était dans le retour à la foi simple des humbles et dans une vie de renoncement, d'ascétisme et de dévouement au bien social; renoncement à la raison, à la civilisation, aux richesses, à l'idée de progrès, aux arts et à l'amour sexuel.

Pourtant, après avoir d'abord témoigné un vif enthousiasme pour l'œuvre de Tolstoï, Zola reste par la suite assez circonspect à son égard. Il se méfie des grands génies. Il a peut-être lu ce que Téodor de Wyzewa venait d'écrire :

> Les écrits moraux du comte Tolstoï n'ont encore pleinement converti personne; mais il n'y a plus personne qui ne les prenne au sérieux, et leur influence sur toutes les âmes un peu inquiètes de vérité devient plus forte tous les jours. Je ne me souviens pas que depuis Rousseau aucun philosophe ait parlé aussi haut. En Allemagne et dans les pays scandinaves, notamment, ses livres ont produit une véritable révolution au double point de vue littéraire et moral : ils y ont détrôné M. Zola, et substitué à la conception positiviste, réaliste, scientifique de la vie une conception plus sentimentale, moins intellectuelle, plus chrétienne.[44]

C'est donc un rival dont il faut tenir compte.[45]

Zola a déjà croisé le fer avec le romancier russe. Le 18 mai 1893, il a accepté la présidence du banquet annuel de l'Association générale des étudiants. Dans son discours, il s'en est pris aux 'saints' et aux 'prophètes' 'qui vont par le monde en exaltant la vertu de l'ignorance, la sérénité des simples, le besoin pour l'humanité trop savante et vieillie d'aller se retremper, au fond du village préhistorique, parmi les aïeux à peine dégagés de la terre, avant toute société et tout savoir' (xii, 679). Il a déclaré que la vieille foi 'ne ressuscite pas,' qu'on 'ne peut faire que des mythologies avec les religions mortes.' Il a proposé une foi à son tour, celle du travail : 'Certes, il est beau de rêver d'éternité. Mais il suffit d'avoir passé, en faisant son œuvre' (xii, 683). Tolstoï s'est cru désigné et a répondu dans un article de *Cosmopolis*, prenant Zola à partie pour sa foi dans la science et dans le travail. La science, dit-il, n'est que 'la superstition du présent,' 'un moyen dangereux qui peut produire plus de mal que de bien.' Le travail est corrupteur, pervertissant et dégradant, 'un agent d'anesthésie morale, comme le tabac, le vin et autres moyens de s'étourdir ...'[46] La réponse de Zola est contenue, sans doute, dans *Paris* et dans *Travail*.

Mais ce ne sont pas là les seules convictions profondes de Zola que le romancier russe ait malmenées. En 1890, la traduction française de *la Sonate à Kreutzer* avait paru.[47] Le récit de Tolstoï est avant tout une attaque contre la musique en tant que force corruptrice. Mais ce qui avait surtout impressionné ses nombreux lecteurs, c'est le procès du mariage qu'il contient et la façon dont l'auteur réduit l'amour à n'être qu'un instinct physique, répréhensible et condamnable. Le récit est parsemé de remarques dénigrant l'amour, le mariage et la maternité. 'La passion charnelle,' écrit-il, par exemple, 'quel que soit le sens qu'on lui donne, est un fléau, un mal redoutable, contre lequel il faut lutter, au lieu de l'encourager.' L'acte de l'amour est 'répugnant, honteux et douloureux.' C'est une interprétation insolite de l'Evangile qui autorise cette attitude : 'Les paroles de l'Evangile qui disent que quiconque regarde une femme avec convoitise a déjà commis l'adultère avec elle, ne concernent pas seulement la femme d'autrui, mais aussi et surtout la propre épouse de chacun de nous.'[48] Selon le héros du récit, Pozdnychev, la femme n'est qu'un instrument de plaisir, et les enfants, 'c'est un tourment, et pas autre chose.' Ce mari désabusé se réclame, d'une façon quelque peu arbitraire, des doctrines de Schopenhauer, de Hartmann et des bouddhistes : 'Si l'on supprime les passions, y compris la plus forte de toutes, la prophétie pourra s'accomplir, les hommes s'uniront en un seul tout, le but de l'humanité sera atteint, et notre race n'aura plus de raison d'être.'[49]

Que de tels sentiments reflètent l'attitude de Tolstoï, c'est incontestable. Dans une postface à l'ouvrage, l'auteur répond aux questions de ses nombreux correspondants, qui ont exigé de lui les conclusions qu'ils devaient tirer de son récit. Il énonce une série de préceptes moraux, fondés sur les doctrines chrétiennes, dont il se fait l'interprète. Toutes relations sexuelles en dehors du mariage sont sévèrement proscrites. Toute violation du serment de fidélité doit être châtiée, 'au lieu de la voir célébrer, de nos jours, dans les romans, les poèmes, les romances, les opéras, etc.' L'emploi des procédés anticonceptionnels est condamnable parce que les enfants sont la seule justification de l'amour physique et parce que de telles pratiques constituent un acte très proche du meurtre. L'abstinence, 'condition essentielle de la dignité humaine pendant le célibat,' devient obligatoire dans le mariage. Mais ce qui l'emporte avant tout sur de telles considérations, c'est de reconnaître que 'l'attirance charnelle et l'union avec l'être aimé ne facilitent jamais l'accomplissement d'une tâche digne de l'homme et le gênent toujours.' La chasteté est l'idéal auquel il faut aspirer, selon l'enseignement du Christ, qui n'offre rien 'sur quoi fonder l'institution du mariage' : 'L'idéal chrétien est dans l'amour de Dieu et du prochain, dans le renoncement à soi, afin de servir Dieu et le prochain; or, l'amour charnel, le mariage constitue un culte de soi-même et, par conséquent, forment un obstacle au service de Dieu et de l'humanité; donc, du point de vue chrétien – c'est une déchéance, un péché.'[50]

Rien ne prouve que Zola ait lu *la Sonate à Kreutzer*, mais il est fort probable que, lorsqu'il en vient à écrire *Fécondité*, il connaît bien les idées de Tolstoï. De toute façon, peu de temps plus tard, il n'en ignore rien. En mars 1902, la *Revue blanche* publie les réponses à une enquête sur 'Tolstoï et la question sexuelle,'[51] à propos de la publication récente de son livre *Sur la Question sexuelle* (1901). Dans sa réponse, Zola parle 'd'abondance,' considère que 'le grand romancier qui a écrit *Anna Karénine* et *la Guerre et la Paix* redevient le Russe mystique lorsque, dans ses brochures incertaines, il veut dire ses rêves imprécis.' L'idée même de la chasteté répugne à Zola; c'est 'l'arrêt de l'évolution' : 'Un être est fait pour enchaîner un être.' C'est le désir même qui 'soulève le monde.' Le vrai idéal est dans la Mère et non pas dans la Vierge :

Le bonheur qui est, après tout et pour tous, l'idéal, doit être la *fonction à accomplir* – et l'enfantement, qui est la fonction naturelle, est le bonheur. Tout le reste n'est que mysticisme, fumées du cerveau ... rêve et tracasseries.

Zola esquisse ensuite 'un geste de lassitude,' invitant ses interlocuteurs à reproduire certaines pages de *Fécondité*. Il veut dire, sans doute, que c'est là qu'il a déjà donné sa réponse.

Pour combattre ainsi l'esprit cosmopolite et septentrional que favorise la mode littéraire et artistique de son temps, Zola se fonde de plus en plus sur des convictions morales très personnelles. Il revient d'ailleurs à certaines préoccupations de sa jeunesse. S'il fallait chercher un maître à penser pour l'auteur de *Fécondité*, on se tournerait plutôt vers Michelet, l'un des mentors de ses vingt ans, dont l'influence aurait pu resurgir chez Zola à cette époque. Nul doute qu'une parenté intellectuelle lie les deux auteurs. Quarante ans avant la publication de *Fécondité*, inquiété lui aussi par les statistiques démographiques et convaincu que la France était 'malade,' Michelet avait écrit *l'Amour* (1858) et *la Femme* (1860), pour réhabiliter l'amour conjugal. Comme Marcel Cressot l'a suggéré, l'idée de Michelet, celle de 'faire revenir l'homme à la femme,' est tout le programme du jeune auteur de *la Confession de Claude*, mais il n'a pu vraiment le réaliser, sur le plan romanesque, que dans *Fécondité*.[52] De plus, comme Zola plus tard, Michelet croit que l'amour conjugal et l'esprit familial sont la clef des progrès sociaux. 'La Famille,' écrit-il par exemple, dans *l'Amour*, 's'appuie sur l'Amour, et la Société sur la Famille.' Donc, c'est la réforme de l'Amour et de la Famille 'qui doit précéder les autres et qui les rendra possibles.'[53] Mais, comme Zola, il va bien plus loin que de simples prescriptions morales et sociales. Il veut aussi rétablir l'homme dans les harmonies de la nature, sous l'influence du 'père de la vie, le soleil,' et parmi 'ces quarante mille canaux souterrains dont parle Hérodote, veines cachées qui ... ranimaient la terre.' Pour l'enfant surtout, la vraie vie est celle des champs : 'Même à la ville, il faut, tant qu'on peut, l'associer au monde végétal.'[54] A vrai dire, c'était surtout le caractère naturiste de l'œuvre de Michelet qui avait autrefois séduit le jeune Zola, répondant tout à fait à ses médita-

tions les plus personnelles. A la lecture des 'poèmes' de Michelet, tels
que *l'Insecte, la Montagne* et *l'Oiseau*, 'ces épopées de la vie universelle,' Zola s'était recueilli 'dans l'adoration du soleil, dans les longues
rêveries des secrets de la terre,' 'puisant une âme fraternelle dans la
sève que les arbres partageaient avec [lui]' (XIII, 114). La femme tient
une place spéciale dans cet ordre naturel, car, selon Michelet, 'tout
est poésie dans la femme, mais surtout cette vie rythmique, harmonisée
en périodes régulières, et comme scandée par la nature.'[55] Elle est
'une religion'; et Michelet aborde l'acte de la génération avec le
même respect religieux qu'on trouve dans *Fécondité*, jusqu'à vouloir
substituer l'amour sexuel à l'amour divin et symbolique. Enfin, rien
ne saurait mieux décrire l'attitude du héros de Zola (Mathieu
Froment) envers sa femme enceinte que le passage suivant, tiré de
l'Amour, qui concerne le 'miracle' de la grossesse et les sentiments
que Michelet voudrait voir surgir dans l'âme de chaque mari :

Il n'y peut rien que faire des vœux, prier et joindre les mains, comme le
croyant à l'autel. Une dévotion sans bornes l'a pris pour le temple vivant.
Devant ce globe divin qui contient le monde inconnu, il rêve, il se tait; s'il
sourit, le sourire est tout près des larmes ...
    Nul n'accusera sa faiblesse. Si jamais on dut respecter un accès de
religion, à coup sûr, c'est celui-ci. Nous sommes vraiment en présence du
plus grand miracle non absurde, mais qui n'en est moins obscur.[56]

Sans aucun doute, les Froment réaliseront le mariage heureux et
harmonieux tel que le concevait Michelet. Quand bien même on
hésiterait à affirmer que l'œuvre de celui-ci soit une source directe et
immédiate du roman de Zola, les affinités naturelles de leurs idées –
une religiosité spontanée, un naturisme foncier, un traditionalisme
instinctif plutôt que raisonné, ajoutés à l'idée de la rédemption par
l'amour (idée assez commune pourtant au siècle de Zola) – nous
permettraient du moins de conclure que, dans *Fécondité,* on trouve
l'écho de certaines croyances de Michelet, dont Zola avait été imbu
en sa jeunesse.

Fécondité sera donc plus qu'un roman à thèse sur la question de la
dépopulation en France. Aux soucis d'évangélisme qu'on a déjà vus,

s'ajoutent des préoccupations esthétiques. Zola cherchera à réduire à néant, par sa propre fécondité littéraire et par son appel à la vie vécue 'en face du soleil' et en harmonie avec la nature, l'art de son époque qui méprise la vie. Le vieil ennemi, l'idéalisme, qu'il n'a pas cessé de combattre, a trop regagné de faveur, muni cette fois du défi raisonné des arguments de Schopenhauer dirigés contre la nature et les formes naturelles de la vie humaine. Le romancier a déjà rompu avec la jeunesse à ce sujet. Il est temps de créer une œuvre selon les préceptes qu'il oppose à leur goût de l'idéal, du rare et de l'obscur :

Encore de la lumière, et plus de lumière encore, et tout le soleil qui flambe et qui féconde ! Oh ! pas septentrional pour deux sous, latin dans le cœur et dans le cerveau, amant fou des belles architectures symétriques, constructeur de pyramides sous le brûlant ciel bleu. Tel est mon état, je n'en comprends pas d'autre. Je voudrais la phrase de cristal, claire et si simple que les yeux ingénus des enfants pussent la pénétrer de part en part, s'en réjouir et la retenir. Je voudrais l'idée si vraie, si nue, qu'elle apparût transparente elle-même, et d'une solidité de diamant dans le cristal de la phrase [XIV, 725].

Il ne suffit plus de railler les esthètes, comme Hyacinthe Duvillard dans *Paris*, qui professait que 'la femme était une bête impure et basse, salissante pour l'intelligence comme pour le corps' (VII, 1237). Il s'agit de faire comme le sculpteur Johan dans le même roman. Il est beauceron, âme sœur, mais dans le domaine esthétique, de Victorine de *Rome*.[57] Comme elle, il représente la saine raison terrienne. Lui considère que le génie n'est que 'la floraison du sol social.' Il a créé une figure de femme, une 'Fécondité,' qui, 'avec ses fortes hanches, son ventre d'où devait naître un monde nouveau, sa gorge d'épouse et de mère gonflée du lait nourrisseur et rédempteur' est une sorte de préfiguration symbolique de Marianne Froment, héroïne du roman suivant. Le sculpteur remarque au sujet de sa création, annonçant la mission à la fois sociale et esthétique de Mathieu Froment : 'Je crois que le poupon de celle-là sera un gaillard moins efflanqué que les pâles esthètes d'aujourd'hui et qui n'aura pas peur à son tour de faire des enfants' (VII, 1308).

3

Le Thème de la fécondité

LORSQUE L'ENFANT PARAIT...

A vingt ans, Zola considère que deux voies sont ouvertes au poète, qu'il a 'deux armes pour corriger les hommes' : 'la satire et le cantique, l'éclat de rire de Satan, et le sourire de Dieu.' La satire 'met à nu l'homme et ses perversités ... combat son vice par sa honte.' Le cantique présente un 'homme idéal' à 'l'homme réel' pour ramener ce dernier à la vertu 'par la sublime couleur dont il l'a peint.' 'Ainsi donc, d'un côté fouiller la fange, en faire exhaler tous les miasmes, de l'autre, ouvrir les cieux, les montrer pleins de rayons et de parfums' (XIV, 1248). Cette déclaration annonce le programme de toute son œuvre. A cette époque-là, il préfère le 'cantique.' Peu de temps après, il se ravise, pour entreprendre la série des Rougon-Macquart où le trait de la satire prédomine[1] et où l'antithèse idéale n'est présente qu'implicitement ou par de courts aperçus. Qu'il 'juvénalise' le Second Empire ou qu'il mette à nu les tyrannies sociales, Zola ne reste point indifférent devant les noires réalités qu'il décrit. Son esthétique naturaliste, à prétention objective, ne cache pas les sourds courants de protestation, de pitié et d'ironie. D'autre part, maintes pages témoignent qu'il n'a nullement renoncé à être le chantre lyrique, tenant le 'flambeau splendide qui éclaire la voie de l'humanité' (XIV, 1250). Surtout vers la fin de la série, la contrepartie idéale devient de plus en plus évidente. Le dernier roman, le Docteur Pascal, devient 'un cantique à la vie, un cri de santé quand même, d'espoir en l'avenir.'[2]

Mais la voie qu'il cherche à éclairer par son lyrisme n'est plus celle du jeune rêveur de vingt ans. Il s'est fait un idéal plus terre-à-terre, dont l'optimisme a été longtemps contrecarré par les réalités sociales qu'il s'est imposé la tâche de décrire. Esprit rebelle à toute métaphysique, il a préféré marcher dans le réel et se pencher sur les leçons de la vie. Anatole France l'a comparé au Caliban de Shakespeare, marchant courbé, le nez contre la terre, chargé d'énormes fardeaux qui auraient écrasé le délicat Ariel : 'Il a une sorte d'optimisme morne et stupide, qui n'est ni sans grandeur, ni sans beauté, l'optimisme animal. Cet homme exprime puissamment le consentement de l'instinct aux lois universelles. Il est en harmonie avec l'infinité des forces aveugles qui entretiennent la vie de l'univers.'[3] Jusque dans les rythmes mêmes de ses 'cantiques,' le poète dégage l'heureuse harmonie qui s'établit entre l'homme et l'univers, dans la spontanéité de l'expression créatrice. La science positiviste et la contemplation de la nature lui ont révélé que la vie entraîne les êtres vers un perpétuel devenir. La vertu, la plénitude et le seul espoir résident dans la participation au flux de la vie sans cesse renaissante.

L'instinct créateur qui incite au renouvellement de la vie est le moyen privilégié de concourir à cette éternité qui n'existe pas en dehors de la réalité vécue. Selon Zola, on ne saurait considérer l'homme seulement dans ses capacités intellectuelles. Dans une lettre à Jules Lemaître (le 14 mars 1885), qui vient de parler, dans une étude de *Germinal*, de 'l'animalité' des personnages de Zola, celui-ci répond de la façon suivante : 'Vous mettez l'homme dans le cerveau, je le mets dans tous ses organes. Vous isolez l'homme de la nature, je ne le vois pas sans la terre, d'où il sort et où il rentre. L'âme que vous enfermez dans un être, je la sens épandue partout, dans l'être et hors de l'être, dans l'animal dont il est le frère, dans la plante, dans le caillou' (XIV, 1439). Il arrive souvent que Zola méprise dans son œuvre les activités cérébrales de l'homme pour leur opposer les instincts vitaux de la nature, incarnés dans la femme. Dans *la Faute de l'abbé Mouret*, par exemple, Serge a le tort d'abandonner Albine enceinte et le jardin fertile du Paradou pour redevenir prêtre. De même, dans *l'Œuvre*, le peintre Claude Lantier abandonne sa femme et son enfant pour se consacrer sans partage à son art; c'est, d'après l'*Ebauche* du roman, renoncer au 'vrai enfantement de l'œuvre de chair' au profit de la 'passion d'enfanter des œuvres d'art' (Ms

10.316, f° 267). En effet, voici comment Zola, dans un passage important et révélateur de la même 'ébauche,' définit la portée de toute son œuvre, peu après la réponse à Lemaître :

D'abord, tout le côté philosophique : psychologie nouvelle, l'âme dans toute la nature, non plus prise à part, mais répandue partout; l'homme, non plus vu dans le cerveau seulement, mais dans tous les organes; les bêtes aimées, peintes; les milieux complétant l'être, l'expliquant, etc. Enfin, la vaste création, prise et mise dans une œuvre. – Les témérités de langage, tout dire et tout montrer. L'acte sexuel, origine et entretien du monde, le plus important. – Puis les deux questions, le lyrisme, le coup d'aile qui résume la synthèse, emporte et agrandit. Puis le pessimisme : pourtant, la foi, l'acte générateur divinisé au fond [Ms 10.316, f⁰ˢ 277–8].

Là s'équivalent l'optimisme et l'acte sexuel en tant que générateur de vie et d'espoir, et Zola les oppose à l'autre terme de l'antithèse, le pessimisme des tableaux naturalistes selon lesquels les critiques l'ont jugé.

L'instinct sexuel est donc la première impulsion de l'homme physiologique qui est au centre de l'univers de Zola. C'est ce qu'il s'agit de remettre 'dans sa gloire, *sous le soleil*' (v, 590).[4] Le Pascal de Zola, son philosophe-médecin, insoucieux du 'silence des espaces infinis,' consacre toute sa vie à l'étude du divin mystère de la conception : 'Le problème de la conception, au principe de tout, s'était posé à lui, dans son irritant mystère. Pourquoi et comment un être nouveau ? Quelles étaient les lois de la vie, ce torrent d'êtres qui faisaient le monde ?' (vi, 1183). Il est vrai que dans *la Bête humaine,* comme ailleurs, Zola sonde les profondeurs où l'instinct créateur devient destructeur. Mais, même chez les personnages qui en abusent, il est au fond toujours présent, malgré eux. 'Ça faisait donc des enfants,' s'exclame Nana, 'même lorsqu'on ne voulait plus et qu'on employait ça à d'autres affaires ?' (iv, 287). Dans *la Curée,* Renée et Maxime se livrent aux voluptés défendues dans la serre où traîne une odeur 'de femme amoureuse,' 'comme dans une alcôve où la terre enfantait' (ii, 451). Au moment même de mourir, l'innocente Marie Chantegreil (*la Fortune des Rougon*), comme la moins innocente Catherine Maheu dans *Germinal* et la vierge Benedetta dans

Rome, cède au 'secret instinct des fécondités de la vie' (II, 157).
D'autre part, c'est avec lyrisme que Zola salue l'avènement de la
puberté chez Pauline Quenu : 'Et les troubles de cette éclosion s'en
allaient, le malaise de son corps *gonflé de sève,* la confusion inquiète
de sa gorge plus lourde, du fin duvet plus noir sur sa peau satinée
de brune. Au contraire, à cette heure, elle avait la joie de son
épanouissement, la sensation victorieuse de grandir et de mûrir *au
soleil'* (IV, 1106). Le romancier n'éprouve ni dégoût ni peur à décrire
les détails les plus réalistes dans les scènes de naissance, qui tiennent
une place importante dans ses romans. Si l'accouchement d'Adèle, la
servante dans *Pot-Bouille,* a lieu la nuit, clandestinement, dans 'les
dégâts' et dans 'les déchets,' c'est la part de la satire d'un monde qui
déshonore l'acte qu'il faudrait remettre au jour et 'au soleil.' Même
aux heures du plus noir pessimisme, la naissance d'un nouvel être apporte cet espoir que seule peut donner la perpétuité de la vie. Dans les
affreuses douleurs de l'enfantement de Louise (*la Joie de vivre*), la
petite main de l'enfant qu'elle risque de perdre apparaît et s'agite,
'comme si elle se fût cramponnée à la vie' (IV, 1295). Dans l'acharne-
ment de l'homme à perpétuer la vie réside le seul espoir de l'avenir.
Il ne fallait que la paternité tardive de l'auteur pour transformer cette
croyance en un culte de l'acte générateur et de la mère.

Dans *la Joie de vivre* apparaît, d'une façon plus marquée, le
thème du regret de l'enfant. C'est avec une profonde tristesse que
Pauline Quenu contemple sa gorge *'éclatant de sève,'* 'ses hanches
larges,' 'son ventre où dormait une maternité puissante,' tout son
corps qui est comme 'un bouquet épanoui dans l'attente de la
fécondation.' 'Elle voulait vivre, et vivre complètement, faire de la
vie, elle qui aimait la vie ! A quoi bon être, si l'on ne donne pas son
être ! (IV, 1254). Chaque mois, elle pleure l'apparition maléfique du
sang menstruel : 'A quoi bon sa puberté vigoureuse, ses organes et
ses muscles *engorgés de sève,* l'odeur puissante qui montait de ses
chairs, dont la force poussait en floraisons brunes ? Elle resterait
comme un champ inculte, qui se dessèche à l'écart' (IV, 1300).
Comme Mme Caroline dans *l'Argent,* elle se débat dans 'l'incurable
désespoir de sa stérilité' (VI, 618). Un enfant aurait été la meilleure
réponse à la négation de la vie, à l'éternel 'à quoi bon ?'

Si l'on peut interpréter le malaise de Pauline comme un sourd reflet d'un même état d'esprit chez son créateur, la réalité offrira bientôt à celui-ci l'occasion d'en sortir. Problème délicat que celui de dire à quel point le désir d'être père a mené le romancier vers la fin de 1888 à prendre Jeanne Rozerot pour maîtresse.[5] Est-ce simplement pour rationaliser sa conduite qu'il écrit dans l'*Ebauche* du *Docteur Pascal,* roman dans lequel l'affaire est transposée à travers l'amour automnal du docteur pour sa nièce : 'Mettre en lui le regret de ne pas s'être marié, le regret de l'enfant : ce qui sera une explication dans son amour pour Clotilde' ?[6] De toute façon, le sentiment est assez fort, car il n'hésite pas à fonder une famille en dehors du mariage et cela malgré la situation compromettante et douloureuse qu'il crée ainsi dans son ménage. A ce propos, il écrit à Jeanne Rozerot, le 13 juillet 1894 : 'Ce partage, cette vie double que je suis forcé de vivre, finissent par me désespérer.'[7] Mais son amour profond l'emporte sur ses scrupules de mari. Cet amour répond trop aux besoins les plus fondamentaux de l'homme pour être réprimé; c'est toute la justification de sa vie, car 'la plus grande aventure de Zola commence : l'enfant.'[8]

Il est certain que cette liaison amoureuse a un effet important autant sur l'œuvre du romancier que sur sa vie. Elle fait pencher, si l'on veut, la balance entre un optimisme plus réel et un pessimisme plus apparent. C'est un contact direct, immédiat et personnel avec la plus puissante des forces de renouvellement de la vie. Comme il le dit de son personnage Pascal qui se trouve, sur le plan romanesque, dans une situation semblable : 'C'est un renouveau sur le tard, c'est une nouvelle jeunesse qui lui arrive. L'éternité de la vie. Cela l'attendrit et le rend encore meilleur ... Cette jeunesse qui lui vient, après toute la constatation de l'abominable et du mal, c'est encore la foi à la vie, à la santé, à la force, au renouveau continuel de la nature.'[9]

Il y a beaucoup à tirer de l'aventure du docteur Pascal en ce qui concerne l'effet qu'elle a eu sur sa vie de chercheur et d'homme de science. C'est précisément lorsqu'il possède Clotilde qu'il lui arrive de mettre en cause la valeur de son travail : 'Tant que je ne t'avais pas, je cherchais la vérité ailleurs, je me débattais, dans l'idée fixe de sauver le monde. Tu es venue, et la vie est pleine, le monde se sauve à chaque heure par l'amour, par le travail immense et incessant de tout ce qui vit et se reproduit, à travers l'espace' (VI, 1295-6).[10]

C'est, à n'en pas douter, un reflet de son dilemme personnel que Zola y décrit, l'impulsion à l'abandon de son rôle d'alchimiste littéraire, depuis que la vie, parmi d'autres raisons, lui permet de participer pleinement à son renouvellement éternel. Il s'agit désormais de faire cause commune avec la puissance créatrice de la vie, de combattre les forces qui l'entravent et de s'en faire le chantre lyrique.

Dilemme d'autant plus difficile que, jusque-là, Zola a toujours cru que l'art se crée aux dépens même de la participation de l'artiste à la vie. C'est surtout dans *l'Œuvre* que l'antinomie art-vie est soutenue. La vie de l'artiste Claude Lantier se partage également entre son art et sa femme, entre ses crises d'activité artistique et sa vie sexuelle. L'enfant qu'il laisse mourir et qu'il peint est le symbole du sacrifice de l'enfantement réel à l'enfantement artistique. Lorsqu'il fait l'amour avec sa femme à la fin du roman, la femme nue qu'il peint 'en visionnaire affolé,' exerce sa vengeance sur l'artiste regagné à la vie. L'art et la vie demeurent irréconciliables. Zola n'avait qu'à un moindre degré la manie de son héros. Mais il avait toujours vécu à travers son œuvre, vers laquelle il dirigeait toutes ses énergies. Dans ce même roman sur l'art, il propose la théorie selon laquelle 'le génie devait être chaste, il fallait ne coucher qu'avec son œuvre' (v, 722), comme ailleurs, dans un article sur Sainte-Beuve, il déclare que 'la chasteté a été l'aiguillon des génies puissants' dont 'le corps entier avec les sens passent dans l'œuvre' (xii, 596 – article du *Voltaire*, 5 août 1879). Selon Zola à cette époque, la création artistique est même une activité sublime par laquelle le 'génie' imite et se fait Dieu. C'est ce que suggèrent, par exemple, les titres métaphoriques, proposés pour le roman, tels que 'Faire un monde,' 'Créer,' 'Les faiseurs d'homme,' 'L'âme des choses,' 'l'Immortalité,' où la création artistique s'associe à la fois à la parturition et à l'acte du démiurge.[11]

Mais au docteur Pascal est révélé un autre moyen d'épouser l'éternel, de se faire le Dieu créateur : 'Et c'était la divinité en effet, l'entière possession, l'acte d'amour et de vie' (vi, 1278). Les mots d'*éternel* et de *divin* abondent dans ce roman pour décrire l'acte sexuel en tant qu'activité procréatrice. L'acte d'amour qui crée et transmet la vie devient l'initiation suprême à la réalité absolue : 'La vie était l'unique manifestation divine. La vie, c'était Dieu, le grand moteur, l'âme de l'univers' (vi, 1186).[12] Par l'amour créateur, on participe à l'élan de la vie, dans ce qu'elle a d'essentiel, on se joint à l'âme même de l'univers. 'Et tout est là, il n'y a, dans le monde, pas d'autre volonté que cette force qui pousse tout à la vie.' Zola se permet d'ajouter : 'à une vie de plus en plus développée et supérieure' (VI, 1190).

Dans *le Docteur Pascal*, Zola en vient à fixer et à idéaliser son expérience personnelle dont les effets influent sur toutes ses œuvres suivantes. Il y procède à la sacralisation de l'acte sexuel et de la maternité. Tout empêchement de sa fonction devient sacrilège. Pour Clotilde, derrière chacune de ses étreintes, il y a la pensée de l'enfant à faire, 'car tout amour qui n'avait pas l'enfant pour but, lui semblait inutile et vilain' (VI, 1296). Une auréole de sainteté entoure les époux féconds. Et, comme nous l'avons déjà vu, leur enfant devient le messie sauveur. La fécondité maternelle est le symbole de l'adhésion aux forces naturelles qui préparent magiquement le bonheur et le salut de l'humanité : 'Il m'a semblé brave,' écrit Zola à van Santen Kolff, 'en terminant cette histoire de la terrible famille des Rougon-Macquart, de faire naître d'elle un dernier enfant, l'enfant inconnu, le Messie de demain peut-être. Et une mère allaitant son enfant, n'est-ce pas l'image du monde continué et sauvé ?' (XIV, 1485). Cette affirmation n'est nullement la conclusion raisonnée de la longue enquête naturaliste. C'est l'expression, d'essence religieuse, de cette foi et de cet espoir qui vont animer le nouvel 'Evangile' de Zola et vers lequel l'entraînaient l'évolution logique de son œuvre, les besoins de son époque et ses propres instincts messianiques. D'ailleurs, c'est surtout depuis l'avènement de Jeanne dans sa vie que ce feu sacré dont il brûle est appliqué avec le plein consentement de l'artiste à d'autres fins, à des fins plus 'naturelles.' Ainsi, au lieu d'écrire des romans où des héros, modelés tant soit peu sur lui-même tels que Serge Mouret ou Claude Lantier, se détournent de la femme et de la vie, à partir du *Docteur Pascal* au contraire, il crée des héros qui retrouvent la femme et la nature, et avec elles l'enfant.

LE 'MYTHE' DE LA FECONDITE

Si le sacre de la femme en tant que mère et l'apparition de la madone naturelle ne s'affirment que tardivement dans l'œuvre de Zola, le thème de la fécondité en est une préoccupation permanente et intrinsèque. Selon M. Guy Robert, la Fécondité est 'une des forces majeures animant le monde de Zola.' Le véritable mouvement de son œuvre et ce qui lui confère son aspect épique résident, non pas dans le récit de drames individuels, mais dans le jeu des 'mythes' qui emplissent l'univers du poète, 'ceux de la Mort et de la Fécondité, de la Catastrophe et de l'Espérance; celui du Retour éternel qui se dégage de cette lutte sans fin prolongée entre les principes de corruption et les puissances de vie, en même temps que de la permanence des forces – milieux et hérédité – qui accablent l'homme.'[13]

A cet égard, il importe de remarquer que l'action des romans de Zola se déroule sur deux registres tout à fait distincts. L'un est historique, social, contingent; l'autre est universel, cosmique, omniprésent. A certains moments précis, le regard et la pensée du romancier se déplacent et s'élèvent au-dessus de l'étude des événements particuliers pour les contempler dans une optique plus large. Le plus souvent, l'ébauche du roman prévoit ce déplacement, là où Zola s'arrête de travailler les thèmes et les drames, pour en tirer une interprétation 'philosophique' et universelle. Par exemple, au début de l'*Ebauche* de *la Terre*, Zola commence par annoncer son intention de décrire 'humainement' l'amour 'immédiat' du paysan pour la terre. Ensuite, il ajoute : 'Puis *en m'élevant,*[14] l'amour de la terre nourricière, la terre dont nous tirons tout, notre être, notre substance, notre vie, et où nous finissons par retourner' (Ms 10.328, f° 400). Dans le roman, certains passages descriptifs, certaines vues d'ensemble, disposés d'une façon significative pour encadrer les événements dramatiques, créent cette perspective. Parfois, ailleurs, c'est un personnage féminin qui en est le prétexte. A propos de Madame Caroline, dans l'*Ebauche* de *l'Argent*, Zola note : 'J'en ferai un peu le chœur antique, le personnage qui jugera, qui sera la bonté, la justice, *au-dessus* des désastres, surtout l'espoir en la vie, au milieu de la constatation du pessimisme' (Ms 10.268, f° 412). Pareillement, Pauline Quenu dans *la Joie de Vivre* est 'une figure presque hiératique, gardant à peu près toujours la même attitude' (Ms 10.311, f° 187). Dans *la Faute de l'Abbé Mouret*, Désirée joue un rôle analogue. Rappelons aussi, à cet égard, ce que Zola dit du docteur Pascal : 'il ne *s'élève* au doute philosophique, à son respect de la nature au point de ne pas la changer, que lorsqu'il aime et est aimé.'[15] Le plus important, c'est que, vus d'en haut, les événements tragiques que présente chaque roman prennent un caractère passager. Une interprétation optimiste peut être admise. Dans la contemplation d'en haut de la vie, Zola atteint la sérénité et le calme, car c'est par là qu'il peut sortir de 'la constatation du pessimisme' et que les forces créatrices de la vie et de la nature, exaltées dans ces vues d'ensemble et par ces personnages 'hiératiques,' se déclarent éternellement victorieuses.

La sagesse, pour l'homme, est de se mettre en harmonie avec cet élan de création universelle. Il s'agit pour lui de s'élever au-dessus de son état social pour s'adonner aux forces fécondantes du cosmos, qui seules confèrent un sens à sa vie. Il ne peut se réaliser pleinement que dans l'ordre naturel. On pourrait même dire que *les Rougon-Macquart* présentent une suite de drames dans lesquels les hommes agissent à l'encontre de cette sagesse, ou sont forcés de l'ignorer. Ils sont condamnés donc à passer leur vie dans les limbes de l'histoire naturelle et sociale. Souvent, c'est l'homme lui-même qui, par son intellect, ses besoins, ses vices, est responsable de son état. Ce n'est qu'*inconsciemment* que Serge Mouret, par exemple, cède aux sollicitations de la nature, aux forces de la création universelle. Puis, à la poursuite d'une éternité chimérique dans le christianisme, il y renonce, revenant à l'église, 'retombant fatalement à l'impuissance' (écrit Zola dans l'*Ebauche*) : 'La serpe cléricale en a fait *un tronc séché sans branches et sans feuilles*' (Ms 10.294, f° 3). Ailleurs, la faute est aux dépravations bourgeoises qui profanent l'instinct créateur. Dans *Pot-Bouille*, Zola décrit 'les 3 adultères, *sans passion sexuelle* : par éducation, par détraquement physiologique, et par bêtise' (Ms 10.321, f° 1) et, dans *Nana*, d'après l'*Ebauche*, 'le c., le grand générateur' devient 'le grand destructeur.' Si l'intellectualisme empêche Lazare Chanteau d'épouser la saine et vigoureuse Pauline, auprès de qui il aurait trouvé son salut (*la Joie de Vivre*), ce sont les tyrannies sociales qui vouent le peuple, une Gervaise par exemple, ou les mineurs de Montsou, à une vie d'aliénation, en dehors des lois naturelles.

Pourtant, en général, Zola permet à ces personnages d'entrevoir brièvement le bon chemin, de sortir momentanément de leur 'histoire' et de vivre en une harmonie qualitativement différente de celle que le monde quotidien engendre. Dans les romans parisiens, il y a invariablement une scène dans laquelle le personnage central s'échappe de la ville pour 'renaître' à l'état de plénitude naturelle. Dans *le Ventre de Paris*, Florent passe une journée sur la propriété de Mme François. 'Il respira là quelques heures de bien-être absolu ... *renaissant dans la sève de la campagne*' (ii, 736). Même expérience pour Nana sur la propriété de la Mignotte que le banquier Steiner a achetée pour elle et où elle mêle 'les fleurs, les oiseaux et son enfant, dans une soudaine crise de maternité' (iv, 140). Dans *Germinal*, les jeunes mineurs, voués à la misère et au travail débilitant sous la terre, font librement l'amour sur le terrain vague autour de la vieille fosse en ruine à Réquillart, se livrant sans entrave aux poussées de la saine nature et prenant 'une revanche de la création,' là où une végétation commence à reconquérir le terrain (v, 115). Il est accordé même à Gervaise Coupeau dans *l'Assommoir* d'échapper pour un bref moment à son sort tragique, sur le terrain vague de Montmartre où elle se croit à la campagne, goûtant quelques instants de répit et de bonheur : 'C'était, entre une scierie mécanique et une manufacture de boutons, une bande de prairie restée verte, avec des plaques jaunes d'herbe grillée; une chèvre, attachée à un piquet, tournait en bêlant; au fond, un arbre mort s'émiettait *au grand soleil*' (iii, 797).

L'homme des villes ou l'homme cérébral n'est plus en harmonie avec les éléments et les rythmes de la nature. Il meurt, comme Nana et Gervaise, dans une pourriture qui n'est pas féconde et qui n'engraisse pas la terre pour recréer de la vie. C'est une mort sans aucune puissance cosmique, donc sans aucun sens. Il n'a pu faire comme le personnage qui vit dans l'ordre naturel, comme Désirée (dans *la Faute de l'abbé Mouret*) qui ouvre 'chacune de ses veines *aux jets de la sève*' (iii, 217), comme Albine qui sait que la vie, ce sont 'les herbes, les arbres, les eaux, le ciel, le soleil.' Il y a toute une cosmologie naturiste dans l'œuvre de Zola, qui sera développée dans *Fécondité* où, à un plus haut degré que dans tout autre roman, elle prend le pas sur ses convictions scientifiques. Au-delà des drames sociaux de l'univers purement romanesque, on entrevoit le travail harmonieux des éléments, la fécondité des êtres et des choses, la coulée des eaux et l'ascension des sèves. Cette sève naturelle qui semble circuler dans les veines des personnages sains et équilibrés de la série agit comme antidote au sang taré des Rougon et des Macquart, pour ramener l'homme à sa véritable place, sous le soleil fécondant et créateur.

A vrai dire, le soleil, symbolique et réel, joue un rôle privilégié dans l'œuvre de Zola. *La Faute de l'abbé Mouret* offre l'exemple d'un roman qui abonde en symboles élémentaires de la fécondité; c'est le soleil qui mène 'la grande lutte' de la nature contre la 'religion de mort.' Il s'empare symboliquement de l'église pour annoncer la victoire des forces de la nature : 'L'astre demeura seul maître de l'église. Il s'était posé à son tour sur la nappe, allumant d'une splendeur la porte du tabernacle, célébrant les fécondités de mai' (III, 28). C'est en présence du soleil approbateur que le docteur Pascal et Clotilde font l'amour : 'Le soleil fécondant d'avril se levait dans un ciel immense, d'une pureté sans tache, et la terre, soulevée par le frisson des germes, chantait gaiement les noces' (VI, 1278). On retrouvera de telles scènes dans *Fécondité* où le soleil revêtira toute la force symbolique d'un dieu primitif, source de l'énergie cosmique.

Lorsque l'homme réintègre le flot créateur de la vie, il reçoit l'empreinte approbatrice du lyrisme du romancier. Que ce soit l'homme, la nature ou la machine qui s'y prête, on sent passer sur tout cela un souffle de grandeur, de noblesse, de poésie. Le romancier rejoint l'ordre du mythe, là où la vie se renouvelle sans cesse dans l'harmonie cosmique des éléments, éternellement victorieuse. Dans le travail du corps et dans l'abandon à l'instinct sexuel, l'homme obéit aux grandes poussées de la vie cosmique. Ce sont les rythmes de la sexualité et du travail qui constituent le lyrisme de la nature et avec lesquels s'harmonise le verbe de Zola, dans ses moments exaltés.

Il s'agit peut-être donc moins d'un jeu de mythes qui se confrontent au-dessus des faits réels, que de deux ordres d'événements qui s'opposent, car même les grandes forces 'mythiques' de la Catastrophe et de la Destruction revêtent le plus souvent une valeur positive, en tant que forces de purification et de châtiment. L'imagination de Zola refuse la décadence, qui obsédait jusqu'à la hantise bon nombre de ses contemporains. Malgré les visions d'enfer et d'holocauste de certains romans, l'expression mythique chez le romancier laisse toujours prévoir la régénération imminente, quand même elle serait accomplie par les voies les plus violentes. D'une part, il y a la réalité qui désabuse et dégrade et où règnent la désintégration individuelle et sociale, la tyrannie et la misère, l'égoïsme et le vice, le détraquement physique et intellectuel. C'est le domaine où le naturaliste promène ses désillusions. D'autre part, il existe un ordre naturel, permanent, cosmique, qui, dans les échappées d'en haut sur la nature, réduit à leurs proportions relatives et insignifiantes les événements d'ordre passager. Le mouvement de l'un à l'autre de ces ordres romanesques – il s'agit toujours au fond de la 'satire' (naturaliste) et du 'cantique' (lyrique) – fournit la dynamique de la série des *Rougon-Macquart*. 'S'élevant' d'un naturalisme intransigeant à un lyrisme cosmique, le romancier répond à l'apparent pessimisme historique par un optimisme universel qu'affirme l'être qui s'adonne aux puissances créatrices, comme le fera le héros de *Fécondité*. Si ce mouvement est présenté plus artistiquement dans *les Rougon-Macquart*, il apparaît plus ouvertement dans la structure nettement antithétique des *Evangiles*, à travers la confrontation de valeurs qui a lieu dans *les Trois Villes*.

LE 'MYTHE' DE LA FECONDITE ET LE PROGRES SOCIAL

Dans les ouvrages où il s'adonne à l'exaltation lyrique des forces créatrices de la vie, Zola exerce un strict contrôle sur son art. C'est un lyrisme sans débraillé qui confère au monde tout son sens et toute son harmonie. Dans de tels ouvrages, le romancier est le plus attentif à disposer d'une façon significative les développements opposés et parallèles et la réunion des symboles qui caractériseront *Fécondité*. Rappelons, à ce propos, ce que Guy Robert a écrit au sujet de *la Terre* :

La terre est comme le lieu privilégié des symboles. Jamais peut-être autant que dans l'œuvre qui lui est consacrée, Zola n'en anima un si riche cortège. Ce n'est point par hasard si le roman s'ouvre sur deux descriptions des semailles encadrant celle de la saillie : ainsi se trouve immédiatement posé le thème de la Fécondité animale et végétale. Ce n'est point caprice d'auteur si les fiançailles se font à l'époque du printemps, si tous les désirs de l'homme s'allument à l'heure brûlante de la moisson, si Louise promène son ventre énorme au milieu des gerbes, si l'accouchement et le vêlage s'opèrent simultanément, quand la terre elle-même vient de donner ses fruits : c'est la même force qui assure partout la pérennité de la vie.[16]

Même emploi de parallélismes et de reprises dans le triptyque uniforme de *la Faute de l'Abbé Mouret* où, à la fin, la naissance du veau, qui coïncide avec l'enterrement d'Albine, énonce la même leçon : la victoire de la fécondité et de l'éternel renouvellement de la vie.

Dans les œuvres de Zola où domine le 'mythe' de la fécondité, l'éternel retour des choses confère un sens et un ordre à la vie. Par exemple, malgré les drames affreux qui surviennent dans *la Terre*, une sérénité se dégage de la description du retour des saisons, qui supprime les menaces du temps : 'Des mois s'écoulèrent, l'hiver passa, puis le printemps; et le train accoutumé de Rognes continuait, il fallait des années pour que les choses eussent l'air de s'être faites, dans cette morne vie de travail, sans cesse recommençante' (v, 1025). Ce sont d'autre part les lois de la terre qui dictent le comportement humain. Zola va même jusqu'à recréer le mythe primitif de la *Terra Mater*, la déesse tellurique qui donne naissance à tous les êtres et qui les reprend à leur mort, pour continuer à créer de la vie encore : 'Et la terre seule demeure l'immortelle, la mère d'où nous sortons et où nous retournons, elle qu'on aime jusqu'au crime, qui refait continuellement de la vie pour son but ignoré, même avec nos abominations et nos misères' (v, 1142). Que devient donc l'idée du progrès social que Zola constate ailleurs, de sa confiance en l'effort de l'humanité à préparer, aidée par la science, un monde de vérité, de justice et de bonheur ? Le 'mythe' de la Fécondité amène une conception primitive de l'évolution, qui est cyclique et qui apprend la leçon de la régénération perpétuelle. Enfermant l'homme à l'intérieur d'un mouvement naturel de retour, le mythe n'implique nullement et exclut même l'idée du progrès et de l'évolution temporelle. Pourtant, héritier de l'esprit 'moderne' d'un Francis Bacon ou d'un Condorcet, Zola croit aussi à la perpétuelle conquête de la nature par une science utilitaire qui se soumet aux faits et refuse les voies de la métaphysique et de la théologie, faisant ainsi du temps même l'allié de la vérité et du bonheur terrestre. Il subsiste un décalage entre une croyance instinctive, élémentaire, et une conviction plus intellectuelle et consciente. A la conception traditionnelle du retour cyclique s'oppose la dynamique du linéarisme moderne, la conception progressiste qui instaure la foi en la possibilité d'un progrès et qui triomphe dans les idées évolutionnistes du siècle de Zola. L'œuvre du romancier hésite entre les deux conceptions de la vie. Selon l'*Ebauche* du *Docteur Pascal* par exemple, la conclusion de la série se résume ainsi : 'La vie continue, recommence, c'est l'idée de la série. Quitte à faire des monstres, il faut créer quand même.' Mais le romancier y mêle aussi un semblant d'hypothèse progressiste : 'Puis, peut-être, grâce à un moyen, les idées sur l'hérédité, l'équilibre se rétablissant par la diffusion, l'humanité reprenant une moyenne, un niveau, etc.'[17] La naissance du 'messie de demain' prépare l'avènement d'un monde meilleur. Les deux conceptions semblent d'ailleurs se confondre dans la célèbre conclusion de *Germinal*, où le 'mythe' de la fécondité est annexé dans le but de servir la thèse du progrès social et historique : 'Des hommes poussaient, une armée noire, vengeresse, qui germait lentement dans les sillons, grandissant pour les récoltes du siècle futur, et dont la germination allait faire bientôt éclater la terre' (v, 405). Habituellement, l'état social espéré de bonheur et de justice auquel aspirent les personnages opprimés de Zola apparaît sous l'aspect de quelque jardin paradisiaque ensoleillé, comme par exemple dans le rêve de Catherine Maheu, mourante dans la mine, vers la fin de *Germinal*. C'est un rêve fait de 'murmures d'eau courante,' de 'chants d'oiseaux,' de sorte qu'elle se croit, lorsqu'elle exprime les aspirations des mineurs, 'dans les blés, par une journée de beau soleil' (v, 392). Pareillement, les forces sociales qui, selon Zola, préparent l'avenir se définissent le plus souvent par le vocabulaire de la fécondité. Dans *l'Argent* par exemple, à travers les méditations de Mme Caroline, porte-parole du romancier, Zola définit l'argent comme 'le fumier dans lequel poussait cette humanité de demain' et 'le ferment de toute végétation sociale ... nécessaire aux grands travaux dont l'exécution rapprocherait les peuples et pacifierait la terre' (vi, 514).

Mais c'est surtout dans *les Trois Villes* que les buts sociaux et historiques du romancier viennent 'séculariser,' même contaminer le mythe de la fécondité et de l'éternel retour. Dans cette trilogie, la fécondité, par laquelle l'homme s'insère dans l'ordre cosmique de l'éternel renouvellement, devient nettement une force qui tend au progrès social.

D'abord, Zola exploite le thème de la fécondité dans la polémique qu'il poursuit avec le catholicisme. Il veut affranchir les instincts sacrés que l'idéal de chasteté et la morale d'austérité répriment et entravent. Au fond, le malaise de l'abbé Froment de *Lourdes*, amoureux de la vierge dévote, Marie de Guersaint, qui a été symboliquement 'frappée dans son sexe' à treize ans, 'au moment où elle allait devenir femme' (vii, 38), est celui du regret de la sexualité. Voué par son sacerdoce au célibat, à ne jamais posséder Marie, il en vient à comprendre 'la toute-puissance, l'invincible volonté de la vie qui veut être' : 'L'amour était plus fort que la foi, peut-être n'y avait-il de divin que la possession. S'aimer, s'appartenir malgré tout, faire de la vie, continuer la vie, n'était-ce pas l'unique but de la nature, en dehors des polices sociales et religieuses ?' (vii, 323). La même victoire de la chair sur l'esprit se déclare dans *Rome*. Toute la papauté baigne dans le paganisme de l'art du Vatican. A plusieurs reprises, l'Abbé Froment voit le pape traverser les galeries du Musée des Antiques 'parmi ce triomphe de la chair, cette nudité, étalée, glorifiée, qui clame la toute-puissance de la nature, l'éternelle matière ... le sexe flamboie, la vie déborde, la semence circule à torrents *dans les veines du monde*' (vii, 675-6).

Pourtant, dans *Paris*, dans la débâcle des systèmes sociaux et religieux qu'on a vue, la fécondité devient une force de progrès social. Par la logique de son évolution personnelle, Pierre Froment trouve une autre Marie, Marie Couturier, épouse saine et féconde cette fois. Ainsi, le froment sera livré à la culture. Elle remet 'dans sa poitrine la nature entière, et les campagnes ensoleillées, et les vents qui fécondent, et le vaste ciel qui mûrit les moissons' (vii, 1455). L'enfant naît et 'la vie avait enfanté de la vie, la vérité éclatait, triomphante *comme le soleil*.' 'Et quelle paix,' ajoute-t-il, 'de se sentir complet, normal et puissant, *tel que le grand chêne qui pousse en liberté et dont les branches à l'infini dominent la forêt* !' (vii, 1562-3).[18] D'une façon fantaisiste, tout Paris est transfiguré en un immense champ défriché, 'ensemencé de lumière *par le divin soleil*, roulant dans sa gloire la moisson future de vérité et de justice' (vii, 1567). Même le moteur de Guillaume Froment, qui représente le progrès par la science, est transformé en une force solaire : 'C'est vivant et c'est fort *comme le soleil, comme ce grand soleil* qui resplendit là, sur Paris immense, en y mûrissant les choses et les hommes' (vii, 1566).

En tant que véhicules de la vision poétique du romancier, de tels procédés conviennent à l'expression de l'enthousiasme que Zola ressent devant un avenir de santé et d'expansion heureuse. Ils peuvent impressionner, même convaincre le lecteur qui est plongé dans le sombre univers naturaliste. Pourtant, dans les *Evangiles*, là où le romancier s'efforcera de préciser ses espérances, de définir les forces du progrès et de représenter le monde meilleur de demain, il risquera de s'égarer dans l'inconséquence, car, par elles-mêmes, les forces solaires qui font circuler les sèves 'dans les veines du monde' n'entraînent pas le progrès des sociétés. Le 'mythe' de la fécondité qui enseigne l'éternelle répétition et l'éternel retour des choses ne se laisse pas 'historiciser' sans disparate. Dans les œuvres où ce mythe joue un rôle plus central, l'auteur est plus fidèle à la logique de sa croyance. Par exemple, dans l'*Ebauche* de *la Faute de l'abbé Mouret*, Zola note : 'Elle [Albine] veut Serge, il lui appartient. Toute la brutalité de la nature qui va quand même à la génération, malgré l'obstacle. Une inconscience absolue, Eve sans aucun sens social, sans morale apprise, la bête humaine amoureuse' (Ms 10.294, fᵒˢ 6-7). Il nous reste à examiner si, dans *Fécondité*, le premier des *Quatre Evangiles* des temps futurs, où il se trouve si amplement exposé, le 'mythe' se prêtera mieux à admettre la possibilité du progrès social et de l'avènement du règne de la vérité et de la justice.

DEUXIEME PARTIE

4

Les Premiers Jalons du roman

LES TROIS 'EVANGILES'

Zola termine sa trilogie (*les Trois Villes*) à Médan, le 31 août 1897. Quelques jours plus tard, Mme Zola écrit à sa cousine, Mme Emile Laborde : 'Ton pauvre cousin était en effet bien heureux d'avoir terminé son *Paris*, le mardi 31 août, car cela faisait juste huit mois, jour pour jour, qu'il l'avait commencé ...'[1] Après le long effort que lui a coûté *Paris*, le romancier s'accorde à peine quelques semaines pour se reposer et pour corriger les épreuves du roman, qui paraît en feuilleton dans *Le Journal*, à partir du 23 octobre. Il ne tarde nullement à songer à sa nouvelle série. Sa mission est urgente; la France, voire l'humanité, ont besoin de ses avis.

Avant de s'atteler à la préparation de *Fécondité*, vers la fin de 1897, Zola formule les buts de cette nouvelle série, en y apportant quelques précisions d'ordre technique, dans une sorte de plan général que Maurice Le Blond a retrouvé parmi les documents inédits de l'auteur.[2] C'est un document précieux sur lequel il est important de s'arrêter. Il révèle la transformation fondamentale subie par le roman des 'déchets sociaux' pour se conformer aux objectifs de la série et il nous permet également de surprendre quelques ambiguïtés dans la préparation même de cette série.

A ce stade de leur conception, les *Evangiles* ne doivent comporter que trois romans, *Fécondité*, *Travail* et *Justice*. Il n'est pas encore question de *Vérité*, qui verra le jour avec les remous de l'Affaire Dreyfus et dont la première idée paraîtra évidente au début de l'*Ebauche* de *Fécondité*. Pour le moment, Zola s'efforce d'introduire le premier roman dans le cadre de sa nouvelle trilogie : 'Dans le premier *Fécon-*

dité je traite le sujet qui m'a hanté sous le titre *le Déchet*. Mais j'attendris le sujet, et je l'élargis, en faisant un chant à la fécondité' (VIII, 505). Pourtant, la même solution se présente, les mêmes anathèmes persistent : 'Rendre *esthétique* la femme féconde, avec Jean, fils de Pierre et de Marie, la femme qui nourrit, la femme qui a beaucoup d'enfants. Contre la virginité, la religion de la mort, et pour l'expansion de tous les germes.' Cependant, une nouvelle dimension vient s'ajouter à ces préoccupations 'esthétiques' : 'D'abord pour la patrie féconde, la natalité augmentée en France, petit côté patriotique, puis le sujet étendu à l'humanité tout entière. Dans *Fécondité* je crée la Famille' (VIII, 505).

Les deux autres romans doivent suivre des lignes analogues. *Travail* sera l'œuvre que Zola veut faire 'avec Fourier,' œuvre dans laquelle il rêve de 'créer la Cité, une ville de l'avenir, une sorte de phalanstère.' Il veut démontrer 'la nécessité du travail pour la santé physiologique.' Ce sera 'un hosanna du travail créant la cité,' avec des 'tableaux séduisants' par lesquels les travaux manuels seront anoblis. *Justice* lui donnera 'le troisième palier, le sommet, en créant l'Humanité par-dessus les frontières.' Dans ce dernier roman, il abordera le problème actuel du désarmement général, par lequel doit s'accomplir l'alliance de toutes les nations. Il imagine un vieil apôtre qui conduira son héros en une croisade dans tous les pays pour lire 'à chaque peuple son chapitre.' On ignore ce que sera leur message, mais il amènera 'l'apothéose de la paix finale' : 'Je crée ainsi l'humanité' (VIII, 506).

Il semble donc que, dans sa nouvelle série de romans, Zola veuille représenter une civilisation modèle, fondée sur la communauté familiale, rendue possible par la réorganisation des sociétés et aboutissant à une humanité unie et paisible. C'est un rêve autorisé par la libération des forces fécondantes, par l'organisation du travail régulateur et par le prêche du sermon de la justice. Ainsi, pour Zola, il y aurait quelque lien logique, quelque loi conséquente qui relierait les romans de la série. Chaque étude entraînera la suivante : 'Et d'un roman à l'autre, j'élargis mon cadre (très important), d'abord dans une maison avec *Fécondité*, ensuite dans une ville avec *Travail*, enfin par le vaste monde avec *Justice*' (VIII, 506).

Mais un tel schéma peut soulever quelques objections fondamentales, en dehors du problème de la vraisemblance des propositions qu'il renferme. Zola survole des questions d'ordre esthétique, moral, social et international pour établir entre elles une filiation qui ne peut être que des plus ténues. Comment, par exemple, concilier les avantages du phalanstère fouriériste avec les intérêts de la Famille ? Comment pouvoir restreindre le cadre du roman sur la fécondité à l'étude d'une seule famille et, en même temps, traiter le problème de la natalité française ? Comment, enfin, pouvoir garantir que les intérêts de la Famille, de la Cité et de l'Humanité soient communs ? Zola ne réussira pas à conférer aux *Evangiles* l'unité thématique et structurale que l'odyssée spirituelle de Pierre Froment a donnée à la série précédente. Au début de l'*Ebauche* du roman suivant, *Travail*, Zola ne se réfère que brièvement à son plan général et l'*Ebauche* de *Vérité* ne fait aucune mention des buts de la série. De telles considérations tiendront peu de place dans l'élaboration et la genèse de tel ou tel roman. Les *Evangiles* ne sont pas, comme Zola tenait à le croire, le récit de la marche progressive de l'humanité vers le bonheur et la paix. Ils témoignent plutôt du développement, à outrance même, de certains thèmes, de certaines tendances et préoccupations de l'auteur. Il n'a pu les concilier que dans ce spécieux schéma préliminaire, et par le vague idéal humanitaire qui leur est commun.

Après avoir ainsi dégagé le sens qu'il espère conférer à la trilogie, Zola passe à des questions d'ordre technique. Il se félicite de pouvoir enfin renouveler sa forme, tout en étant attentif à resserrer les liens entre les trois romans. La série aura un personnage central, Jean Froment, le fils de Marie et de Pierre, qui relatera les trois épisodes : [3] 'De la sorte, je puis contenter mon lyrisme ; me jeter dans la fantaisie, me permettre tous les sauts d'imagination dans le rêve et l'espoir.' Un optimisme éclatant marquera la série : 'C'est la conclusion naturelle de toute mon œuvre : après la longue constatation de la réalité, une prolongation dans demain, et d'une façon logique, mon amour de la force et de la santé, de la fécondité et du travail, mon besoin latent de justice, éclatant enfin. Puis, je finis le siècle, j'ouvre le siècle prochain. *Tout cela basé sur la science,* le rêve que la science autorise' (VIII, 506).

Rien ne démontre mieux que ce passage l'imprécision des intentions de l'auteur. Il parle de 'fantaisie' et de 'rêve.' Est-ce donc une véritable utopie, forcément irréalisable, qu'il nous propose ? Cependant, il parle aussi de 'logique,' du 'rêve que la science autorise.' C'est donc une prophétie raisonnée sur les siècles futurs ? Mais ce qui l'emporte sur de telles considérations, c'est un impérieux besoin chez le romancier d'affirmer certaines convictions intimes, de les justifier pour les offrir en exemple aux autres hommes : le respect de tout effort créateur, de la fécondité et du travail, du principe de la justice. Il y aura bien, dans les *Evangiles*, un rayonnement démesuré de fantaisie utopique et de scientisme naïf. Mais, à leur base, il y aura surtout l'expression d'une vénération pour les forces salutaires de la vie.

Zola n'ignore pas les dangers qu'il encourt : 'le grand écueil, qui m'a fait hésiter un instant à me lancer dans ce grand travail.' Il sait bien que les beaux sentiments font de la mauvaise littérature : 'Une "Icarie" est illisible. Et le rêve de la fraternité universelle fait sourire.' Mais le lecteur à qui il se soucie d'adresser sa nouvelle trilogie sera moins exigeant : 'L'intérêt pour le public, c'est ce que je veux. Il faut que ces romans n'aillent pas qu'à des lettrés' (VIII, 506). Il est prêt à compromettre ses scrupules d'artiste pour arriver à ses fins morales. Il n'hésite pas à verser dans ce qui, selon Mallarmé, était la grande 'hérésie' : l'art pour tous. Pour Zola, l'art n'est pas moins sacré qu'il ne l'était pour Mallarmé. Mais le poète y voyait un culte; le romancier y voit un apostolat.

Enfin, Zola en arrive à formuler quelques idées sur le premier roman. Ce qui suit constitue une sorte de première 'ébauche,' dans laquelle l'œuvre commence à prendre corps. D'abord, une question de chronologie que Zola esquive. Si le héros du roman (Mathieu Froment), qui s'appelle Jean dans la plupart des dossiers préparatoires, est le fils de Pierre Froment, l'action de *Fécondité* ne peut se dérouler qu'au vingtième siècle. Logiquement, il faudrait alors que le romancier s'aventure dans la prophétie sociale, comme il le fera dans *Travail*. Mais il est indifférent aux faits historiques : 'Je ne fixerai aucune époque, je laisserai les dates vagues.' Pourtant, malgré cette indécision, le plan essentiel du mouvement interne du roman émerge, avec sa pleine et symbolique signification, dans le passage suivant (retenons le mot 'par-dessous') :

D'abord la conception, Jean fait un enfant à sa femme; et je mets par-dessous, à l'aide de faits et de personnages, toutes les tricheries dans la conception, la semence perdue volontairement ou non, tous les drames et les comédies de l'alcôve; et Jean y est mêlé, et c'est en rentrant, la nuit, qu'il fait un premier enfant à sa femme : l'expansion des germes, tout ce qui se sème et se perd, un grand tableau d'une couleur intense [VIII, 507].

Ensuite, il y aura l'étude des couches de la femme de Jean, ce qui, par opposition, introduit 'tous les drames et les comédies qui se rapportent aux couches.' Après cela, viendra l'allaitement de l'enfant et l'étude des mères qui ne nourrissent pas. Finalement, Zola veut dépeindre la famille de Jean, qui croît aux dépens des familles progressivement moins nombreuses des personnages bourgeois : 'Je veux remettre à la mode la femme qui nourrit, qui a beaucoup d'enfants, et je montrerai donc la femme de Jean superbe, une créature admirable, entourée de ses enfants, le bonheur dans la maison, la gloire, l'éclat de tendresse et de joie.'

Ainsi, la structure fondamentale de l'œuvre s'impose immédiatement. Elle sera divisée selon des coupures verticales, déterminées par l'avènement de chaque étape de la génération humaine, tout à fait comme la structure de *la Terre*, qui suit le déroulement des saisons. Deux développements en parallèle renforceront la leçon du roman : 'Le plan est de mettre la réalité des épisodes désastreux, l'état actuel, par-dessous l'exemple et le bonheur de Jean et de sa maison, et de revenir toujours à lui et aux siens pour les exalter' (VIII, 507). C'est ainsi que le futur roman sera construit. Notons encore le déplacement indiqué par le mot 'par-dessous.' On observe toujours le mouvement caractéristique d'un plan romanesque à un autre : du réel à l'idéal, d'un point de vue 'naturaliste' à un point de vue 'mythique,' enfin de la 'satire' au 'cantique.' On voit déjà aussi que dans ce roman les deux modes vont être nettement mis en opposition.

Finalement, Zola esquisse la dernière scène du roman, celle qu'il voit déjà le mieux : 'J'ai Jean et sa femme, vieilli, entouré de sa nombreuse famille, s'adorant toujours l'un l'autre, et s'adorant dans leurs enfants et leurs petits-enfants.' C'est la scène d'apothéose à laquelle chacun des *Evangiles* va aboutir. Mais là-dessus, une difficulté vient à l'esprit du romancier : 'Je songe que si je les fais vieillir là tout de suite, ils seront trop vieux pour *Travail* et pour *Justice*.' Zola reviendra, dans la première partie de l'*Ebauche* de *Fécondité*, sur cet obstacle qui caractérise le conflit existant entre les besoins du premier roman et ceux de la série. Pour l'instant, il escamote le problème, en se proposant d'écrire une préface 'où Jean parlera lui-même, disant qu'il va écrire ses mémoires et qu'il divisera sa vie en trois : la famille, la cité, l'humanité' (VIII, 507). Mais plus tard, devant des exigences plus impérieuses au cours de la préparation du premier roman de la série, il sera contraint d'abandonner cette formule pour conférer à chaque ouvrage une plus grande part d'autonomie.

L'AFFAIRE DREYFUS

Dans une interview qu'il accorda à Adolphe Retté en octobre 1899, c'est-à-dire le mois même de la mise en vente de *Fécondité*, Zola évoquait l'époque troublée pendant laquelle il s'était mis à préparer son roman :

C'est à la fin de décembre 1897, que je commençai à former le dossier de *Fécondité*. La besogne n'était pas mince ! J'écrivis d'abord un plan général du livre et je dressai des tableaux synoptiques pour m'y reconnaître parmi les douze enfants de Mathieu Froment. Lors de mon premier procès, j'étais en plein travail de préparation. Quoique cela puisse paraître malaisé, je réussis à me dédoubler pour ainsi dire; et je parvins à mener de front l'ébauche de mon livre et la campagne pour Dreyfus.[4]

Au moment donc où il en arriva à préparer son roman, Zola avait déjà fait sa première intervention dans l'Affaire. Son premier article 'M. Scheurer-Kestner' avait paru, le 25 novembre, dans les colonnes du *Figaro*. Ensuite, à mesure que se déroulaient les péripéties de l'Affaire, le romancier publiait une série d'articles et de brochures, dont le point culminant fut, dans *L'Aurore* du 13 janvier 1898, la célèbre 'Lettre à Félix Faure, Président de la République' (*J'accuse*). Il suffit de rappeler sommairement les événements qui s'ensuivirent : les poursuites du romancier que Méline annonça sur-le-champ, le premier procès le 23 février, avec la condamnation au maximum de la peine. Puis, à peine le premier jugement fut-il cassé qu'on intenta à Zola un deuxième procès, appelé le 18 juillet. Le même jour, Zola fut condamné à un an d'emprisonnement et 3000 francs d'amende, ce qui précipita son départ, le soir même, pour l'exil volontaire en Angleterre. Ce départ sépare nettement les périodes de la préparation et de la rédaction du roman.[5]

C'étaient des mois d'agitation fébrile où la vie et la personne de Zola se voyaient l'objet d'une publicité malveillante, même venimeuse, plus acharnée que les attaques qu'on avait réservées jusque-là à son œuvre. Mais, malgré un tel bouleversement, le romancier poursuivait régulièrement et résolument sa tâche littéraire, car, lors de son départ pour l'Angleterre, sept mois à peine après l'ouverture du dossier, il avait empilé quelque mille pages de notes préparatoires. Il avait effectué ainsi presque tout le travail préliminaire sur le roman, alors que l'Affaire battait son plein. Pour qui connaît les habitudes de travail du romancier, les quelques pages réglementaires religieusement composées chaque jour, il n'est guère étonnant qu'il ait pu 'se dédoubler' de la sorte. Mais ce qui surprend, c'est la façon dont il réussissait à séparer les deux activités. A part la brusque introduction, au début de l'*Ebauche*, de l'idée d'écrire le quatrième roman de la série, *Vérité*, on ne trouve, dans les dossiers préparatoires de *Fécondité*, aucune trace, aucune mention directe de la crise, aucune allusion à son propre rôle dans l'Affaire, aucun effort pour relier les problèmes sociaux et nationaux qui le préoccupent sur le plan littéraire à ceux qu'il affronte sur le plan politique. Tel était le pouvoir qu'il avait d'exclure, en travaillant, toute préoccupation qui ne portait pas directement sur l'œuvre en préparation. Le rôle de Zola dans l'Affaire a donc peu d'intérêt pour l'étude de ce roman dont la genèse et la rédaction allaient pourtant de pair avec les événements de la grande crise personnelle et nationale.

EBAUCHE : PREMIERE PARTIE (Ms 10.301, f°s 1–65)

Si Zola a cherché à renouveler sa manière dans les *Evangiles*, il n'a pas tenté pour autant d'abandonner ses anciennes méthodes de travail, tant il était prisonnier de ses habitudes. Il n'a pu que reprendre les procédés qu'il avait résumés et défendus, l'année précédente, dans un article du *Figaro* (où il se garde, comme d'habitude, de parler du rôle de l'imagination dans l'élaboration de ses romans) : 'Pour mon compte, ma méthode n'a jamais varié, depuis le premier roman que j'ai écrit. J'admets trois sources d'informations : les livres, qui me donnent le passé; les témoins, qui me fournissent, soit par des œuvres écrites, soit par la conversation, des documents sur ce qu'ils ont vu et sur ce qu'ils savent; et enfin l'observation personnelle, directe, ce qu'on va voir, entendre ou sentir sur place' (xiv, 798). Ainsi, on trouve dans le dossier de *Fécondité* les mêmes 'ingrédients' que dans n'importe quel dossier préparatoire d'un roman de Zola : ébauche, notes documentaires, plans, fiches établies sur les personnages, etc. Le romancier a beau vouloir changer de peau, se livrer entièrement à son lyrisme, il entreprendra une œuvre qui, bien que foncièrement lyrique, fantaisiste même, sera aussi une œuvre 'documentaire,' se référant toujours au document sacré du romancier naturaliste. Comme *les Rougon-Macquart*, le roman sera le produit du jeu réciproque de l'imagination créatrice et des recherches documentaires, celle-là prédominante, directrice et impérieuse, celles-ci chargées de préciser et de confirmer les desseins sociaux et polémiques de l'auteur. En étudiant ce dossier préparatoire, il nous est loisible de suivre pas à pas le cheminement de ce travail, de reconstituer la genèse du roman, autant que possible, dans l'ordre chronologique.[6]

Comme à l'habitude, l'*Ebauche* de *Fécondité* se divise en plusieurs parties. Tandis que la deuxième moitié de ce document sera interrompue par les lectures que Zola entreprendra pour se renseigner sur divers aspects de son roman futur, la première moitié reflète les hésitations de l'auteur à mesure qu'il prend et reprend sa matière pour préciser ses premières idées les plus spontanées. C'est là surtout que l'imagination de Zola est le plus active. Il y amplifie le canevas qu'il a déjà envisagé dans le projet des trois *Evangiles* et sur lequel il improvise des développements et quelques modifications fondamentales. Donc, en tenant compte du cheminement progressif de l'imagination de l'auteur, on perçoit mieux l'importance de ce travail préliminaire.

(F[os] 2–8) Zola commence par s'occuper de Jean et de sa famille. Les époux n'auront d'abord que huit enfants. C'est tout ce qu'il peut leur permettre, malgré lui, car il faut qu'ils restent assez jeunes pour figurer dans les romans suivants. Le romancier est visiblement gêné par les exigences de la série. Même embarras lorsqu'un nouveau facteur, d'une importance capitale, est introduit : 'Je vois cela dans une propriété, petite d'abord, et qui s'agrandit, au fur et à mesure que la famille se développe. Toute la terre inculte qui devient féconde, une propriété que Jean peut faire (?), et surtout les arbres qui poussent, la fécondité grandissante, débordante des choses et des êtres' (f°s 3–4). Dans *Fécondité*, Zola sera soucieux de signaler la signification symbolique de l'élargissement parallèle de la famille Froment et du domaine de Chantebled. Mais, à cette étape, il ne voit pas comment il peut éviter que son premier roman empiète sur le suivant. 'Je vois volontiers une usine (?),' écrit-il, avec indécision, 'puis de la culture autour pour fournir à l'usine quelque chose qui me donne la terre et l'industrie ... D'abord, petit commencement, puis cela se développant et prenant l'horizon, fournissant tout Paris. Du reste, cela ne vient que dans le second roman, le Travail. Ici, il ne s'agit que de la famille, de la fondation de la famille. – Je reviendrai là-dessus' (f°s 4–5). Mais il se produit tout un fourmillement d'idées sur les épisodes complémentaires.

Zola imagine deux ménages bourgeois qui 'trichent,' une jeune femme qui se fait opérer pour ne jamais avoir d'enfants et qui en meurt. Déjà, on reconnaît en embryon les ménages Beauchêne, Séguin et Morange. Pourtant, le personnage qui s'impose d'emblée à l'imagination du romancier, c'est la femme qui sera Séraphine dans le roman, la sœur nymphomane de Beauchêne, celle qui, pour se livrer impunément à des amants, 's'est fait tout enlever.' Son sort est déjà indiqué ici et, pour la première fois, apparaît l'idée de la rétribution qui planera sur le destin de tous ces personnages complémentaires : 'Et le portrait de la louve inféconde, punie par sa beauté qui se flétrit, et ensuite par la perte de la sensibilité : elle n'a plus de volupté. – Toute la semence qui est perdue dans la débauche, dans le plaisir hâtif et corrompu' (f° 6).

Pour terminer cette première section de l'*Ebauche*, Zola esquisse quelques indications vagues qui serviront aux intrigues secondaires : deux femmes enceintes qui se font avorter; une fille-mère brutalisée qui accouche d'un enfant mort-né. Puis il se promet d'inventer des drames pour illustrer 'les déchets pendant les couches' et 'les déchets pendant l'allaitement,' tout ce qu'il opposera à l'heureuse maternité de la femme de Jean.

(F[os] 1, 8–26) Lorsque Zola reprend sa plume, un changement fondamental s'est fait dans la conception des *Evangiles* : 'Il me vient l'idée de faire les quatre évangiles,' écrit l'auteur dans l'*Ebauche*, 'et non les trois, pour faire pendant aux quatre évangiles, Jean, Luc, Mathieu, Marc. J'aurai alors : Fécondité, Travail, Vérité,[7] Justice.' Cette résolution conduit à un important changement de procédé : 'j'abandonnerai l'idée d'avoir, comme dans les trois villes, un seul héros, se développant, ce qui me gêne et me semble même contre la logique. Ne puis-je imaginer quatre fils de Pierre : Jean, Luc, Mathieu, Marc, quatre frères, qui seraient les quatre héros des quatre épisodes ?' (f° 8). Un tel changement lui permettra d'élargir le cadre de chaque roman : 'L'avantage décisif de cela est qu'alors j'aurai dans chaque roman toute une vie d'homme à dérouler, jusqu'à 80 et 90 ans, si je veux, tout le siècle prochain; de sorte que je puis suivre tout le progrès, tout le futur sans le morceler' (f°s 8–9). Pour Zola, ennemi de toute contrainte imposée à sa vision expansive, une véritable libération s'est accomplie : 'La fécondité dans tout un siècle, le pullulement de la famille autour d'un homme, un grand chêne : cela élargit mon cadre singulièrement, pousse la chose, le développement de la famille à son intensité' (f° 9). Désormais, le grand chêne symbolique peut multiplier librement ses rameaux, à l'infini.

Pourtant, Zola prend la ferme résolution de ne pas négliger l'unité de la série, de préserver une certaine interdépendance entre les quatre romans : 'Très bon l'ordre, d'abord la fécondité qui peuple le monde, les parties aujourd'hui inhabitées, le travail qui réglemente et qui fait de la vie, la vérité qui est la science et qui prépare la justice, la justice qui réunit l'humanité, qui assure la paix et fait le bonheur final' (f°s 10–11). Zola se félicite de cette nouvelle intervention et de la façon dont elle s'insère dans le schéma de la série : 'Les sujets, d'autre part, doivent se pénétrer un peu, ne pas rester complètement isolés; par exemple la fécondité, mon Jean avec tant d'enfants, doit avoir besoin du travail pour que ses enfants vivent et que la famille puisse être nombreuse par la prospérité. De même le travail ne peut aller sans la science et la justice ne peut se faire sans la vérité' (f° 11).

Le romancier fait une promesse qu'il ne tiendra pas : 'Il faudra donc que chaque frère, dans son épisode spécial, fasse allusion à ses trois autres frères, à la besogne qu'ils accomplissent' (f° 12). Une des conséquences des recherches documentaires que le romancier va entreprendre, ce sera de le distraire de ses ambitions premières et de garantir l'autonomie de chaque roman de la série. Dans *Fécondité*, par exemple, on ne trouve aucune mention des missions apostoliques des frères de Mathieu.

Ce changement capital d'orientation que la série vient de subir permet à Zola de donner libre cours à son imagination pour aborder *Fécondité*. Il peut désormais élargir, et éloigner un peu de Paris, le domaine de son héros, qui sera situé sur une plaine stérile, 'près de Paris, à une demi-heure, une heure par le chemin de fer.' C'est à Paris qu'auront lieu les scènes opposées, surtout à Grenelle, 'en face du nouveau Paris du Trocadéro qui pousse' : 'Cela mêlerait mieux les mondes, et tout Paris serait à traverser, si je mettais mes champs au nord ou à l'est' (f°s 16–17).

Déjà une scène surgit, celle du retour de Mathieu auprès de sa femme, après sa journée de travail à Paris. Elle renferme on ne sait quelles résonances personnelles : 'Elle a fait coucher la bonne, elle l'attend sur la route, par une nuit de printemps, et toute la nature autour d'eux, et la conception, en opposition avec toute la semence perdue' (f° 14). On reconnaît là en résumé tout l'épisode touchant qui occupe dans le roman le cinquième chapitre du premier livre, où Mathieu retrouve dès son retour du 'pavé brûlant de Paris, desséché par l'âpre lutte du jour,' le repos de la campagne et la belle sérénité de sa femme : 'Il la gardait serrée contre son cœur, c'était comme une halte de tendresse à laquelle ni l'un ni l'autre ne pouvait se refuser, devant cette invitation universelle qui leur venait des étoiles, et des eaux, et des bois, et des champs sans limites' (viii, 81). Pour créer une telle scène, Zola n'a pas besoin de documents ni même de ces délibérations qu'on trouve dans les notes d'une 'ébauche.' Il n'a qu'à puiser dans les souvenirs récents de la vie partagée avec Jeanne Rozerot, vie moins paisible que celle de Mathieu mais aussi intense de bonheur. Les attentions de Mathieu pour sa femme et l'attente impatiente de Marianne, le soir, nous rappellent que Jeanne était elle aussi l'objet d'une dévotion de tous les instants de la part du romancier et que leur vie commune n'était qu'une suite d'attentes. A propos de sa mère, d'autre part, Mme Denise Le Blond-Zola écrit dans sa biographie du romancier : 'Elle fut pour Zola la grande tendresse dont son front avait besoin; elle l'accueillait au foyer calme, loin du bruit de dehors, avec son beau sourire, ses yeux clairs, sa belle jeunesse, son amour admiratif.'[8] Il est possible aussi que d'autres scènes du roman proviennent de la même source. La naissance de Gervais, à la fin du deuxième livre (chapitre 5), serait-elle un écho de la naissance de Denise (le 20 septembre 1889), dans l'appartement de la rue Saint-Lazare ? De toute façon, dans *Fécondité,* Zola se complaît dans la peinture du bonheur d'une longue et heureuse vie de famille dont l'existence ne lui aura offert que de brefs aperçus.

Maintenant, Zola se considère en état de risquer un aperçu général du roman, qui, à ce stade, doit compter sept livres au lieu de six :

Je voudrais arriver jusqu'à sept livres. 1º La conception. 2º la naissance. 3º l'allaitement. 4º les onze enfants qui naissent et qui poussent, avec la prospérité qui grandit, tandis que les histoires secondaires se développent, elles aussi. 5º à Paris pour un épisode dramatique, à la fabrique, un enfant de Jean qui meurt. – 6º une naissance tardive, lorsque la femme a quarante ans, 2 jumelles, ce qui fait la douzaine.[9] 7º Jean à 80 ans entouré de toute sa famille, le pullulement autour de lui, et la terre qu'il a créée, un débordement de vie et de création, toute la vie qu'il a faite et qui l'entoure. Peut-être même faudra-t-il lui donner près de cent ans, le siècle entier [f°s 17–18].

Le reste de cette section de l'*Ebauche* est consacré aux intrigues complémentaires, que Zola cherche à trouver par souci de concision dans la famille de son héros. De tels déplacements (allant des scènes de la vie des Froment à celles de la vie des personnages qui leur sont opposés) constitueront le mouvement essentiel de l'*Ebauche,* où le romancier passe et repasse du lieu idéal au monde 'naturaliste' de ceux qui violent les lois sacrées de la nature. On remarquera, surtout dans la rédaction du roman, une certaine polarisation de ce mouvement, opérée par l'imagination de Zola, qui plongera ses personnages 'fautifs' dans un monde tout à fait satanique pour leur opposer l'univers paradisiaque de ses héros. Pourtant, l'essentiel du travail effectué dans la composition des dossiers de notes préliminaires (et surtout dans l'*Ebauche*) sera consacré, par compensation, à la création consciente d'un monde romanesque plus réel et plus vraisemblable. Ici, par exemple, Zola prépare le ménage du futur Beauchêne qui donnera un exemple de 'ceux qui limitent leurs enfants, pour que la fortune ne s'éparpille pas' (f° 19). Il aura deux fils et une fille, celle-ci vouée à l'infécondité, ceux-là à la mort. Zola n'a pas encore découvert l'importance démographique du fils unique en France. Mais, déjà, un début d'intrigue apparaît : 'Quand le mari veut refaire un enfant à sa femme, il ne peut pas, ils ont trop triché, et de là un drame ... C'est ainsi qu'un fils de Jean peut prendre la fabrique' (f°s 19–20). Pour chacun de ces ménages 'fautifs,' l'auteur prépare un châtiment final. Le futur Beauchêne mourra 'sans famille, dans un taudis.' Sa sœur, la 'femme louve,' 'une Messaline inféconde, le roc inutile où tombe la semence qui se perd' (f° 22), est condamnée à une fin 'lamentable' dont Zola trouvera plus tard les détails : 'La faire finir abominablement, dans quelque cloaque, dans quelque aventure immonde. Elle est la louve inféconde' (f° 22). Le romancier ne se lassera pas de poursuivre ce personnage.

Ensuite, un troisième ménage surgit, celui de la femme, mentionnée déjà, qui meurt des suites d'un avortement. Son mari, le futur Morange, sera pour le moment un simple employé à l'usine. Pour des raisons d'économie et d'ambition, ils 'trichent,' mais, 'par imprudence,' la femme tombe enceinte. Le romancier peut encore restreindre le cadre de son intrigue, en faisant de leur fille (Reine dans le roman), qui porte déjà la fatale ressemblance avec sa mère, la jeune femme que 'la louve' décide à se faire opérer.

Finalement, deux nouvelles voies importantes s'ouvrent, d'une façon apparemment spontanée. Zola imagine 'une famille d'ouvriers où tout pousse au hasard, plusieurs enfants, des filles et des fils' (f° 24). On reconnaît les Moineaud. Il tâtonne pendant deux pages pour trouver un rôle à ces enfants. Il n'y voit pas encore très clair. Apparaît pourtant 'une fille très jolie avec laquelle couche le patron; il en a un enfant qu'il éloigne' (f° 25). Voici en germe toute l'aventure de Norine et celle de son fils Alexandre-Honoré qui sera mis en nourrice à la campagne. Puis l'auteur invente, 'en face de la louve, la femme inféconde,' 'un garçon qui ne se marie pas et qui ne sert à rien' (f° 26).

Il sera 'le médecin coupeur d'utérus,' le futur Gaude dont la fin sera
infiniment plus violente que celle, amenée par 'un coup d'amour,'
que Zola lui prépare ici.[10]

(F[os] 30–54) Zola reprend l'*Ebauche* pour l'enrichir de nouveaux
éléments et pour mieux agencer ceux dont il dispose déjà, toujours
sans l'aiguillon des documents. Ici on le voit surtout attentif à étoffer
un peu la psychologie de ses personnages. C'est à ce stade que les
personnages dont la signification abstraite s'est déjà imposée, commencent à s'animer. Ils resteront toujours comme des fantoches,
sortes de marionnettes que l'auteur actionne à sa guise. Mais, dès
maintenant, les drames que le romancier a annoncés, commencent
à se dégager; les intrigues commencent à revêtir un caractère plus
dramatique; les personnages passent du plan abstrait au plan romanesque.

C'est encore l'industriel (Beauchêne) que Zola voit le mieux. Il
consacre cinq feuillets à l'élucidation de son caractère, de celui de sa
femme et de leur rôle dans le roman. 'Ils se sont arrêtés après trois
enfants, lorsque la femme avait 25 ans, terrifiée de sa fécondité. Et
c'est après dix ans de pratiques de plaisir qu'ils veulent avoir de
nouveau un enfant, ce qu'ils n'ont pas. La fille infirme, inféconde'
(f°s 30–1). Bien qu'il ne soit pas toujours question du fils unique dans
ce ménage, déjà se précisent quelques données du drame qui va le
miner : 'Le drame naît donc du fils qui leur manque, un cas spécial
de ruine peut-être. Le testament du père, laissant l'usine à l'héritière
seule, comme dans une monarchie : c'est pour cela que l'usine va
à l'aîné de Jean.' Pour la première fois, Zola étudie la femme de
l'industriel, le personnage dont l'analyse psychologique sera la plus
poussée et dont l'importance va croissant au cours de la préparation
du roman. Elle sera 'bonne mère,' adorant ses deux fils qu'elle perdra
et qu'elle s'acharnera à remplacer : 'Cela la grandit, jette l'intérêt
sur elle. S'est abandonnée, n'est plus femme. S'efforce de le redevenir
et ne le peut. Usée, plus d'enfant possible, son désespoir, et comme
mère, et comme femme prudente' (f° 33). Déjà, une vie intérieure,
plus complexe que chez les autres personnages, s'accuse. Zola se félicite
d'avance de pouvoir la présenter : 'Lorsque l'intérêt est touché, je
puis éveiller la mère, l'instinct de mère qui ne se satisfait plus; et

cela dans une douleur qui va jusqu'à la mort, suicide ou autre chose. Cette étude serait très belle' (f° 34). Elle n'est plus sur le même plan que sa belle-sœur, 'la louve,' écrit-il, 'que j'ai bien tout entière et qui n'est qu'un type' (f° 35).

Plus succinctement, Zola examine l'autre ménage bourgeois, celui du futur Morange, devenu maintenant comptable à l'usine. Il y aura chez lui aussi une certaine dimension psychologique qui apparaîtra après la mort de sa femme. Le romancier se propose d'étudier 'son remords, tout son amour sur sa fille, qu'il ne veut pas marier (grande ressemblance avec la mère)' (f° 36). Une fois de plus, Zola insiste sur cette ressemblance d'où il tirera un effet particulier dans le roman, faisant mourir la fille dans les mêmes circonstances funestes que la mère (livre IV, c. 2), double châtiment pour la famille inféconde. A la suite de l'avortement et de la mort de cette fille : 'Le père tombant à la manie, arrêtant les petites filles pour les embrasser' (f° 36).

Tous les éléments imaginaires que Zola a introduits jusqu'ici découlent de la question de la conception, des 'déchets pendant les couches,' drames du malthusianisme et de l'avortement. Mais le romancier s'était proposé de dépeindre aussi les 'déchets pendant l'allaitement,' le commerce des nourrices et des 'meneurs' qui conduisent les nouveau-nés en province chez les nourrices et qui amènent les nourrices à Paris pour les y placer. Il s'agit donc d'inventer d'autres personnages et d'autres situations. Cette idée engendre d'abord une jeune femme qui est en service chez de riches bourgeois et qui tient aussi un petit commerce, ce qui l'empêche de nourrir ses enfants. Ceux-ci mourront entre les mains des 'meneurs' et des nourrices. Elle pourrait accoucher chez la sage-femme, 'une caverne à étudier,' où la femme du comptable se fait avorter et meurt. Ce personnage se dédoublera plus tard pour devenir Céleste, la bonne des Séguin, qui accouche d'un enfant illégitime chez Mme Rouche (1. II, c. 5), et Mme Menoux, la mercière, qui devient une des victimes de la 'meneuse' du roman (la Couteau) et perd ses deux enfants (1. VI, c. 4). Mais c'est surtout la maîtresse de ce nouveau personnage qui préoccupe l'auteur : 'Et j'aurai avec la maîtresse, très riche, très mondaine, la femme de Paris, qui ne nourrit pas, pour toutes les raisons, et dont les enfants ne vont jamais bien. Le type est très intéressant, trés nécessaire, pour l'opposer à la femme de Jean' (f°s 37–8). Le romancier se permet donc de créer un autre ménage (les Séguin dans le roman), qui lui donnera 'toutes les maladies de la petite enfance' et fera ressortir sa croyance que 'pour une belle et saine race, il faut que l'enfant soit nourri par la mère' (f° 38). Zola intègre ce ménage, sans disparate, à l'ensemble du roman, en faisant du père le propriétaire des terrains que Jean défrichera.

Ensuite, Zola pense à se servir de la famille ouvrière pour en tirer des 'drames de l'allaitement' et pour montrer 'le pullulement d'en bas.' Encore une fois, il patauge et ne trouve rien de précis, sauf encore pour la jolie fille, 'grosse du patron sans doute (?)'. L'enfant sera mis en nourrice près de Paris, ce qui introduira l'étude des nourrices de banlieue. L'auteur ajoute : 'Et un type, celui de la jolie fille, une Nana à trouver, qui me servira plus tard. Tout cela me paraît bon' (f° 41). Elle sera pourtant une Nana que, d'une façon significative, la maternité préservera du sort malheureux de la célèbre prostituée des *Rougon-Macquart*.

Pour le moment donc, Zola est satisfait des données générales qu'il a sur les ménages complémentaires, sur l'aspect 'naturaliste' de l'œuvre. Dans le reste de ce fragment de l'*Ebauche*, il s'applique à apporter les mêmes précisions au côté positif, à la famille de Jean. Les premiers feuillets sont d'une importance particulière pour ce qu'ils révèlent des intentions de l'auteur. On voit que la résolution de se montrer scientifique et vrai cède nécessairement la place à l'impulsion d'exprimer la morale fondamentale du roman, l'eudémonisme païen qui en est à la base :

Ne pas oublier qu'avec eux, je veux fixer la famille féconde, lui donner une beauté esthétique, faire que ce soit la famille féconde, la plus nombreuse, qui soit la plus belle, et la plus utile, et la plus heureuse. La fécondité, l'effort du plus de vie possible, doit amener le plus de prospérité, de félicité possible. Faire cela scientifique, si je le puis. Le prouver par la vérité, par le fait. En tout cas, en créer l'évidence. Un être ne vient ici-bas, logiquement, que pour créer de la vie, propager, transmettre de la vie, et disparaître. Il y a du bonheur dans toute fonction accomplie, c'est pourquoi enfanter doit donner du bonheur. C'est ce qu'on appelle la joie du devoir accompli, ou plutôt la satisfaction de l'organe qui a rempli son rôle; s'il ne remplit pas son rôle, l'organe s'atrophie, souffre et meurt. – Voilà donc un premier point fixé : à la fin, la prospérité, le bonheur de Jean et de sa femme, qui ont rempli leur fonction, qui ont créé le plus de vie possible. Le grand chêne qui a donné naissance à toute une forêt [f°s 42–4].

Ainsi, l'homme doit s'accorder librement au reste du monde; il est même responsable de l'harmonie universelle.

Ensuite, après un portrait de la femme de Jean que Zola reprendra pour le développer plus tard, on trouve quelques feuillets où il se préoccupe plus précisément de la vie des deux époux. Il veut surtout éviter que la femme ne devienne qu'une 'machine à faire des enfants.' Il songe ici au mouvement d'émancipation féminine de l'époque : 'Je veux lui donner un rôle dans le ménage, une fonction sociale (les féministes qui ne veulent pas qu'une femme soit seulement une amante et une mère.)' Elle doit participer à l'œuvre de Jean qui, pour sa part, créera non seulement la famille, mais aussi le domaine que celle-ci va occuper : 'Absorber sa vie en cela, et à la fin montrer, célébrer la terre nouvelle qu'il a créée et peuplée d'un peuple heureux' (f° 47). Maintes fois dans la préparation du roman, Zola reviendra sur ce motif essentiel, le triomphe de la fécondation analogue de la femme et de la terre. En général, cette idée évoque chez l'auteur le souci de ne pas se perdre dans une peinture trop idyllique de la victoire des Froment : 'Cette nombreuse famille que je crée, je la montre donc poussant et se développant. Cela doit être le sujet de mon livre. Et donc de la beauté, tout en ne supprimant pas les luttes de la vie, sans lesquelles mon livre serait un fade mensonge' (f° 50). Par conséquent, Zola abandonne, pour le début du roman, le thème de la vierge qui se donne pour y substituer celui de l'imprévoyance confiante des époux besogneux. L'enfant que la femme va concevoir dans le premier livre sera donc le quatrième et, 'malgré les craintes d'avenir possible, ils se prennent aux bras l'un l'autre, ils créent généreusement, amoureusement, car ils s'aiment' (f°s 52–3). Une vie d'épreuves et de peines s'annonce, mais, nécessairement, le gain est au bout : 'De temps à autre des craintes, des angoisses, des difficultés surtout ... puis leur confiance dans la bonne nature, dans la vie, et ils enfantent de nouveau en pleine joie, en plein espoir' (f° 54).

(F^{os} 55–60) C'est pour étoffer un peu cette dernière idée que Zola ajoute quelques feuillets à son *Ebauche*. 'Surtout,' écrit-il, 'il faudra animer un peu cette nombreuse famille, donner de courtes histoires aux enfants. Sans quoi, ce sera bien fade' (f°s 55–6). Zola se trouve obligé de se rappeler de temps en temps que c'est bien un roman qu'il est en train de préparer et qu'il faudrait y ajouter un peu d'intérêt romanesque, une petite dose de tragique. Un souci de vraisemblance exige des revers de fortune, 'pour qu'il n'y ait pas qu'un fleuve de lait. La brèche, deux brèches même, un fils et une fille ... Une de maladie, la fille; un d'un accident, le fils' (f° 56). A travers ces délibé-rations, on devine la scène de la mort de Rose (1. v, c. 3) et celle de 'l'accident' de Blaise à l'usine (1. v, c. 4). Pour renforcer l'effet, la fille sera le plus beau des enfants de Jean. Mais le panthéiste se console facilement de ces pertes : 'Le souvenir de ces disparus persis-tant dans la famille; c'est la part donnée à la nature qui reprend tout. Plus tard tous y retournons faire de la vie' (f° 58). Il y aura même d'autres morts, deux enfants perdus 'en bas âge.' Il y aura même 'des révoltés' dans la famille. Voici que la querelle entre Gervais et Grégoire, à l'avant-dernier chapitre du roman, s'annonce. Mais le parti pris de l'auteur et la morale de son roman excluent le tragique. Tout ne peut aboutir qu'au triomphe de la famille : 'Et il faut que l'entente, la paix, le bonheur reviennent par la vie elle-même, la fécondité. A la fin, le père, le patriarche se reposant dans la victoire. *Un héros*' (f° 60).

(F^{os} 61–5) Cette première moitié de l'*Ebauche* se termine sur un résumé des principaux épisodes, dans lequel Zola souligne la force conquérante des Froment et le contraste entre le dénuement initial du héros et sa prospérité finale : 'Or, au dernier, il a tout, l'usine, l'hôtel, les champs, et il règne puissant, lorsque les autres sont morts ou ruinés.' Avec cette complaisance qui va marquer toute la deuxième moitié du roman, l'auteur ajoute : 'Il est roi, sur une nombreuse race, maîtresse de la terre. Un héros qui a vaincu. Cela est très beau' (f° 62). C'est ici qu'apparaissent, pour la première fois, les noms des personnages de premier plan : Marianne pour la femme de Jean, Beauchêne, Séguin, Sérafine, Morange et Moineaud pour les personnages complémentaires. On constate dans les termes mêmes que Zola emploie ici un certain renforcement de l'antithèse qu'il vient de souligner. Il ne s'agit plus de destins qui se croisent. Maintenant, les Froment 'mangent' l'usine de Beauchêne, l'hôtel des Séguin et le terrain qui entoure la ferme. Ils 'envahissent,' ils 'prennent.' Même effet lorsque Zola crée un nouveau ménage, celui de Lepailleur, propriétaire d'un moulin délabré et cultivateur paresseux et ignorant. Un des fils de Jean 'épousera la fille et mangera ainsi le moulin' (f° 65). A mesure que le romancier s'enthousiasme sur les conquêtes de sa famille féconde, leur héroïsme prend ce caractère rapace qui rebutera certains critiques socialistes.

Si l'on s'est arrêté assez longuement sur cette première moitié de l'*Ebauche,* c'est qu'on se trouve là au cœur du procédé génétique du roman. Comme c'était souvent le cas dans la préparation des romans antérieurs, avant même d'avoir recours à aucune source livresque, Zola est déjà en possession des éléments essentiels de l'œuvre. Sans même essayer d'approfondir ou de vérifier ses premières conclusions sur le problème de la dépopulation en France, sans même se renseigner sur les aspects sociaux, économiques ou statistiques du problème qu'il traite, il projette les grandes lignes de son roman. Plusieurs épisodes restent à organiser, plusieurs personnages à inventer, à la suite des lectures que le romancier va entreprendre. Mais ces lectures interviendront trop tard pour modifier d'une manière fondamentale l'ensemble de ses dessins. La documentation sera superposée, soit dans les méditations du héros, soit dans la conversation des personnages, à cette structure simpliste et antithétique qui s'est déjà imposée. Tous les personnages principaux ont déjà vu le jour. Si chaque destin reste à résoudre, rien n'empêche de prévoir la direction qu'il va prendre, selon que le personnage adhère ou non à la grande loi de la fécondité. L'intrigue évoluera inévitablement d'après les exigences de deux thèmes impérieux, celui de la fécondité et celui du châtiment, dont le développement en contraste doit exprimer tout le sens moral du roman. C'est le souci de servir ces deux thèmes qui va déterminer, dans une large mesure, l'orientation des recherches documentaires, l'emportant souvent sur les nuances et les scrupules que les premières lectures mettront en évidence.

5

La Documentation

La partie suivante de l'*Ebauche* atteste l'intervention de quelques lectures importantes, qui ont mis le romancier en présence de certains faits et de certaines théories sur le problème de la dépopulation française. Tout en enrichissant l'œuvre de nouvelles données, ces lectures ont eu pour effet d'assurer une base d'authenticité aux trouvailles du romancier.

Il est fort probable que Zola a commencé par lire le livre récent de René Gonnard, *la Dépopulation en France* (1898).[1] C'est une étude bien documentée de la crise démographique en France dont l'auteur cherche à déduire, d'après des analyses théoriques et statistiques, les causes et les conséquences. Il passe en revue les diverses doctrines démographiques et les remèdes que préconisent de nombreux théoriciens contemporains, tout en situant le problème national dans une perspective mondiale.

Gonnard signale comme cause principale du déclin la restriction volontaire et, à l'instar des théoriciens comme Spencer, Fouillée et Dumont, y voit un phénomène endémique de tout pays civilisé et démocratique. En France, selon lui, l'effet de cette loi naturelle est accentué par le fait que la civilisation française est parmi les plus anciennes et les plus avancées et par la présence d'une série de causes secondaires, habitudes et institutions nationales telles que la dot, le fonctionnarisme, le partage forcé, la concentration des richesses. Il s'agit donc de combattre, par l'enseignement moral et religieux, le calcul qui incite à la restriction volontaire et de supprimer les causes secondaires par le moyen de réformes sociales, politiques et fiscales.

Pour la France, Gonnard sonne l'alarme, en rappelant le célèbre mot que Charles Richet avait lancé seize ans auparavant : 'Peut-être y aura-t-il des remèdes efficaces, mais, s'il n'en est pas, il faut désespérer de l'avenir. *Finis Galliae.*'[2] Mais du point de vue général de l'humanité, il conclut sur un ton plus optimiste : 'Les lois naturelles, et la civilisation, agissant comme l'une d'elles, aboutissent ainsi à une égalisation et à une uniformisation des phénomènes démographiques' (p. 136).[3]

Il importe d'abord de distinguer, dans la méthode de Zola, deux ordres d'emprunts aux sources livresques, deux voies par lesquelles le roman s'en enrichit. Au fur et à mesure de ses lectures, le romancier relève des faits et des idées qui entreront directement dans le roman ou y figureront par l'intermédiaire des fiches de contrôle et des résumés numérotés qu'on retrouve dans le dossier de notes *Divers.*[4] Ce sont pour la plupart de simples détails, des données statistiques qui ont rapport à la question démographique, ou bien des synthèses de théories et de commentaires que l'auteur va distribuer (assez arbitrairement) dans la conversation et dans les réflexions de ses personnages, surtout aux deuxième et troisième chapitres du premier livre. Cependant, plus importants que ces éléments apparaissent d'autres faits et d'autres idées qui attirent l'attention du romancier en ce qu'ils peuvent contribuer à la genèse du roman. A la fin de chaque série de notes, il reprend ces éléments exploitables pour les intégrer à la structure de l'œuvre en germe. C'est ainsi que des traits de caractère nouveaux et des détails d'intrigue supplémentaires viennent s'ajouter au fondement imaginaire du roman.

Zola résume le livre de Gonnard en 28 feuillets de notes, auxquels il ajoute 8 feuillets de réflexions personnelles (f°s 369–404). Ce qui impressionne le romancier avant tout, à tel point qu'il se voit amené à modifier en quelque sorte son attitude à l'égard du problème démographique de la France, c'est l'antithèse civilisation-fécondité que Gonnard fait valoir. Il découvre que c'est le propre de toute société civilisée de restreindre la natalité et note la formule suivante, citée par Gonnard : 'La civilisation : *la création de plaisirs nouveaux, de dépenses nouvelles, et de formes d'activité nouvelles.* Ces choses sont propres à augmenter l'individuation au détriment de la genèse, comme l'a vu Spencer. Nous ne disons pas que la civilisation mène à l'anéantissement (trop pessimiste), mais qu'elle mène à la stagnation, et que celle-ci peut conduire à l'anéantissement si les institutions du pays s'y prêtent' (f° 377). Dans *Fécondité,* pour confirmer leur fatuité, Zola prête ces arguments aux 'pessimistes élégants,' Séguin et Santerre. Celui-ci déclare, par exemple, dans le troisième chapitre du roman : 'Comprenez donc que la civilisation, en créant des jouissances nouvelles, en raffinant les esprits, en leur ouvrant des champs nouveaux d'activité, favorise l'individu aux dépens de l'espèce' (VIII, 60). Séguin répète pourtant les idées de Gonnard lorsqu'il dit, à la même page : 'S'il y a chez nous des causes secondaires de dépopulation, elles n'ont pas l'importance qu'on prétend, et l'on pourrait les combattre. Le phénomène est général, toutes les nations sont atteintes, décroissent ou décroîtront, dès qu'elles se civiliseront davantage' (VIII, 60). Au surplus, d'après Gonnard, le phénomène de la capillarité sociale renforce cet effet. Sous un régime démocratique dans lequel les richesses et l'avancement sont à la portée de tout aspirant, on subordonne la fondation d'une famille à la poursuite de biens sociaux et économiques. Voici la définition que Gonnard donne de la loi de Dumont :

La civilisation a substitué à la primitive égalité économique (accompagnée généralement d'une inégalité politique), une inégalité de plus en plus grande de fortune et de situation, que vient doubler, chez les peuples les plus avancés, une égalité politique plus ou moins complète. Et ces deux faits, égalité politique, inégalité économique, donnent naissance à la capillarité sociale, c'est-à-dire au désir de s'élever, soi-même et sa progéniture, d'une situation donnée à une situation supérieure, comportant plus de jouissances et de considération [p. 67].

Aussi Zola se trouve-t-il en présence de lois démographiques qui semblent rendre inévitable le mal qu'il cherche à combattre. Cette constatation inquiète le romancier, qui avait voulu allier son art à la doctrine déterministe et qui continue à tenir compte des principes scientifiques. Bien plus, sensible lui-même aux bienfaits de la vie moderne et aux progrès de l'humanité, il découvre que la civilisation qu'il exalte ne peut s'accomplir qu'aux dépens de la fécondité qui, selon lui, doit en rester le fondement.

Zola est ainsi contraint d'accepter la possibilité d'un état stationnaire. Il note la conclusion de Gonnard : 'Partout la natalité est en baisse dans les pays à civilisation avancée ... Spencer entrevoit l'état stationnaire de tous les peuples' (f⁰ 395). Pourtant, sur la situation de la France, les conclusions de Gonnard ne contredisent nullement les convictions de Zola. Il faut agir pour que la France adhère d'une façon normale à ce mouvement vers l'équilibre démographique, sans trop devancer les autres pays au détriment de ses intérêts nationaux. De plus, Zola apporte quelques réserves importantes à la thèse de Spencer. Il se réfère aux leçons de la série précédente : l'idée de la décadence latine et celle du péril jaune dont il a été question surtout dans *Rome* : 'Déjà le cas s'est présenté, de civilisation arrêtant la population; on a vu disparaître ainsi sans doute, et Babylone, et Memphis, et Athènes, et Rome. Seulement, un facteur est intervenu, un flot de barbares balayant les civilisations trop raffinées, et une civilisation recommençant avec une poussée nouvelle de fécondité' (f⁰ˢ 397–8). D'autre part, il ne peut accepter l'idée que les nations du monde puissent se maintenir dans leurs frontières actuelles : 'Si l'on ne croit plus à une invasion de barbares, à un envahissement de barbares, à une ruée de la race jaune par exemple, il faut admettre à [*sic*] des révolutions intérieures dans les peuples existants ... C'est dans ce sens, dans le sens révolutionnaire que la vie peut s'élargir, les peuples se répandre, conquérir à la culture, à l'existence les immenses territoires encore inutilisés' (f⁰ˢ 398–9). En dernière analyse, il ne peut désavouer la vision qui inspire sa série de romans évangéliques et qu'il a déjà formulée dans *les Trois Villes*, vision de l'évolution de l'humanité vers la concorde et le bonheur : 'Cela est peu croyable d'abord, et ensuite cela est d'un espoir mesquin, car l'humanité doit marcher à d'autres destinées, plus larges et plus heureuses' (f⁰ 401). Avant que l'équilibre que prévoit Spencer puisse être atteint, avant que puisse s'accomplir 'la plus parfaite des civilisations, qui sera l'égalité politique et l'égalité économique, la justice régnant sur la terre,' il faut que l'humanité devienne 'la maîtresse de la surface totale de la terre, ayant fait triompher le travail partout, tirant de toutes les forces naturelles le plus de bonheur possible, n'ayant pas laissé stérile un seul pouce de sol' (f⁰ 401). Mathieu Froment reprendra ces mêmes arguments pour répondre au fatalisme de Séguin

et de Santerre. Voici comment il met fin à la discussion de ce problème; c'est sans doute le dernier mot de Zola là-dessus :

La loi de Spencer, je la connais, je la crois même juste en théorie. Il est
certain que la civilisation est un frein à la fécondité, de sorte qu'on peut
imaginer une série d'évolutions sociales déterminant des reculs ou des excès
dans la population, pour aboutir à un équilibre final, par l'effet même de
la culture victorieuse, lorsque le monde sera entièrement peuplé et civilisé.
Mais qui peut prévoir la route à parcourir, au travers de quels désastres, au
milieu de quelles souffrances ? Des nations disparaîtront encore, d'autres
les remplaceront, et combien de mille ans faudra-t-il, pour arriver à la
pondération dernière, faite de la vérité, de la justice et de la paix enfin
conquises ? [vm, 61].

C'est ainsi que Zola préserve son rêve. Certaines idées qu'il a
trouvées dans le livre de Gonnard ont beau imposer des limites à son
zèle de nataliste, elles ne freinent point l'imagination du romancier,
qui transforme les données réelles et les absorbe en sa vision humanitaire. Rien ne peut ébranler sa foi en la force rédemptrice de la
fécondité. Il a trouvé (et retrouvera lorsqu'il résumera le livre de
Nitti) la conclusion 'scientifique' qu'exige son œuvre, sans même
songer à réviser les convictions personnelles qui l'inspirent.

Quelques éléments du roman sont à trouver dans les pages de
Gonnard. Il faut signaler d'abord l'importance que le démographe
attache à l'expansion coloniale comme stimulant de l'accroissement
de la population d'un pays. Selon lui, loin d'agir comme une force
qui dépeuple, 'l'émigration, au contraire, en créant des vides, donne
un élan à la natalité; il y a là une intervention de la psychologie
populaire' (p. 62). Il invoque le rêve de Prévost-Paradol, auteur de
la France nouvelle : la création d'un empire franco-africain qui
engloberait un tiers du continent noir. Zola résume et ajoute, en
soulignant : '*C'est là que je peux mettre mon enfant colonisateur*'
(f° 391). Ainsi va naître plus tard l'épisode du départ de Nicolas
Froment et du récit de son fils, Dominique, aux derniers chapitres
du roman. Cette idée retient l'attention du romancier. Il se promet
d'étudier 'la question d'un grand empire français en Afrique' : 'Relier
l'Algérie au Sénégal, par un Transsaharien, et coloniser, et peupler

du côté du Sénégal. Voir si cela est possible. La part que nous pourrions encore nous tailler en Afrique' (f°s 403-4).

Le chapitre de Gonnard sur la restriction volontaire suggère à Zola un autre couple, un cas type : ce sera le ménage dont il créera plus tard les Angelin et qui habitera dans le voisinage de Chantebled : 'On limite après le deuxième ou le troisième enfant. – *Ou bien on recule la naissance du premier; un cas à prendre pour moi.* La jeune femme qui ne veut pas s'encombrer trop tôt. Le mari non plus. Ménage à créer. Ils ont un enfant mort plus tard, ou n'en ont pas, et la vieillesse sans enfant' (f° 376). De plus, survient un fait important qui transforme le ménage de Beauchêne. Zola apprend les graves conséquences pour la France du désir, fréquent chez les classes riches, de concentrer la fortune sur la tête d'un fils unique. D'après Gonnard, on appelle la France à cette époque 'le pays des célibataires et des fils uniques.' En dépit de son patriotisme avéré, Beauchêne, dans le roman, invoquera ainsi 'les devoirs de prudence des hautes classes ... en conservateur qui s'immobilise dans la fortune acquise' (viii, 38). Mais Zola a lu dans le livre de Gonnard que c'est un 'triste et ridicule calcul, que vient souvent tromper la mort de l'enfant auquel on réservait un si bel avenir, et pour lequel on avait déployé tant de prévoyance' (p. 97). Voici dessinées les lignes maîtresses du drame des Beauchêne. Ils n'auront désormais que le fils unique qu'ils sont destinés à perdre (1. iv, c. 5), au lieu des trois enfants que Zola avait d'abord prévus.

Finalement, un fait insignifiant, mais que Zola saisit et dont il tire pleinement parti. Gonnard constate que, si la petite propriété n'est pas favorable au développement de la population d'un pays, les *latifundia*, très communs en France, y sont encore plus funestes : 'surtout dans les départements voisins de Paris où les grandes chasses enlèvent à la culture des étendues considérables de terres fertiles' (p. 119). Zola tire de cette remarque le lien qu'il cherche entre Jean et Séguin. Celui-ci sera propriétaire d'un terrain de chasse qu'il cédera à Jean. Chantebled a trouvé ses origines.

Zola n'atteint jamais une pure objectivité en faisant ces recherches documentaires. Loin de là. Il y apporte ses convictions et ses préjugés. Ici, il est tellement persuadé de la valeur de la solution 'esthétique' qu'il a déjà exposée, qu'il passe sous silence les remèdes plus pratiques, plus 'scientifiques' de Gonnard, les réformes hygiéniques, politiques et fiscales par lesquelles on pourrait inciter à la fécondité. Il s'intéresse peu à la perspective historique du problème qu'il étudie et ne s'arrête pas aux doctrines de démographie analysées par Gonnard. Il ne s'attarde que sur les idées et les faits qui offrent des possibilités d'exploitation romanesque.

C'est avant tout sur la question des doctrines chrétiennes par rapport au problème démographique que le parti pris du romancier est le plus évident. A diverses reprises, Gonnard observe que le christianisme mène une action favorable à la fécondité, en proclamant l'indissolubilité du mariage et en exaltant les unions chastes et fécondes. Zola écarte sommairement cette idée : 'La religion, une restauration catholique pousserait à la fécondité : très douteux' (f⁰ 392). Il ne peut pas revenir sur les profondes convictions anti-chrétiennes qui inspirent dans une large mesure sa série de romans. Dans *Fécondité*, il se croira l'adversaire des doctrines chrétiennes. Il prendra le contrepied des idées de Gonnard et soulignera les influences nuisibles à la fécondité, qu'il a déjà exposées dans son article 'Dépopulation,' telles que le culte de la vierge et le célibat religieux. Il essaiera de rétablir, par son roman, la religion de la vie, 'écrasée sous le long, l'exécrable cauchemar du catholicisme, dont les peuples à deux reprises déjà, au quinzième siècle, au dix-huitième, ont essayé violemment de se délivrer, et qu'ils chasseront enfin, le jour prochain où la terre féconde, la femme féconde redeviendront le culte, la toute-puissance et la souveraine beauté' (VIII, 499). Une lecture aussi partiale du livre de F.S. Nitti (*la Population et le Système social*) aura l'effet de confirmer cette tendance.

Zola avait déjà eu recours aux lumières du jeune auteur de *la Population et le Système social*.[5] Avant d'écrire l'*Ebauche* de *Rome*, il avait lu et résumé son livre, *le Socialisme catholique*, perdant pied souvent dans une démonstration embrouillée des doctrines catholiques et socialistes.[6] Parfois, le nouveau livre de Nitti n'est pas sans pécher par inconséquence, mais il fournit à Zola une discussion plus approfondie de certains aspects importants du problème de la crise démographique en France, moins bien traités par Gonnard. Cette fois, le romancier est mieux disposé à l'égard des idées de Nitti, qui est fortement influencé lui-même par les doctrines biologiques et économiques de Spencer et de Dumont.

En matière d'économie et de démographie, Nitti cherche à exclure toute conjecture, aspirant à une 'vision haute et sereine,' à une 'sereine objectivité de recherche et d'examen' (p. 2). Il affiche un empirisme rigoureux, ne voit toute théorie que comme le reflet de la réalité. Après un long examen critique des doctrines démographiques du passé et du présent, examen qui occupe la première moitié du livre, il s'efforce de dégager les véritables lois de la population telles qu'elles ressortent d'une étude objective et impartiale. Il penche surtout pour les principes mécanistes, prétend que toute population 'tend virtuellement à se proportionner à la production des subsistances' (p. 125) et que 'la natalité est déterminée par la forme économique' (p. 190). Il expose en détail deux lois qui lui semblent gouverner les rapports entre la structure sociale et la fécondité :

1° Plus la situation économique et les sentiments moraux des classes populaires sont bas, plus elles sont portées à n'avoir d'autres jouissances que celles des sens, et plus la prolifération est abondante et désordonnée.
2° Toute amélioration dans les conditions générales, toute diffusion de richesse, toute augmentation des salaires, toute élévation du *standard of living*, agissent utilement sur la fécondité [pp. 222–3].

Enfin, à l'instar de Spencer, il affirme que les progrès de la civilisation et les luttes sociales doivent nécessairement conduire à une diminution de fécondité. D'après ces données, il fonde sa propre théorie sur deux concepts : l'individualisme et l'individualité. D'une part, il définit l'individualisme comme la manifestation exagérée des sentiments égoïstes, agissant au détriment de l'intérêt collectif; selon lui, c'est un des caractères des formes supérieures de civilisation où prévaut la lutte sociale; il mènerait logiquement à 'l'oliganthropie,' à l'extinction même de la civilisation, ce qui est déjà le rêve de certains penseurs pessimistes. D'autre part, il souligne l'individualité, c'est-à-dire la situation de l'homme en tant que membre d'un organisme social et pour qui les intérêts de la collectivité prévalent sur ceux de l'individu; selon cette conception, le premier but de l'individu devient celui de la conservation de l'organisme social et le bien-être de la collectivité, ce qui, loin de réduire la liberté individuelle, en permet le développement. Nitti évite sciemment les termes de 'capitalisme' et de 'socialisme,' ce que Zola, dans son résumé, ne se fait point scrupule de faire : 'Nitti est pour la solidarité, pour le socialisme' (f° 438). Enfin, dans sa conclusion, Nitti dépasse ses intentions purement empiriques : 'Tout nous fait prévoir que dans l'avenir, les sociétés en progrès seront beaucoup plus menacées par l'oliganthropie que par l'hyperdémie, et qu'elles ne réussiront à se sauver qu'en mettant un terme à certaines formes de la lutte, en substituant une coopération ordonnée et consciente et une conscience sociale imbue de l'idée de solidarité, aux formes économiques actuelles et aux conceptions morales d'aujourd'hui' (pp. 266–7).

Zola lit et résume l'ouvrage trop rapidement pour être pleinement sensible aux arguments de Nitti. Les 47 feuillets de notes (f°ˢ 407–53) sont souvent incohérents et parfois incompréhensibles à moins qu'on ne les rapproche du texte. N'empêche que, par certains côtés, l'ouvrage de Nitti a fortement impressionné et influencé Zola. Le romancier y trouve la confirmation de certaines de ses propres idées, craintes et solutions : une analyse rigoureuse des idées spencériennes, une étude de l'importance de la colonisation et du problème de l'exode des populations rurales vers les villes. Mais, surtout, Nitti ouvre des perspectives nouvelles sur les problèmes que Zola va aborder dans *Fécondité*.

D'abord, Nitti lui fournit une analyse et une critique intransigeante des théories de Malthus. Zola se contentera, semble-t-il, de l'exposé de l'auteur italien, sans jamais lire l'*Essai sur le Principe de Population*. Il résume sur quatre feuillets l'interprétation que donne Nitti des idées du pasteur anglais (f°ˢ 410–13). Elles étaient, selon lui, le produit d'une époque critique et troublée de l'histoire industrielle de l'Angleterre. Il oppose Malthus à ses prédécesseurs immédiats, à Adam Smith, à Condorcet et d'autres théoriciens français de la fin du siècle précédent. Zola note : 'Malthus, précurseur du pessimisme moderne. Donc aller contre lui, c'est aller contre le pessimisme et pour la fin du siècle dernier, l'espoir et la croyance en la liberté. C'est reprendre *la renaissance*' (f°ˢ 409–10). Zola trouve donc confirmée dans ces pages une idée essentielle de son article sur la dépopulation de la France. Le lien que Nitti établit entre Malthus et le pessimisme

moderne fournit au romancier des armes qui lui permettront de reprendre la bataille, livrée depuis *la Joie de Vivre*, contre certaines
tendances littéraires et philosophiques de son temps. Dans *Fécondité*,
il se réclamera de Nitti pour opposer l'esprit pessimiste de son époque
à l'optimisme du siècle précédent 'lorsque Condorcet annonçait le
retour de l'âge d'or, l'égalité prochaine, la paix entre les hommes
et les nations ... et, cent ans plus tard, quelle chute, cette fin de notre
siècle actuel, qui s'achève dans la banqueroute de la science, de la
liberté et de la justice, qui tombe dans le sang et dans la boue, au
seuil même de l'inconnu menaçant du siècle futur !' (viii, 58). Et
Nitti démontre aussi ce que certaines doctrines philosophiques, ré-
pandues à l'époque, contiennent de nuisible à la survivance même
de la race : 'La morale pessimiste, poussant à l'individualisme et
éteignant toute énergie féconde, est singulièrement contraire au
développement de la population' (p. 162). Il cite Hartmann, 'qui
rêve presque l'extinction de l'espèce,' Schopenhauer, qui 'n'a pour
les travailleurs que des paroles d'antipathie,' et Nietzsche, dont
'l'aveugle adoration de l'individu, la funeste exaltation de l'égoïsme,
est contraire à l'idéal de solidarité et amène à faire prendre en aversion le devoir de la reproduction' (pp. 162–4).

Zola se contente de quelques observations rapides. Il s'intéresse
moins aux doctrines de ces penseurs qu'au fait qu'ils peuvent être
rangés dans la catégorie des 'pessimistes' et qu'ils semblent être hostiles
à l'idée de la fécondité. Il rappelle ses articles du *Figaro*, où il flétris-
sait les penchants littéraires et philosophiques de la nouvelle génération : 'Quand le pessimisme pénètre dans la conscience générale, la
fécondité s'arrête. *Un appel à la vraie jeunesse* ... La rendre féconde.
Péril social. Infécondité des classes supérieures parce que pessimistes'
(f° 427). Pour expliquer la vague de pessimisme moderne, Nitti
recourt à des explications courantes, de tendance physiologique. 'Dans
la vie quotidienne,' écrit-il, 'le pessimisme est, en général, la maladie
des faibles et des névrosés. Très intelligent en général, le pessimiste
est la victime de sa propre intelligence. Sujet à des enthousiasmes
subits et à des découragements plus rapides encore, conséquences de
la faible constitution de ses nerfs et de sa volonté débile, le véritable
pessimiste est ce que les critiques français appellent *un impuissant*'
(pp. 165–6). Jusqu'à un certain point, le train de vie et la psychologie

des Séguin sortiront de ces pages, où Zola retrouve aussi les traits d'un autre lui-même, de l'esprit qu'il avait conjuré dans *la Joie de Vivre* à travers le personnage de Lazare Chanteau. Le romancier note que c'est surtout sur la femme que jouent ces influences néfastes, trouvant ainsi la confirmation de sa thèse 'esthétique' : 'Tout raffinement esthétique détermine un plus fort individualisme. On lutte alors pour la beauté du moment. Les femmes, pas d'enfants pour rester belles.' (f° 429). Pour confirmer cette idée, Nitti évoque l'idéal esthétique de la Renaissance, plus humain et plus sain, dans le passage suivant qu'on retrouve presque textuellement dans le roman (viii, 58) :

Les peintres de la Renaissance nous ont transmis des figures de femmes saines et fortes; les madones elles-mêmes étaient pour la plupart des portraits de mères aux seins magnifiques et aux flancs puissants, avec un enfant dans les bras ou suspendu à leur cou. Les femmes de Rubens, de Rembrandt, du Titien et même de Raphaël sont des femmes robustes, et c'est un sang pur et généreux qui court dans les veines de leur poitrine large et nue [p. 176].

Suivant Nitti, Zola note qu'à son époque, il n'y a que des 'types faibles et maladifs, hystériques, névrosés' (f° 430). Plus précisément, Nitti reproche à la littérature de la seconde moitié du siècle d'avoir introduit dans les âmes 'le subtil venin de l'égoïsme' et d'avoir ainsi dissous l'esprit de famille. 'Dans la plus grande partie de la littérature française,' écrit-il, 'le nom d'époux est presque toujours le synonyme d'époux trompé, le nom d'épouse signifie presque toujours femme adultère, et l'ami qui aide la femme à tromper son mari est presque toujours représenté comme un homme d'esprit.' 'Il suffit de lire,' ajoute-t-il, 'les romans en vogue et les pièces de théâtre les plus célèbres, pour se convaincre que d'après la morale prévalente, le mariage est une mauvaise affaire qu'il faut conclure le plus tard possible, et qu'une famille nombreuse est une véritable calamité qu'on doit éviter à tout prix' (p. 151). Voilà une des sources du ménage mondain à trois (les Séguin et Santerre) qu'on trouve dans *Fécondité* et qui s'inspire, d'autre part, des romans psychologiques de Bourget.[7] Du reste, les Séguin (et plus tard Santerre) peuvent prendre leur pleine signification comme représentants des mœurs et des valeurs esthétiques d'une certaine classe que sa nullité paralyse. Zola opposera à leur infécondité maladive toute l'énergie créatrice des Froment.

Nitti professe une opinion en partie contraire à celle de Gonnard sur la question du christianisme et de la fécondité. Il suggère que certaines doctrines religieuses, comme celle des Hébreux, qui avaient la virginité en horreur, peuvent entraîner une fécondité abondante. Mais les religions idéalistes, comme le christianisme, déterminent toujours dans les périodes de grande ferveur 'une tendance vers la vie contemplative, c'est-à-dire vers une infécondité relative' (p. 153). L'Evangile prône la chasteté, plus soucieux de peupler le royaume des cieux que les royaumes terrestres. Nitti se réclame d'Arsène Dumont à qui il emprunte quelques idées que Zola résume ainsi : 'Au fond, le catholicisme est contraire. La rêverie morbide de l'Imitation de Jésus-Christ. – Le mariage et la vie active tolérés comme des nécessités inévitables; l'idéal reste toujours le religieux ou la religieuse, l'être improductif – Jésus n'eut ni patrie, ni enfant, et la femme modèle est une vierge' (f° 425).[8] Cependant, Nitti fait sur ce point de sérieuses réserves que Zola ne note pas. Le romancier se contente de relever des arguments qui justifient son propre parti-pris. Il est convaincu depuis longtemps que le christianisme est une doctrine dénaturée qui proscrit la femme. Il ne peut faire aucune concession à une doctrine qu'il cherche à remplacer.

Mais, sur le plan économique et politique, le livre de Nitti est encore plus instructif pour Zola. Nitti va dans le sens des socialistes, en condamnant la théorie de Malthus comme une défense des intérêts du capital, issue d'une époque capitaliste : 'Aucun des économistes anglais qui ont précédé Malthus, aucun de ceux qui l'ont suivi ou qui ont été ses contemporains, n'a été plus étroitement individualiste que lui, aucun n'a été aussi habile à justifier les abus, l'indifférence et les privilèges de la classe dominante' (p. 35). Malthus a essayé de disculper les classes dominantes du mal et de la misère qu'elles répandent, en rejetant la faute sur l'imprévoyance et l'incontinence des pauvres. Même à l'époque actuelle, dit Nitti, les intérêts du régime capitaliste le mènent toujours à encourager une fécondité désordonnée dans les 'basses classes.' Zola a déjà créé de lui-même une famille ouvrière trop nombreuse, dont il trouve la justification dans l'étude de Nitti. Celui-ci reprend la théorie de Marx selon laquelle il y a un excès systématique de population au cours de la phase capitaliste. Zola note seulement la conclusion de l'exposé de cette théorie qu'il ne prend pas souci d'examiner à fond, mais dont il reconnaît la pertinence pour son roman. Selon l'interprétation de Nitti, la cause principale 'qui a poussé la classe capitaliste à déterminer par tous les moyens et à tout prix la rapide et abondante prolifération des classes salariées est la nécessité d'assurer la persistance de ses profits' (p. 184). 'Tous mes Moineaud sont là,' écrit Zola, qui résume ainsi la loi fatale qui détermine la fécondité excessive du peuple : 'Si l'équilibre se fait entre la natalité et la mortalité, la classe capitaliste restreint la demande du travail, détermine la misère et une fécondité immédiate en naît. Toujours trop de pauvres, c'est nécessaire.' Mais aussi, cet exposé donne à Zola la clef de sa condamnation de Malthus, qu'il s'efforcera de faire valoir, au moins sur le plan théorique, dans le roman : 'Dans le peuple, la fécondité désordonnée ne peut être attribuée qu'au capital. Malthus battu, puisque la prolifération abondante ne vient que de la mauvaise distribution des richesses' (f⁰ˢ 432–3). Tandis que les classes dirigeantes élèvent peu d'enfants pour ne pas diviser le capital, l'ouvrier est soumis à une procréation excessive pour trois raisons : il a atteint la limite de ses aspirations, n'est point influencé par la loi de la capillarité sociale; l'accroissement de sa famille peut lui amener un accroissement de revenu; il n'a pas d'autres plaisirs en dehors des relations sexuelles et de l'excitation des boissons alcooliques. Dans sa conclusion, Nitti force un peu sa théorie pour condamner Malthus : 'Celui-ci n'avait en réalité d'autre but que de condamner les aspirations des réformateurs et de dire à ceux qui peinent et qui souffrent : "Vous êtes les auteurs de vos misères" ' (p. 220).

Mais Zola accepte la thèse de Nitti et, immédiatement, se met à l'incorporer à son roman. Chose facile. Il ne s'agit que d'opposer les Beauchêne aux Moineaud, le capital au salariat. Dans le résumé de ses notes de lecture sur l'étude de Nitti, le romancier confère à ces personnages toute une nouvelle dimension socio-économique :

Les Beauchêne. Je veux faire de Beauchêne le type du capitaliste. Il pousse les ouvriers à faire des enfants, il lui faut des salariés un peu plus qu'il ne peut en occuper ... Lui peu fécond par prudence. Egoïste, pessimiste, mais pas pour lui, vivant bien, gai, bonhomme, et jouissant, portant la semence

ailleurs ... Beauchêne doit être un vicieux, déjà un peu abîmé par la noce
(Malthus – toutes les théories sur l'imprévoyance, la faute est aux pauvres,
la misère est éternelle) [f°s 447–8].

Les Moineaud, mes ouvriers ... Pas la pire misère qui est inféconde. L'imprévoyance, puis des enfants pour en tirer des bénéfices. Moineaud n'a pas
d'autre plaisir ... Toute la distribution mauvaise de la richesse qui pousse à
la natalité désordonnée. La misère est le fait du capital [f° 450].[9]

Finalement, c'est en lisant Nitti que Zola se rend compte de l'importance, pour ce qui concerne son roman, de la loi de la capillarité
sociale. En matière d'économie démographique, Nitti abonde dans le
sens d'Arsène Dumont dont il apprécie les formules rigoureuses. Il
considère l'inégalité dans la distribution des richesses comme le facteur prépondérant qui influe sur le taux élevé de natalité dans les
basses classes et qui restreint la fécondité des classes 'supérieures.' A
la loi de Dumont s'ajoute celle de Tarde, la loi de l'imitation,[10] selon
laquelle les 'classes inférieures' sont fatalement portées à imiter les
'classes d'élite.' Si ce facteur peut amener un progrès, il peut aussi
apporter des dangers : par exemple, l'expansion des industries 'inutiles,' une dispersion excessive d'énergie et de ressources et ce que
Nitti appelle 'cette concurrence de vanités, cette lutte enragée qui ...
amène un état de malaise général et menace même l'existence de la
société' (p. 137). Ce sont des facteurs des plus nuisibles à la fécondité.
Dans le roman de Zola, les Morange mettront en pratique ces lois :
'Les Morange. Je puis faire de lui aussi un ambitieux, parti de bas
et ne voulant pas se charger d'enfants; la capillarité, ce mouvement
d'ascension à travers le corps social. La loi d'imitation qui leur fait
dépenser trop d'argent' (f° 449).

Ainsi, au fur et à mesure que Zola assimile l'ouvrage de Nitti, les
personnages complémentaires du roman acquièrent par contrecoup
une essence sociale, qui suit leur existence romanesque. Auparavant,
ils n'étaient que des exemples de ménages 'malthusiens' voués à divers
sorts tragiques. Désormais, ils revêtent une signification sociale ou
politique, nettement définie, que Zola résume ainsi :

Le point délicat est de bien régler Beauchêne et Séguin, de façon à ce qu'ils se complètent sans se répéter. Je voudrais surtout bien mettre en eux, en eux trois en ajoutant Morange, toute notre démocratie actuelle, qui est inféconde : rut aux richesses, pessimisme, égoïsme, prudence, capital qui ne veut rien rendre de sa richesse mal distribuée, mort du pays dans un temps donné, si cet état de choses continue. C'est cela, la question économique, politique, morale et psychique est dessous : ce sont eux qui tuent la France avec leur infécondité; et c'est Jean qui la sauve avec son imprévoyance [fos 451–2].

Mais Zola ne se rend qu'à peine compte que 'l'imprévoyance' de Jean n'est point conforme aux solutions que Nitti préconise. Celui-ci ne se préoccupe pas seulement du phénomène de la dépopulation. Il est surtout soucieux de combattre le déséquilibre démographique qui caractérise la société contemporaine. Selon lui, il importe, au premier chef, de régler l'enjeu entre 'l'individualisme' et 'l'individualité,' de rétablir l'équilibre entre la prolifération des classes ouvrières et la restriction volontaire des classes dirigeantes, par une meilleure distribution des richesses et par la diffusion d'un idéal de solidarité. En principe, Zola se range à l'avis de Nitti : 'Jean doit avoir le sentiment de la solidarité sociale, être prêt à se sacrifier au bien de la collectivité' (f° 429). Il entrevoit même que le destin qu'il prépare pour son héros est inconciliable avec cet idéal : 'Je songe que Jean ne peut poursuivre la conquête avec sa grande famille, car cela est de la rapacité. Il s'en inquiète. Le mieux serait la famille suffisante[11] et non conquérante. A voir' (f° 431). Il n'empêche que, dans le roman, Mathieu Froment amassera peu à peu une énorme fortune. C'est donc surtout à partir de la lecture du livre de Nitti qu'apparaît l'inconséquence entre certaines idées et la conduite du héros. C'est le résultat d'un décalage entre l'attrait de ces idées tardivement acquises et les intentions primitives de l'auteur. Si Zola s'arroge certaines des convictions socialisantes de Nitti, au fond il reste fidèle à ses propres penchants, qui, tels qu'ils apparaissent dans ce roman, y sont tout à fait étrangers. Nitti l'a fait se demander momentanément si la fécondité et l'esprit entreprenant de sa famille exemplaire contribueraient vraiment à l'intérêt commun. Mais il ne peut refondre son roman pour se conformer aux doctrines socialistes. Dans *Fécondité*, il se pliera plutôt aux leçons de la nature. Son sujet l'exige. Les instincts du Zola réformateur doivent attendre le roman suivant (*Travail*) pour trouver, peut-être par contrecoup, leur pleine expression.

La partie suivante de l'*Ebauche* trahit aussi une lecture récente du livre du docteur L. Bergeret, *Des Fraudes dans l'accomplissement des fonctions génératrices.*[12] A deux reprises, Nitti s'en rapporte à l'autorité de l'auteur de cette étude fréquemment réimprimée, pour l'avertissement qu'il donne des effets néfastes des pratiques anticonceptionnelles. Selon Bergeret, ces pratiques amènent des désordres physiques, nerveux et même moraux, de même que la stérilité qui 'dessèche' et flétrit la femme. Il fait un inventaire des perturbations qu'elles amènent, pleinement illustré de détails tirés des dossiers de ses clients. Il étudie surtout les maladies organiques attribuables aux 'manœuvres qui trompent le vœu de la nature.' Il démontre comment les nerfs peuvent être nuisiblement affectés par la pratique des 'fraudes génésiques.' D'après le principe que la maternité est une fonction naturelle de la femme, salutaire à la fois pour elle-même et pour sa patrie, il veut inspirer le respect des rapports normaux. Il met son espoir en la mission des médecins, qu'il incite à répandre la doctrine biblique : *Crescite et multiplicamini.*

Rien de plus utile aux fins de Zola que la thèse de Bergeret, qu'il prête *in extenso* à son personnage-médecin. 'Mon docteur Boutan,' écrit-il dans ses notes de lecture, 'consulté, confesseur et donneur de conseils. Il a une théorie que ce sont les fraudes qui sont les grandes coupables. Dépopulation. Dégénérescence de la race' (f° 294). Créé simplement pour être l'interprète de la doctrine de la fécondité, Boutan devient aussi le véhicule des idées de Bergeret. Il sera d'autre part le confident qui permettra de pénétrer dans les secrets des ménages : '*Tous les drames de l'alcôve, l'alcôve au fond de tout,* comme le dit Boutan, *confesseur*' (f° 292). Il permettra ainsi au romancier de risquer légitimement quelques détails audacieux.

Zola se penche surtout sur les rapports que Bergeret établit entre les pratiques anticonceptionnelles et le nervosisme : 'La thèse est que les rapports qui n'ont pour but que le plaisir, détraquent la femme, lui donnent des maladies locales et la rendent nerveuse, en ne satisfaisant en elle, par le spasme, que le besoin de plaisir.' Il ajoute naïvement : 'La théorie a, en effet, une importance capitale, car nos femmes nerveuses, toute notre névrose féminine trouve là une explication' (f° 282). Sans reprendre les termes médicaux de Bergeret, Zola saisit l'essentiel d'une théorie qui autorise ses propres idées et qui y ajoute même toute une base pseudo-scientifique : 'Le plaisir vénérien n'est que l'appât pour que la fécondation se fasse ... Il faudrait que le coït ait lieu, que l'enfant vînt, et que le coït ne recommençât que pour un nouvel enfant. La nature, les animaux procèdent ainsi, mais peut-on demander cela à l'homme ?' (f° 283). Zola tient pleinement compte de cette dernière notion. Vers la fin des notes, il écrit sur tout ce qu'il vient de lire : 'A répartir parmi tous mes personnages, – Constance surtout – La débauche ainsi – Et en face Marianne, le cours naturel' (f° 294). Mathieu et Marianne procréeront des enfants suivant, ou peu s'en faut, un cycle de fertilité qui relève du règne animal. Valentine Séguin et Constance Beauchêne seront des exemples de femmes 'détraquées' et nerveuses, produits des raffinements de la civilisation moderne.

Tout l'épisode de la troisième grossesse de Valentine (1. II, c. 2) vient de cette source. C'est un cas typique de grossesse accidentelle qui entraîne la jalousie du mari. 'J'ai vu des maris,' observe Bergeret, 'devenir jaloux en présence d'une grossesse inattendue et à laquelle ils se croyaient parfaitement étrangers, maltraiter leur femme, l'expulser du domicile conjugal' (p. 71). Zola trouve aussi une explication utile de la stérilité de Constance Beauchêne et de la maladie qui pousse Sérafine à se faire opérer : toutes les deux, victimes de leurs pratiques égoïstes. Tandis que Constance présentera un des cas où les 'rapports frauduleux ont pu apporter des troubles ... et rendre plus tard la femme inféconde' (p. 49), Sérafine sera une des femmes dont le 'col utérin' est tellement bas que 'la moindre quantité de sperme ... suffit pour les féconder' (p. 71).[13] Zola note d'autres cas plus choquants, mais n'y revient pas. En fin de compte, il ne s'intéresse qu'à ce qui peut servir directement à amplifier son roman.

Voici donc le bilan des premières lectures de l'auteur de *Fécondité*, lectures d'une importance considérable. Non qu'elles aient provoqué aucune transformation fondamentale; pour cela, il aurait fallu que le romancier les eût entreprises plus tôt et sans parti pris. Mais elles ont donné un corps aux projets de Zola et leur ont fourni une base théorique. Tous les personnages ont acquis une nouvelle dimension, devenant les représentants de certains aspects de la vie moderne. Les Beauchêne sont désormais les partisans de Malthus, qui poussent le salariat, représenté par les Moineaud, à une prolifération perpétuelle et misérable. Ceux-ci sont 'la chair à travail et à souffrance,' condamnés de génération en génération au labeur de l'usine, comme les Maheu de *Germinal* dans la mine. Les Morange deviennent l'incarnation des lois de la capillarité sociale et de l'imitation, sacrifiant la famille à la poursuite de l'avancement social. Les Séguin deviennent les adeptes de la religion du plaisir, sujets à cette sorte d'exacerbation cérébrale dont souffrent les 'intellectuels' modernes. C'est tout un monde à refaire. La voie à suivre pour Mathieu et Marianne est plus nettement préparée. Enfin, Zola à été forcé de modifier ses idées natalistes pour s'accommoder de la doctrine d'un équilibre démographique, inévitable selon certaines théories courantes inspirées de Spencer. Mais, en revanche, il pourra donner libre carrière à ces mêmes tendances natalistes, en faisant l'éloge de l'impérialisme français.

E B A U C H E : D E U X I E M E P A R T I E (Ms 10.301, f⁰ˢ 66–95)

Profitant de ses lectures, Zola reprend son *Ebauche* et, d'un seul jet, rédige une trentaine de feuilles : quelques pages pour établir des rapports étroits entre les Froment, les Beauchêne et les Séguin, puis le reste sur les trois ménages bourgeois, qui viennent d'acquérir une signification sociale précise. Il commence par passer en revue tous les enfants des Froment. L'imagination de Zola est toujours prête à jouer sur les données de l'intrigue : 'Jean et Marianne ont d'abord deux jumeaux, Blaise et Denis, ce qui est une entrée en matière féconde et ce qui d'autre part, lorsque Blaise meurt d'un accident (où trempe Constance) permet de le remplacer presque par son semblable, ce qui irrite davantage Constance.' Cet épisode (1. v, c. 4) aura une signification spéciale : 'C'est comme si l'autre n'était pas mort, on ne peut pas épuiser cette famille. Cela est excellent' (f⁰ 66). Nicolas, l'avant-dernier des enfants de Marianne, sera le colon de la famille. Zola imagine la dernière scène du roman, le retour du fils de Nicolas, qui vient 'conter comment leur sang, leur descendance peuple là-bas un coin de terre inconnue' : 'Ce qu'il dit, le récit, tandis que la nombreuse famille européenne écoute : cela très grand pour finir' (f° 68).

Ensuite, le romancier esquisse quelques détails du passé de Marianne et de Beauchêne. Gonnard lui a révélé l'importance de la question de la dot comme facteur qui incite à des mariages inféconds. Il s'agit donc d'aménager les faits de l'histoire de Marianne (jusqu'ici la demi-sœur de Beauchêne) pour qu'elle se marie sans dot. Zola fait d'elle la cousine d'Alexandre et de Constance Beauchêne qui, par contraste, 'ont la pensée égoïste de n'avoir qu'un fils pour lui léguer toute cette fortune, en faire un roi de l'industrie' (f° 70). D'un côté, la pauvreté imprévoyante; de l'autre, le calcul égoïste, mais qui sera éventuellement déjoué 'par la déchéance lente d'Alexandre, pour qu'il laisse l'usine passer à Denis.'

Même procédé pour les Séguin : le mari sera le fils d'un cultivateur des environs de Paris. Depuis la lecture du livre de Gonnard, Zola peut renforcer les liens entre ce ménage et les Froment de la façon suivante : 'Quand Jean a l'idée du défrichement, il lui achète les pires parties, les marais, les terrains stériles, sans prendre encore des bois. Un contrat, Jean doit payer par annuités et pour que Séguin accepte, il faut donc qu'il soit dans un besoin relatif ... et je veux que la ruine vienne de la question d'alcôve' (f° 76). Zola saisit cette occasion pour utiliser l'aventure de la grossesse accidentelle, qu'il a tirée du livre de Bergeret. A la troisième grossesse de sa femme, Séguin, défiant et jaloux, l'abandonnera pour une maîtresse qui achèvera sa ruine.[14] Après avoir réglé le sort des deux enfants aînés,[15] le romancier résume le rôle que va jouer le ménage : 'La dislocation de la famille par les fraudes, la dislocation par les querelles des époux. C'est un drame d'alcôve, du moment qu'ils n'obéissent pas à la simple nature' (f° 79).

Un passage semblable définit le rôle que Zola prépare pour les Beauchêne : 'L'égoïsme bourgeois, la bourgeoisie industrielle qui a remplacé la noblesse, et qui rétablit le droit d'aînesse en sa faveur, en ne faisant qu'un fils unique.' Là aussi, il faut qu'il y ait un 'drame d'alcôve' : 'Quand son fils est mort, qu'est-ce que je fais de lui ? Je crois que je dois le débaucher, le consoler dans des amours crapuleuses. Dès les premiers chapitres, je le montre aimant le bon vice, une sorte d'exutoire au sortir des bras de sa femme' (f° 81). Cet épisode et le cas de stérilité, prévus dans les notes sur le livre de Bergeret, passent maintenant sur le plan romanesque. Les Beauchêne s'accusent l'un l'autre de stérilité : 'Ils se sont rendus impuissants par les fraudes' (f° 83). Ils seront récompensés selon leurs mérites : 'La punition par la disparition de l'enfant. Je verrai à leur donner une fin tragique à tous les deux' (f° 84).

Mais c'est surtout les Séguin et les Morange qui ont gagné en substance à la suite des lectures du romancier. Il rappelle la significa- tion de leur rôle dans le roman : 'Avec les Séguin, je veux avoir spécialement le monde actuel, le milieu mondain, avec le pessimisme philosophique et littéraire des snobs' (f° 85). Faisant hardiment litière des nuances, il caractérise le mari : 'Lui, à la pose, très pessi- miste, Schopenhauer, Harthmann et Nietzsche [sic] réunis' (f° 86). On retrouve dans *Fécondité* la même confusion dans les idées de Séguin et de son compagnon Santerre, le romancier mondain (que justement Zola invente ici dans l'*Ebauche*). Tout en croyant, par exemple, au 'seul bonheur absolu possible, celui de l'anéantissement,' ils font 'le rêve aristocratique d'une élite ... aboutissant à l'homme parfait, l'homme supérieur, dont les jouissances seraient décuplées' (VIII, 58). Au lieu de poursuivre ses recherches et ses lectures sur ces penseurs dont il veut critiquer les disciples mondains, Zola se contente ainsi de quelques clichés recueillis dans l'ouvrage de Nitti. Quant au romancier Santerre, il sera l'amant de Valentine et l'auteur d'un roman 'où l'on ne fait pas d'enfants.' Pour l'instant, il ne sera qu'un caractère 'de troisième plan.'[16] Sa maîtresse, d'autre part, Valentine, est le type de la femme mondaine, 'adorant Wagner, jetée dans la littérature avancée' : 'J'en fais une fille noble, Valentine de Vauglade [sic], pas très riche et que Séguin du Hordel a épousée par chic, dans un coup de caprice. Les Vauglade, une vieille famille très noble, à moitié ruinée. Vauglade un fervent légitimiste, mort et ayant laissé à sa femme deux filles. Un sang appauvri. La noblesse ne procréant plus que des fils débiles et des filles maigres' (f° 87). En général donc, les Séguin représentent 'notre démocratie fiévreuse, dévorée du désir de la fortune et de la jouissance' : 'C'est une autre face' (f°ˢ 88–9).

La troisième 'face,' c'est le ménage des Morange dont Zola trace le caractère physique et moral : lui, beau garçon, assez médiocre, 'un tendre et un faible au fond' ; elle, très jolie, fière, ambitieuse, une des quatre filles d'un employé médiocre, obsédée par le souvenir de la gêne dans laquelle elle a vécu. Lorsqu'elle devient enceinte de nouveau, au moment où son mari se hasarde à changer d'emploi, elle subit l'avortement mortel. Zola, tourmenteur impitoyable de ses personnages fautifs, ajoute : 'elle est certaine que ce sera une fille (et ce serait un fils)' (f° 92). Puis le romancier saisit une autre occasion de resserrer les lignes de son intrigue. Valérie sera entraînée par une admiration outrée de Valentine et de Constance : 'La loi d'imitation aussi, le ménage Beauchêne et le ménage Séguin perdant le ménage Morange' (f° 94).[17] Ici, comme ailleurs, on voit l'auteur attentif à disposer des éléments romanesques qui ont été séparément conçus, de façon à ce qu'ils s'emboîtent les uns dans les autres.

Il importe de remarquer enfin que chacun des ménages complémentaires, dont il a été question dans cette partie de l'*Ebauche,* a pris une double signification. Chacun expose deux aspects du problème démographique, du point de vue social et familial. Les Beauchêne sont des capitalistes, des partisans de Malthus avec leur fils unique ; mais, en même temps, ils présentent un cas typique de stérilité. Les Séguin sont à la fois le ménage mondain et pessimiste et l'exemple d'une famille désunie et détruite par les 'fraudes' et par une grossesse accidentelle. Les Morange sont l'incarnation des deux lois économiques et fournissent deux cas d'avortement. Ainsi, Zola peut dénoncer les effets néfastes des procédés anticonceptionnels pour la société et pour la famille, étudiant aussi les motifs qui incitent les diverses classes de la société à pratiquer ces manœuvres.

Bien qu'il lui manque quelques éléments d'intrigue et de pittoresque, Zola a tout ce qu'il lui faut pour ces 'drames de la restriction volontaire.' Mais, faute d'informations précises, il a dû négliger les 'drames de nourrices et d'allaitement.' Il s'agit donc de procéder à une nouvelle enquête documentaire.

DEUXIEME SERIE DE LECTURES (Ms 10.302)

Pour compléter sa documentation livresque, Zola lit trois ouvrages, d'ordre assez technique, qu'il utilise selon sa manière habituelle. Il est difficile d'établir l'ordre exact de cette deuxième suite de lectures,[18] mais il est certain que l'étude d'Etienne Canu, *la Castration chez la femme* (1897),[19] répond le plus à l'imagination du romancier et aux besoins essentiels du roman, qui y emprunte quelques incidents et certains détails médicaux. Comme l'ouvrage du docteur Bergeret, c'est la dénonciation véhémente d'un mal contemporain, appuyée d'abondants exemples tirés des dossiers médicaux de l'auteur.

Canu s'engage dans le débat sempiternel entre les partisans de la chirurgie et ceux de la thérapeutique. Il s'en prend aux pratiquants de l'ovariectomie, dénonçant une opération qui supprime la fonction génératrice de la femme et entraîne des conséquences nuisibles pour sa santé. Il va même jusqu'à dire que 'la castration paraît bien être le facteur principal de la diminution des naissances en France' (p. 31). Il exige des mesures requises par la situation, une nouvelle législation, 'dans l'intérêt des malades, dans l'intérêt des familles, dans l'intérêt immédiat de notre pays' (p. 142).

Canu vise surtout les chirurgiens qui, dans les cliniques privées et même dans les hôpitaux de l'assistance publique, se mettent en vedette auprès du public et font fortune, en pratiquant une opération qui ne peut qu'être nuisible, même fatale à la longue. Zola se renseigne sur la mode courante de ces opérations, sur le brouhaha des amphithéâtres : 'Ces succès opératoires que la réclame transforme en succès thérapeutiques éblouissent le public profane et causent de profondes déceptions chez les opérées et leurs familles' (p. 155). D'après Canu, deux à trois mille femmes, chaque année, 'perdent leur fonction reproductrice' dans les hôpitaux (p. 137) et, depuis quinze ans, on a châtré à Paris 'trente à quarante mille femmes en pleine période de ponte ovulaire.' Somme toute, il y a en France, calcule-t-il, 'environ cinq cent mille femmes sans ovaires' (p. 127). Tous ces détails réapparaîtront dans le long réquisitoire passionné du docteur Boutan contre les iniquités de ces pratiques et de leurs conséquences, évoquant le 'demi-million d'inutiles et de monstres' (VIII, 260).

Les révélations de Canu permettent à Zola de préciser le personnage qu'il a l'intention d'opposer à Boutan, c'est-à-dire le docteur Gaude, 'le coupeur d'ovaires' de l'*Ebauche,* dont l'auteur a voulu faire 'le garçon impénitent, l'homme infécond par théorie.' Voici ce que le romancier tire de ses notes pour ce personnage :

Je vois mon Gaude comme chef du service de gynécologie, dans un hôpital connu, dont je créerai le nom. Beau chirurgien, mondain, très répandu. Succès de femme. Il fait dans son service des opérations retentissantes sur des malheureuses (sous la tutelle de l'Assistance publique). Il ouvre des ventres magistralement, regarde, les recoud, et toutes les erreurs de diagnostic. Enlève les ovaires, parfois, pour enlever quelque chose ... La castration à la mode, guérit de tout. De beaux succès opératoires, pas thérapeutiques, dont on parle, et qui lui amènent la clientèle riche [fº 310].

Dans l'*Ebauche*, Zola avait écrit à propos de ce personnage : 'Voir sa fin, terrible' (Ms 10.301, fº 42). Une observation hasardée par Canu lui donne cette 'fin terrible' : 'Nous nous étonnons que nos grands châtreurs de marque ne soient point encore émasculés par leurs victimes' (p. 156). Zola ajoute : 'Ce serait une belle fin pour Gaude de le faire émasculer par des femmes qu'il a châtrées. Cela me semble difficile à régler. Mais il faut tout de même y songer' (fº 315). Il n'a pas encore pensé à impliquer Sérafine dans l'épisode et n'y reviendra qu'à la fin de l'*Ebauche*.

Sans doute, c'est pour avoir des informations techniques sur l'ovariectomie, pour le personnage de Sérafine, que Zola a eu recours au livre de Canu. Il y trouve en effet toute la pathologie de cette opération, qu'il pourra disperser à travers le roman, lorsqu'il en viendra à décrire les effets funestes sur Sérafine et les autres 'châtrées.' Il note au hasard, sans s'inquiéter des distinctions et des catégories : l'hyperexcitabilité temporaire de l'appétit sexuel, la vieillesse précoce, les troubles nerveux, les douleurs abdominales, les maux de tête, la perte de la vue; et puis il s'en lasse. Mais les quelques notes qu'il a prises feront bien son compte : 'Ma Sérafine me sera donnée par ces notes, phase par phase. Elle s'est fait opérer pour ne plus avoir d'enfant et avoir des amants tant qu'elle en désirera, sans craindre les suites, et elle est frappée d'impuissance, après une excitation d'une année. Et son châtiment' (fº 316). Mais, pour que ce châtiment soit conforme aux fins morales de son œuvre, l'auteur prend des libertés avec les faits : 'Il faut songer pourtant que si elle n'a plus de désirs, elle ne souffre pas de ne pas les satisfaire. Lui laisser des désirs d'abord, sans le spasme heureux. Puis la vieillesse anticipée, la honte de son impuissance, la fin lugubre. C'est bien' (fº 316). Cette 'fin lugubre' du

personnage (i. vi, c. 3) s'annonce encore dans une remarque faite par
Canu et notée par Zola, toujours à l'affût de péripéties saisissantes :
'Ces femmes sont sur le chemin qui conduit à un asile d'aliénés.'

Le romancier est tellement pris par le phénomène décrit par Canu
qu'il s'avise de créer d'autres victimes de Gaude. Il prend deux cas
typiques. D'abord, celui de la femme mariée qui, par suite de l'abla-
tion de ses ovaires, perd ses forces et ses sensations et devient une
lourde charge pour sa famille : 'Voilà un homme obligé d'appeler
une étrangère pour suppléer sa femme légitime : c'est toute une
famille dans la misère harcelant les bureaux de bienfaisance' (p.127).
Tel sera le sort de la malheureuse Euphrasie Moineaud (i. iv, c. 4).
Sa sœur, la future Cécile, va illustrer l'autre cas, celui de la jeune
fille subissant une opération qui, à son insu, lui interdira le mariage
et la maternité (i. iv, c. 1).[20]

Finalement, il y a Reine Morange, la fille du comptable de l'usine,
qui avait été destinée, elle aussi, à être sacrifiée sur la table d'opération. Mais le romancier avait hésité, pour elle, entre l'avortement de
sa mère et la castration de son amie et protectrice, Sérafine. Il trouve,
en lisant l'œuvre de Canu, un moyen de combiner les deux, d'une
façon dramatique, et, en même temps, d'illustrer un autre cas commun d'ovariectomie : celui de la femme enceinte qui se fait opérer.
Le docteur écrit : D'autres [femmes] dans une intention coupable,
se trouvant enceintes et croyant également qu'ultérieurement elles
pourront agir sans craindre une déception, simulent des douleurs,
harcèlent le chirurgien pour se faire enlever un utérus grand' (p.
126). Zola consacre trois feuillets (f°s 312–15) à intégrer ce nouvel
élément. L'opération doit être faite par un élève de Gaude, le futur
Sarraille, moins scrupuleux et moins habile que le célèbre 'maestro,'
'se faisant la main, tout en sachant à quoi s'en tenir.' Le romancier
hésite entre deux situations : Reine mariée et enceinte malgré ses
précautions, se faisant opérer, comme sa mère, avec la complicité du
mari; ou bien, Reine toujours célibataire, débauchée par Sérafine et
n'osant avouer sa faute à son père. Il opte enfin pour l'histoire la
plus mélodramatique, celle qui lui permettra aussi d'aggraver le
châtiment de ses personnages coupables (i. iv, c. 2) : 'Je crois que le
mieux est de choisir ce dernier drame. Il frappe deux fois sur le pauvre
Morange, qui a consenti à l'avortement de sa femme et qui l'a perdue.

Aussi, si je le fais tomber près de sa fille mourante, ou plutôt qu'on lui rapporte mourante, et dont il reçoit la confession, cela est d'un drame superbe. Tout cela est bref et poignant' (f°s 314–15).

En résumé, Canu a fourni à Zola l'occasion de présenter dans son roman, sur une base d'authenticité, un aspect important du problème en question, d'inventer d'autres épisodes saisissants et de faire évoluer un peu ses intrigues principales.

Tel sera aussi l'effet de la lecture des deux livres sur l'enfance : *la Vérité sur les Enfants trouvés,* par le docteur André-Théodore Brochard,[21] et une étude plus récente, *l'Enfance malheureuse,* de Paul Strauss.[22] Ces auteurs ont le même but : sonder et guérir (mais par des chemins opposés) une des plaies de la société française particulièrement préjudiciables à sa santé démographique : la mortalité excessive des enfants assistés.

Brochard écrivait au lendemain de certaines réformes significatives du système de secours aux enfants assistés, contre lesquelles il se prononce avec énergie. Le décret-loi du 19 janvier 1811 avait déterminé trois catégories d'enfants confiés à la charité publique : les enfants trouvés, les enfants abandonnés et les orphelins pauvres. Les dépenses d'entretien étaient réparties entre l'Etat et les hospices dépositaires, dont il existait un par arrondissement à Paris, avec un 'tour' destiné à recevoir les nouveaux-nés que leur mère délaissait.[23] Le système du 'tour' permettait à la mère de déposer son enfant, dans un secret absolu. L'enfant passait alors aux 'soins' d'une femme de campagne. On croyait pouvoir ainsi réduire le nombre d'infanticides. Mais la multiplication des abandons et l'effroyable mortalité des enfants, s'élevant dans certaines régions à 80 p. 100, amenèrent l'administration, par la circulaire du 27 juillet 1838, à autoriser la suppression des 'tours.' Cette suppression totale fut consommée en 1860. La loi pour la protection des enfants du premier âge de décembre 1874 (la loi Roussel) institua, par la suite, une surveillance des enfants abandonnés et confiés aux nourrices de province. En même temps, pour essayer de combattre l'abandon, on introduisit un système de secours temporaires, accordés aux mères d'enfants naturels, qui consentaient, comme le fera Norine Moineaud dans *Fécondité,* à garder leur enfant.

Brochard, écrivant avant que ces mesures aient pu prendre effet, impute à la suppression des 'tours' et à l'incompétence de la bureaucratie la haute mortalité qui dure. Il se prononce énergiquement pour le 'tour' comme un mal nécessaire dans une société corrompue et, évoquant les mânes de saint Vincent de Paul, combat les réformes laïques au nom de la charité chrétienne.

Zola résume assez sommairement les arguments de la polémique que Brochard cherche à engager, bien que dans le roman il y réponde selon les idées de Strauss, là où Mathieu Froment condamne l'idée 'qu'il faut accepter le mal, l'endiguer, le canaliser en le cachant, comme un égout indispensable, lorsque le vrai rôle d'une société libre doit être ... de le détruire dans son germe' (VIII, 193). Mais le romancier cherche surtout dans ce livre des détails 'pittoresques' sur le sort déplorable des enfants abandonnés. Brochard souligne l'importance de l'industrie nourricière et les abus du système de la mise en nourrice. Il découvre comment les nourrices viennent en foule aux petits bureaux, abandonnant leur nouveau-né, pour vendre leur lait dans des maisons bourgeoises. Les bureaux de nourrices font leur commerce par l'intermédiaire de 'meneurs' ou de 'meneuses,' qui recrutent les nourrices et emmènent les nourrissons abandonnés. Pour eux, les enfants ne sont que des objets de commerce, voués, dans la plupart des cas, à une mort inévitable par la dureté du voyage ou par la négligence des campagnardes qui les soignent dans les villages où l'on fait de l'industrie nourricière une spécialité. De ces faits, Zola créera le bureau de la rue Roquépine (I. III, c. 3) et le village de Rougemont : 'Et ce village d'industrie si singulière, le créer; le cimetière est pavé de petits Parisiens' (f° 365). Il imagine aussi une 'meneuse' (la Couteau) qui 'en outre, amène des domestiques, quand elle n'amène pas des filles publiques' (f° 365). La domestique des Séguin, Céleste, sera du même village, pour permettre à l'auteur d'incorporer ce nouveau personnage.

Lorsqu'il en vient à lire le livre de Strauss, Zola apprend que, depuis l'époque de Brochard, des progrès ont été faits et qu'une attitude plus éclairée règne à l'égard du problème des enfants assistés. Strauss se prononce contre le rétablissement des 'tours' et pour des mesures préventives et protectrices, que le docteur Boutan répétera fidèlement dans le roman (VIII, 201–2). Strauss décrit aussi le progrès qui a suivi l'adoption de la loi Roussel, la création d'asiles, de secours, de crèches et de maternités, etc. Le 'tour' a été remplacé par le bureau d'admission, que Zola introduira brièvement dans le roman (VIII, 192–4). Le romancier note : 'Donc le progrès est à venir, et c'est pourquoi je puis admettre le présent jusqu'au quatrième livre et dans les derniers, dans le dernier surtout, j'indiquerai les grands progrès qu'on a faits, dans le sens de ces notes. Cela sera excellent, comme vue optimiste sur l'avenir (en annonçant d'autres progrès encore), et cela me permettra, dans les premiers livres, de faire de la place aux réalités d'aujourd'hui' (f°s 273–4).

Cependant, dans *Fécondité*, Zola ne sort pas de ces 'réalités d'aujourd'hui.' Sa présentation des faits est même anachronique, basée sur les révélations dépassées de Brochard et sur une lecture trop sélective du livre de Strauss. Pour grave que fût le problème de la mortalité infantile à l'époque de *Fécondité*, il semble bien que le tableau que Zola en donne soit exagéré et mal documenté. 'Pour certains départements,' se rappelle Mathieu, par exemple, 'qui se livraient à l'industrie nourricière, la mortalité des nourrissons était de cinquante pour cent; pour les meilleurs, de quarante; pour les pires, de soixante-dix' (VIII, 198). Pourtant, déjà en 1885, d'après Léon Lallemand dans son *Histoire des enfants abandonnés et délaissés* (1885) qui traite ce problème, dans certains départements, comme le Calvados, 'les enfants assistés mouraient moins que les enfants légitimes conservés par leurs familles' et le département de la Seine faisait assez triste figure avec sa moyenne de 33 à 36% ...'[24] En effet, si l'on en croit la *Statistique Annuelle du Mouvement de la Population et des Institutions d'Assistance* (année 1898), il n'y eut, dans la France entière, que 3500 morts sur les quelque 100,000 enfants assistés (à l'hospice et à la campagne) et, dans le département de la Seine, il y eut moins de 1000 morts sur un total de 34,000. De toute façon, dans son roman, Zola attache trop d'importance à l'œuvre diabolique des 'meneuses,' que Strauss présente déjà comme un phénomène du passé.[25] Il ne tient pas compte des progrès déjà accomplis. Il ne note même pas que dans le Calvados, où il situe Rougemont, 'depuis la mise en pratique sérieuse de la loi de protection, la moyenne des décès des nourrissons est descendue de plus de 30 à moins de 6 p. 100' (p. 242). Il ne fait pas non plus le tableau des asiles, des crèches et des nourricières qui avaient déjà vu le jour et que Strauss décrit. Deux raisons expliquent pourquoi la peinture que Zola fait de l'enfance malheureuse pèche par sa noirceur. D'abord, on sait que le romancier a souvent sacrifié la chronologie aux effets dramatiques de son œuvre. D'autre part, la nécessité de modifier le plan des derniers chapitres de *Fécondité* l'a empêché de dépeindre l'état meilleur que Strauss constate et prévoit.[26]

EBAUCHE : TROISIEME PARTIE (Ms 10.301, f°s 96–118)

Dans cette partie de l'*Ebauche*, Zola se donne deux buts. D'abord, il cherche à absorber dans ses desseins généraux les apports récents, qui lui ont donné certaines des intrigues secondaires ; c'est la descente dans la géhenne sociale qu'il opposera au royaume ensoleillé de Chantebled. Mais on le voit surtout soucieux d'entrelacer les épisodes, d'établir des liens entre les intrigues de premier et de deuxième plan. Assuré qu'il possède les éléments essentiels du roman, il commence à les disposer en vue d'un plan général.

Zola commence par reprendre les portraits des Moineaud, qu'il n'a pas retouchés depuis ses premières lectures. Ils seront 'la chair à travail que Beauchêne est heureux de voir pousser' (f° 97). Suivant les informations de Strauss, le romancier fait de Norine un cas typique, la femme déchue que la maternité rachète : 'Passant d'un amant à un autre, jusqu'au jour où elle s'attache à un enfant, qu'elle garde et qui la sauve : un enfant qu'elle ne veut pas remettre à la Couteau' (f°s 97–8). Strauss et Vaucaire lui ont donné aussi les deux maisons d'accouchement. Il note : 'Un tableau complet des sages-femmes ordinaires chez la Bourdieu, avec le bien et le mal ; mais la Bourdieu refusant tout ce qui pourrait la compromettre, tout en rendant des petits services lorsqu'il n'y a aucun danger. Puis, pour l'avortement de Valérie une échappée d'enfer chez la Rouche, où l'on fabrique des morts-nés surtout. Puis une autre vision d'enfer chez Sarraille, où Reine se fait également avorter mais en se faisant enlever l'utérus' (f°s 101–2).[27] De plus, il y a le bureau des Enfants Assistés, où l'on portera l'enfant de Norine et de Beauchêne, et le village du Calvados, Rougemont : 'Plusieurs autres villages autour et dans tous l'industrie nourricière' (f° 103). La Couteau, qui doit venir de

Rougemont, aura comme victime la petite mercière, Mme Menoux, qui confiera son enfant à la 'meneuse.' 'Cela m'ennuie de le tuer,' ajoute le romancier, 'car j'en tue beaucoup. Il faudrait plutôt le faire vivre; mais bien chétif; et faire exploiter la mère par la Couteau' (f° 106). Finalement, après avoir passé en revue ses trois médecins blâmables, Sarraille, Gaude et son rabatteur, Mainfroy, Zola souligne l'importance du rôle opposé du docteur Boutan. 'J'en fais un médecin accoucheur,' écrit-il, 'qui a accouché Constance, et qui a accouché Marianne. Il doit habiter Grenelle, ou aux environs. Et il faut que je le donne aussi comme médecin accoucheur à Valentine ... Il tient en un mot le livre d'un bout à l'autre, devient le porte-parole de l'idée de fécondité' (f°s 109–10).

Même à cette étape relativement avancée de la genèse du roman, de nouveaux éléments apparaissent. Le reste de cette partie de l'*Ebauche* apporte et développe des faits inattendus. D'abord, Zola réunit dans un seul personnage la future Mme Angelin, la femme inspectrice (pour la surveillance des enfants assistés), et la femme qui attend trop longtemps pour avoir un enfant, un des ses premiers personnages de second plan. Puis c'est le dernier enfant des Froment qu'il s'agit de 'caser' : 'J'ai envie de le faire emmener aux colonies par le fils de Nicolas; et ce départ de ce Benjamin, emmené par son neveu. Le créer pour ça ... Il est l'humanité qui a besoin d'espace, qui se sent à l'étroit sur la terre natale' (f°s 117–18).

Cependant, plus intéressante que tous ces détails est l'intention que Zola exprime ici et qu'il ne réalisera que partiellement dans le roman, celle d'étudier les incidences de la conscription. Gonnard lui a enseigné que le service militaire retarde le mariage et la natalité. De ce fait, il a déjà les deux Moineaud : Eugène, qui meurt dans une guerre coloniale, et Victor, qui revient du service militaire dégoûté du travail. Puis il y a Maurice Beauchêne que Zola pense faire mourir au régiment : 'Cela pourra encore être un argument, que Constance développera passionnément' (f° 115). Mais il est probable que Zola envisage la question militaire dans une perspective plus large. Il revient aux Séguin. Gaston, le fils, sera militaire et restera célibataire. 'Et cela serait excellent,' ajoute-t-il, 'parce que la sœur de son côté n'enfante pas et devient religieuse,[28] le sabre et le goupillon. J'ai envie de faire des Séguin des catholiques de pose, bien que pessimistes et snobs, cela serait excellent. Et à la fin je montrerai ainsi quelques curés' (f° 116–17).[29] C'est sans doute un coup de Jarnac à l'alliance catholique et militaire que Zola combat à ce moment-là. On trouve aussi, parmi les notes *Divers*, l'observation que voici, rédigée peut-être vers cette époque : 'Pour les 4 Evangiles. Contre le cléricalisme, contre le militarisme, contre le capitalisme – les 3 plaies, – les détruire, sans quoi la république n'est pas. Les Droits de l'homme. – La monarchie est sur l'église, la caserne, et la grande propriété' (Ms 10.302, f° 462). Mais c'est là le seul indice que Zola avait d'autres préoccupations que la préparation de son roman.

En poursuivant le cours de ses idées, Zola est amené à cette pensée révélatrice : 'Et ensuite dans le dernier livre, lorsque je présenterai la société de demain (plus ou moins utopique), je dirai que la suppression ou une meilleure disposition des armées permanentes est intervenue' (f° 116). On a déjà vu le romancier en butte au problème de savoir comment terminer ce roman dont le héros est le fils de Pierre Froment, témoin de l'époque contemporaine, et dont l'action doit s'étendre en plein vingtième siècle. Plus tôt, dans l'*Ebauche*, il a reculé devant le même problème : 'Je resterai vague le plus possible, tout en donnant par de courtes phrases la sensation qu'on est dans un temps de plus de progrès, où la société est mieux organisée' (f° 49). Mais, à cette étape non plus, Zola n'est pas plus près de voir la fin de son roman. Tout le travail documentaire a renforcé cette difficulté, ramenant sans cesse l'auteur à l'état présent (même au passé) de la société et aux problèmes sociaux de son époque, sans libérer pour autant l'imagination nécessaire à sa mission de prédicateur. Plus tard, il se rendra compte qu'il ne peut que suivre la logique des faits, conduire à leur fin nécessaire les intrigues qu'il a déjà lancées. Pour le moment, il n'exprime qu'un vague désir de vouloir dépeindre une société meilleure, 'plus ou moins utopique.'

En général donc, bien que la documentation soit intervenue à une étape relativement tardive de la genèse de *Fécondité*, le roman y puise quand même bien des éléments d'une authenticité indiscutable, surtout pour les épisodes complémentaires et subsidiaires. On a vu aussi que bien des éléments préalablement conçus par l'imagination du romancier ont pu être confirmés et élaborés par les informations trouvées dans les sources livresques. Il est indéniable que le roman pèchera par invraisemblance, mais ce sera plutôt dans la disposition de ces données réelles, lorsque l'auteur voudra les utiliser pour sa thèse. A cet égard, on pourrait citer avec profit la réponse de Zola lui-même à une accusation d'invraisemblance, lancée par le critique Henry Fouquier, à propos de *Pot-Bouille* : 'Si vous voulez, mon roman prend parfois un ton aigu de satire; si vous le voulez encore, l'accumulation des faits en un même cadre lui donne souvent une intensité que le train-train réel de la vie n'a pas. Mais quant à la vérité des documents pris eux-mêmes, elle n'est pas attaquable, et vous avez trop vécu pour ne pas avoir coudoyé de pires aventures.'[30]

6

Personnages et plans

PERSONNAGES (Ms 10.302)

Son indécision sur la manière de terminer *Fécondité* explique que Zola s'occupe seulement des cinq premiers livres lorsqu'il en arrive ensuite à rédiger le plan sommaire, peut-être conjointement avec les fiches *Personnages*.[1] Parvenu à ce point de son travail, il trouve d'instinct le schéma général du roman.[2] Il n'apportera aucune modification fondamentale dans la chronologie qu'il y établit, si ce n'est pour inverser l'ordre du deuxième et du troisième chapitre du second livre.

Bien qu'il se propose depuis assez longtemps de refaire les quatre évangiles bibliques, c'est seulement à travers la rédaction du plan sommaire que Zola change le nom de son héros.[3] Il a peut-être voulu garder Jean, l'aîné des fils de Pierre Froment, pour le premier roman de la série, d'autant plus que c'est un nom qui a déjà été associé dans l'œuvre de Zola aux thèmes de la fécondité et de la régénération sociale, dans *les Quatre Journées de Jean Gourdon*, *la Terre* et *la Débâcle*. Mais, désormais, le précédent biblique l'emporte. On lit dans la première des fiches individuelles des *Personnages*, rédigées probablement en même temps que ce plan : 'Il est entendu que je garde Jean, l'aîné, pour "Justice." – Marc sera pour "Travail" et Luc pour "Vérité."[4] – Je n'ai pas le désir de les ranger par âge; Jean est l'aîné et cela suffit' (f°s 17–18).

La majeure partie des notes concernant les personnages du roman[5] a été rédigée immédiatement après le plan sommaire. Aucune mention n'est faite de certains éléments créés dans la dernière partie de l'*Ebauche* : le rôle de Sérafine dans la castration de Gaude, l'importance accrue du fils de Beauchêne et de Norine dans l'action des derniers chapitres du roman, la complicité de Constance dans la mort de Blaise et l'assassinat de Mme Angelin. Mais une écriture différente indique certaines additions faites après coup. La fiche de Morange, par exemple, comporte trois pages (f°s 105–8) sur son rôle dans la mort d'Alexandre-Honoré et sur son caractère à la fin du roman.

Il serait superflu de s'attarder sur la fiche de chaque personnage, car, en principe, le romancier ne fait que reprendre, parfois mot à mot, les données qui se trouvent disséminées dans l'*Ebauche*. Il nuance et élabore un peu ces détails, présentant d'abord les traits physiques du personnage, puis le côté 'moral' et enfin son rôle dans le roman. Voici, à titre d'exemple, ce que le romancier écrit sur le personnage de Séguin : 'Au moral, un sot, dévoré par la mode, le désir du suprême bon ton. Tout en surface, esclave du monde, et s'ennuyant vraiment' (f° 77). Valentine, pour sa part, est 'la femme guettée par l'adultère et qui y tombe avec [le] romancier.' Pris ensemble, ils représentent 'notre démocratie fiévreuse, dévorée du désir de la fortune et de la jouissance' (f°s 84–5). Plus délibérément que dans l'élaboration des *Rougon-Macquart*, Zola a créé des personnages pour qu'ils assument une signification précise. Les fins didactiques l'emportent de plus en plus sur l'art descriptif. Il y a pourtant trois personnages qui offrent un intérêt en dehors de leur fonction purement romanesque et qui méritent un examen assez attentif. D'abord, les époux, Mathieu et Marianne, pour ce qu'ils révèlent du contenu personnel du roman, car on a déjà vu que dans *Fécondité*, à n'en pas douter, Zola a transposé et magnifié son aventure quasi conjugale avec Jeanne Rozerot.

Mais sur le plan romanesque, Mathieu dérive de Jean Macquart qui, dans *les Rougon-Macquart*, est lui aussi le témoin de 'la débâcle' d'une société détraquée et qui revient à la terre nourricière. Par sa 'tranquille raison,' par son 'cerveau solide,' il représente, comme Mathieu plus tard, 'la partie saine de la France, la raisonnable, la pondérée, la paysanne, celle qui était restée le plus près de la terre' (VI, 1117). C'est lui qui, malgré les désastres qu'il a traversés, s'en va préparer l'avenir meilleur qu'il anticipe et que Zola évoque avec toute l'imagerie de la fécondité, qui éclatera plus tard dans le premier 'Evangile' : 'C'était le rajeunissement certain de l'éternelle nature, de l'éternelle humanité, le renouveau promis à qui espère et travaille, l'arbre qui jette une nouvelle tige puissante, quand on en a coupé la branche pourrie, dont la sève empoisonnée jaunissait les feuilles' (VI, 1121–2). Enfin, c'est la fécondité de Jean Macquart, dans le dernier roman de la série des *Rougon-Macquart*, qui inspire au docteur Pascal l'espoir de la régénération de la race. Il présente le premier-né de Jean comme 'la sève jeune des races qui vont se retremper dans la terre,' tandis que la femme de Jean, 'la mère gaie et simple, aux larges flancs, capables de porter un monde' (VI, 1242–3), annonce la Marianne de *Fécondité*. Pour décrire cette famille, 'ce coin de fécondité,' Zola se sert de tout le vocabulaire qu'il appliquera plus tard à l'œuvre analogue des Froment. La famille de Mathieu est en quelque sorte le prolongement de cette branche saine de l'arbre généalogique des *Rougon-Macquart*.

Cependant, par certains côtés, Mathieu ressemble fort à son créateur. Certes, le personnage a hérité de son père (Pierre Froment) certains traits physiques qu'il partage avec ses frères : 'les cheveux coupés ras, le front de la famille, large et haut.' Léon Daudet a noté, avec une pointe de malice, en parlant de Zola lui-même à cette époque : 'son front vaste et non encore plié, qu'il prêtait d'ailleurs généreusement à ses personnages, quand ceux-ci portaient quelque projet de génie, artistique, financier ou social, son front "comme une tour."'[6] Mais c'est surtout dans la pensée et dans l'action de Mathieu que Zola projette un côté de lui-même : 'Un travailleur naturellement toujours à son œuvre, et toujours des procédés d'ordre, de logique, pour arriver au but. Surtout, ne pas le faire céder au besoin de s'enrichir : le succès, la fortune qui doit en résulter n'est pas son but; son unique passion au fond est de créer, de réaliser sa pensée, de la voir debout, puis de passer à une autre œuvre pour la réaliser également. Ce que je suis, avec l'unique foi dans l'œuvre, la seule joie, la seule récompense' (f⁰ 14). Le romancier confond dans le même acte créateur ses propres efforts littéraires et le labeur de son héros. Il ajoute : 'Donc du courage, de la confiance dans le travail; mais surtout la certitude que la vie fait de la vie, que tout ce qu'on crée, crée à son tour, élargit la vie et la production, c'est-à-dire la prospérité' (f⁰ 16). C'est toute l'énergie, l'audace, la ténacité du romancier lui-même qui se manifestent ici, tout ce qu'il a hérité de l'ingénieur François Zola, son père. A vrai dire, on retrouve dans l'évocation des œuvres de Mathieu, du 'rêve,' du 'poème' de cet 'homme d'énergie et de volonté,' le même ton naïf et hyperbolique par lequel le jeune auteur du poème 'Le canal Zola' (publié dans un journal d'Aix-en-Provence en février 1859) avait loué la dernière entreprise et la personne de son père. Celui-ci est mort en 1847 au moment où il travaillait à Aix à la construction du canal auquel on devait donner son nom. Le poème de son fils est un dithyrambe à la gloire de l'homme 'inspiré,' du 'Moïse nouveau,' dont 'le vaste génie' a permis de fertiliser le 'terrain tourmenté, déchiré, sans verdure' et de transformer le 'chaos' de la nature aixoise en une terre féconde et nourricière (xv, 861–5). Mêmes postures bibliques, même pouvoir magique sur les éléments, même identification avec les forces premières de l'univers, comme on les observera plus tard chez le héros de *Fécondité* :

Il était là, pensif ... Sur sa tête divine
Le soleil envoyait une gerbe de feu.
Il était là, debout, sur la haute colline,
Dominant les rochers, semblant toucher aux cieux [xv, 84].

Il ne serait pas extravagant de croire que Zola cède encore dans *Fécondité* au besoin de représenter sinon la personne, du moins le génie de son père comme il l'imaginait. Il veut sans doute l'idéaliser encore, d'autant plus que tout récemment (dans *L'Aurore* du 28 mai 1898) il avait été obligé de défendre, contre les attaques calomnieuses d'Ernest Judet, journaliste anti-dreyfusard, le souvenir de cet homme qu'il vénérait tant, sans l'avoir guère connu (voir xiv, 1005–10).

Quant à Marianne, elle semble issue d'une lignée de femmes qu'on retrouve dans les dernières œuvres de Zola, lignée qui remonte directement à Jeanne Rozerot. Selon Denise Le Blond-Zola, la fille du romancier, celle-ci 'eut sur son œuvre une influence indiscutable : on ne peut pas ne pas la reconnaître dans Marianne et dans Josine; c'est elle, la mère toujours vaillante, toujours gaie.'[7] Marianne fait renaître Marie, la mère des quatre évangélistes, et Clotilde, la nièce et la maîtresse du docteur Pascal, qui devait, dans une version anté-

rieure du roman où elle figure, se nommer Marie, elle-aussi. Pour
confirmer ces rapprochements, il suffit de comparer le portait détaillé
que Zola fait de son héroïne aux descriptions de Clotilde et de Marie
et aux portraits de Jeanne. Voici Marianne à 24 ans :

D'une taille moyenne. Brune, de beaux cheveux noirs. Très blanche de
peau. Des hanches fortes, mais une poitrine plutôt menue; pas de gros seins.
Très bien faite, pas grasse, des muscles simplement fermes et solides. Très
blanche de peau, ce qui fait surtout son charme, à cause de ses cheveux
et de ses yeux très noirs. Toujours coiffée simplement, les oreilles petites,
délicieuses et découvertes, les cheveux relevés en un énorme chignon,
dégageant le cou souple et rond. Une face d'un ovale classique,[8] de très
grands yeux noirs, un front étroit de Cybèle, avec un nez droit, une bouche
ferme, un menton rond, le tout d'une correction grecque. Je voudrais en
somme prendre ce symbole de Cybèle, mais sans trop insister, et en
l'animant d'un souffle actuel. La mère féconde, belle, correcte, et bien
bâtie, avec des yeux de vache sacrée. Mais avec cela de la gaieté, de l'amour
dans la santé [f°s 20–1].

On retrouve les mêmes traits chez Clotilde dans *le Docteur Pascal* :
'elle était très grande, la taille mince, la gorge menue, le corps souple,
de cette souplesse allongée des divines figures de la Renaissance'
(VI, 1162), avec 'sa nuque, ses épaules adorables [qui] étaient un lait
pur, une soie blanche, polie, d'une infinie douceur' (VI, 1177).[9] Chez
Zola, la hantise de la chair persiste. C'est de cette allégresse charnelle
et de la contemplation de cette chair de femme, 'la sainte nudité,'
'l'argile idéale' dont parle Victor Hugo, que se nourrissent l'élan
d'optimisme et le flot d'hédonisme du cantique de la fécondité.

Mais le romancier opère des transformations significatives sur son
modèle réel. D'abord, une accentuation des traits classiques, car
Marianne est destinée à incarner l'idéal de la femme méridionale,
à la chair florissante et saine, aux formes régulières. C'est la madone
d'une religion naturelle, que Zola veut opposer à la beauté septentrionale, à la vierge et aux Salomés de l'esthétique symboliste. D'autre
part, la métamorphose du personnage en archétype, sous la forme
de la déesse primitive de la terre, Cybèle, qui personnifie les forces
naturelles.[10] Marianne sera même présentée comme 'la belle et bonne

mère Gigogne' (VIII, 98). Mais rappelons que ce personnage grotesque des fêtes foraines remonte aux déesses antiques de la fertilité. Elle représentait autrefois l'image de la fécondité inépuisable qui renouvelle sans cesse le genre humain. Il est évident qu'à travers le personnage de Marianne, Zola cherche à rendre à la figure souvent comique de la femme féconde toute sa force et sa dignité mythiques.

Parmi les personnages du roman qui offrent un intérêt particulier est le romancier mondain, Santerre, que Zola a créé assez tardivement pour compléter le ménage à trois chez les Séguin et fournir à Valentine l'amant nécessaire pour sa liaison adultère. Dans l'*Ebauche*, il n'est qu'un 'type à créer,' que Zola voit ainsi : 'J'en ferai volontiers un gaillard très pratique, poussant au détraquement par snobisme, la garçonnière, etc., ayant pour maîtresse Valentine qu'il détraque, et finissant par les planter toutes là et épousant sur le tard une héritière laide. D'ailleurs, ce n'est qu'une figure qui passe' (Ms 10.301, f°s 112–13). Cependant, dans le dossier des *Personnages,* on voit qu'il a gagné des attributs significatifs :

Un romancier mondain. Jouant avec les femmes, les courtisant beaucoup sous le prétexte de les étudier, et tirant d'elles tout ce qu'il peut, pour son plaisir et sa fortune ... Sa théorie du roman. Une peinture de l'amour, dans ce qu'il y a de plus élégant et de plus raffiné. Jamais l'amour d'un ménage. Fatalement, la peinture de l'adultère, de l'amour coupable. Et rien de social. Cela à fleur de peau. – Mais la clientèle assurée, les salons ouverts ... Avec cela il professe le pessimisme le plus désenchanté ... Aucune illusion sur ce qu'il fait. Un métier qu'il a pris de parti délibéré. Et simplement dupe de son orgueil qui finit par lui persuader qu'il est un écrivain. – Un simple exploiteur au fond du vice mondain [f°s 91–3].

Il est difficile de ne pas reconnaître sous ces traits un portrait chargé de Paul Bourget, ce que semblent confirmer quelques allusions voilées dans les notes du romancier. Zola a déjà fait des allusions désobligeantes au roman de l'adultère et à la conception de l'amour de son collègue dans son article 'Dépopulation' et, plus ouvertement, dans son compte-rendu de *Cosmopolis,*[11] ce qui rendait presque inévitable leur reprise dans *Fécondité.* En résumant l'ouvrage du docteur Bergeret, il glisse dans des notes sur les effets nuisibles des pratiques anticonceptionnelles la remarque suivante : 'les romans mondains, les héroïnes de B. là-dedans' (f° 287). Plus loin, dans un résumé des mêmes notes (f° 530), le lien est déjà fait : 'les romans de B. là-dedans, de mon Santerre.'

Ce n'est pas la première fois que Bourget prête des traits à un personnage de Zola. On sait que le peintre Fagerolles, dans *l'Œuvre*, est construit en partie sur le modèle du même auteur. A travers ce personnage, Zola récriminait contre un 'disciple' perdu, à qui il en voulait pour le charme et la correction d'un art élégant qui plaisait aux femmes mondaines. Comme Maupassant, Bourget s'était détaché de l'esthétique naturaliste pour se tourner vers l'étude de la vie mondaine. Il se peut même que Narcisse Habert, l'esthète de *Rome*, roman qui, par certains côtés, est une réplique à *Cosmopolis*, ait le même romancier pour modèle.[12]

De toute façon, lorsqu'il esquissait le personnage de Santerre, Zola avait toujours à l'esprit, à n'en pas douter, ce dernier roman, et surtout son héros Julien Dorsenne, romancier cosmopolite, personnage dans lequel Bourget avait mis, avec un mélange de complaisance et d'horreur, tant de lui-même. A propos de ce personnage raffiné et dilettante, Bourget note, par exemple, dans son journal : 'Cela est si vrai, cela fut si vrai de moi !' (17 juillet 1892). Tout à fait comme Santerre, 'ce curieux de nature féminine,' ce 'passant intellectuel,' se livre à une mélancolie et à un pessimisme, atténués seulement par son 'épicuréisme sentimental' : 'Toute femme, maîtresse ou amie, n'avait jamais été pour lui qu'une curiosité à satisfaire neuf fois sur dix, et cette dixième fois une volupté à goûter ou un parfum d'âme à respirer, puis un modèle à peindre.'[13] Mais sous son masque de scepticisme et d'indifférence, Dorsenne se félicite du succès de ses romans, goûtant les 'enivrements du trentième mille,' tout à fait comme Santerre qui traite son art en 'métier aimable et lucratif' (VIII, 54). L'ancien militaire Montfanon, représentant de l'esprit d'autorité et des principes chrétiens, auxquels Bourget, comme Santerre, finira par se rallier, le dénonce comme l'incarnation même du dilettantisme, 'mis à la mode par les disciples de M. Renan et qui est le fond du fond de la décadence.'[14] Curieux dialogue entre le Bourget d'autrefois, sceptique, et le nouveau Bourget, moraliste et traditionaliste !

Peut-on accuser Zola d'une certaine duplicité ? Malgré leur divergence d'idées littéraires, les rapports entre Bourget et Zola étaient en apparence des plus bienveillants. 'Il y a longtemps déjà que je connais et que j'aime Paul Bourget, dix-huit ans, je crois,' écrit Zola en 1892 (xii, 668). Depuis quelque temps, Bourget soutenait la candidature de Zola à l'Académie et celui-ci venait de défendre publiquement la cause de Bourget dans le procès avec son éditeur Lemerre, qui avait lancé sur le marché étranger une édition clandestine de *Cosmopolis*.[15] Pourtant, à voir les lettres que Zola recevait de Bourget à l'époque de *Fécondité*, il apparaît bien que Zola n'appréciait guère l'attitude de Bourget dans l'Affaire Dreyfus.[16] Voilà de quoi éveiller une vieille rancune. Donc, à travers le personnage de Santerre, Zola décoche une dernière flèche aux romanciers psychologues, alors très en vogue auprès d'un public qui s'était détourné du naturalisme. Santerre est la caricature du 'maître du roman psychologique,' auteur de *Cruelle Enigme* (1885), d'*Un Crime d'Amour* (1886) et de *Mensonges* (1887), romans dans lesquels l'intrigue ne sert que de prétexte à l'analyse des complications sentimentales de la vie, à ce que Lorrain appelait la 'psychologie de théière.' Chez les Séguin, on retrouve le ménage à trois des romans mondains de Bourget, avec la femme adultère et le séducteur, en proie à la sensualité nerveuse des jouisseurs contemporains dont Bourget s'était fait, dans sa *Physiologie de l'amour moderne*, le chroniqueur appliqué. De plus, Santerre se livre au pessimisme de pose, que Bourget était censé, par ses *Essais de psychologie contemporaine*, avoir communiqué à la jeunesse et qu'il avait transmis au héros de *Cosmopolis*. Et surtout, comme l'auteur de *Cosmopolis* et, par extension, Julien Dorsenne, Santerre recueille aisément éloges et faveurs des femmes du monde qui fréquentent les mêmes salons que lui.[17] Pourtant, en 1892 déjà, Zola a remarqué que Bourget abandonnait son rôle de dilettante et que *Cosmopolis* était une œuvre de transition qui révélait l'attirance de plus en plus nette qu'exerçait sur Bourget la foi catholique (xii, 673). Dans *Fécondité* donc, il complète le portrait, tenant compte de l'évolution récente des œuvres et de la pensée de son modèle, mais toujours dans le sens de la caricature : 'Le premier, il avait senti la faillite prochaine des romans d'alcôve, des aventures de garçonnières, et il était allé rejoindre Valentine dans sa toquade religieuse, écrivant maintenant des histoires où il y avait des conversions, où triomphait l'esprit d'autorité catholique, que restaurait la mode' (VIII, 290).

Cependant, il vaut mieux voir en Santerre un personnage de synthèse, dont la vie et l'œuvre représentent des tendances sociales et littéraires que Zola cherche à flétrir. Depuis quelque temps, Zola met dans ses romans des artistes de convictions opposées aux siennes, comme Narcisse Habert de *Rome* ou Hyacinthe Duvillard de *Paris*, qu'il prend plaisir à ridiculiser. F.W.J. Hemmings voit justement, dans *l'Impérissable Beauté*, le roman de Santerre dont il est question au début de *Fécondité* et qui sert de repoussoir au thème du roman de Zola, la parodie de la nouvelle de Maupassant, 'l'Inutile Beauté' (1890), dans laquelle le conteur prend le contre-pied de la thèse de *Fécondité*.[18] Il est possible aussi de voir dans la misogynie affectée de Santerre et dans son amour des belles reliures des allusions à l'auteur et au héros d'*A Rebours*. Enfin, il ne faut pas omettre Barrès, le Barrès du *Culte du Moi*, qui était, de par ses origines, ses ambitions politiques et sa tendance à 'intellectualiser des sensations vives,' un autre modèle de Julien Dorsenne, auquel l'auteur de *Fécondité* a sans doute pensé, car Barrès ne jouissait guère de l'estime du maître de Médan. Sur un feuillet du dossier *Divers*, on trouve cette note significative, rédigée au crayon :

A la jeunesse pour lui rendre une conscience et la rendre brave devant la vie.

Un impuissant, qui tombe au pessimisme, parce qu'il ne peut goûter la vie et qu'il accuse la vie au lieu d'accuser son impuissance.

Impuissance de la volonté, incapable de réagir contre le milieu, tombe adorateur de soi (Barrès) [Ms 10.302, f° 573].

Le personnage de Santerre, comme l'implique son nom, sert donc de défi à la génération des 'déracinés.'

PREMIER PLAN DETAILLE : LIVRES I—V (Ms 10.301)

Le premier plan détaillé est une sorte de premier moule du roman définitif. Suivant son plan sommaire, Zola rassemble et classe tous les éléments dont il dispose à ce stade et les met à leur place.

Comme pour le dossier *Personnages,* il n'est pas possible de situer entièrement l'ensemble de ces notes, car le dossier comporte plus d'une addition ultérieure. C'est un véritable dépôt de notes, provenant d'une double source : d'une part, les éléments antérieurement réunis dans l'*Ebauche* et dans les fiches signalétiques des personnages; d'autre part, des notes plus concises et des références, issues directement des notes sur les sources documentaires et visiblement admises lors d'une révision de ces dossiers. Il arrive souvent que la même note se trouve dans le plan de plusieurs chapitres. Le romancier se garde de trop s'engager et, en même temps, d'oublier quoi que ce soit. Il suit de près son plan sommaire, à tel point qu'il lui arrive même d'écrire, par inattention, le nom de Jean. C'est un travail parfait d'organisation méthodique. Puisqu'il ne s'agit toujours que des cinq premiers livres, il vaut mieux attendre que l'ensemble des plans soit prêt pour aborder l'étude de la structure et du mouvement général du roman. Précisons pourtant la nature de ces plans et ce qu'ils apportent de nouveau à la genèse du roman.

Zola est surtout attentif à préciser l'exacte fonction de chacun des épisodes, ayant toujours en vue les desseins généraux qu'il s'est proposés. C'est ici que chaque chapitre acquiert une certaine autonomie, que l'auteur prend soin de définir, sans perdre de vue l'idée générale du roman. Voici, par exemple, la justification de chacun des cinq chapitres du premier livre :

1 Chaque chapitre conclut à ne pas faire d'enfants. Ici ce sont les Beauchêne qui font ce serment [f⁰ 150].

2 Serment de Morange de ne plus faire d'enfants. Cela domine[f⁰ 159].

3 Serment des Séguin de ne plus faire d'enfants. Cela doit dominer le chapitre. Ces chapitres sont sans grand intérêt de faits, et ils ne vaudront donc que dans l'ensemble. Mathieu, à chacun d'eux, doit emporter cette sensation que les gens autour de lui fraudent, se refusent à la vie, par des calculs égoïstes, d'intérêt et de plaisir [f⁰ 164].

4 Tout le plaisir sexuel, toute la débauche improductive dans une soirée et une nuit de Paris. La semence humaine jetée volontairement à tous les vents et qui se perd [f⁰ 166].

5 Toute la campagne, si ardente et si calme, opposée au rut de Paris. La saison, les semences pour le prochain printemps, maintenant que le

printemps a fleuri. La terre attendra bientôt de nouveau les semences. Et l'amour qui recommence. Toutes les graines ainsi perdues, celles qui tombent sur les roches sèches, celles que le vent emporte dans des mauvais terrains, celles que les eaux pourrissent. Enfin l'opposition avec Paris, mais en tenant des déchets aussi. Et surtout l'invite à *l'amour fécond* par cette admirable campagne sous la nuit, toute frissonnante d'amour et du désir d'enfants. Avec Paris à l'horizon [f° 183].

Chaque partie de l'œuvre doit rentrer, vaille que vaille, dans le schéma rigoureusement préétabli. Chaque épisode doit être conforme à l'impérieuse logique des significations à dégager. Sans cesse aussi, dans ces plans, le romancier succombe à la tendance de créer des oppositions systématiques qui lui serviront à mettre en relief la morale du roman : opposition entre la situation des Froment au début et à la fin de l'ouvrage; opposition entre les Froment et les autres ménages; opposition entre Paris et la campagne.[19] Il compte ne rien laisser à la fantaisie du lecteur.

Pourtant, ailleurs, des scrupules d'artiste surgissent, un souci d'éviter l'artifice et les invraisemblances. Par exemple, il introduit chez les Séguin une conversation avec Valentine sur le roman de Santerre (1. 1, c. 3), 'de façon à ce qu'elle puisse dévier sur la fécondité' (f° 162). Pour les couches de Marianne au deuxième livre (chapitre 5), il s'avertit : 'Ne pas les faire trop faciles. Il faut que Marianne souffre beaucoup et Mathieu la soutenant' (f° 252). Il essaie aussi, à plusieurs reprises, d'éviter que Mathieu soit trop mêlé aux intrigues secondaires; mais sans trop de succès. Le personnage-cicérone, témoin délégué de l'auteur, appartient depuis longtemps à sa technique littéraire. D'autre part, ses intentions didactiques n'admettent pas trop de scrupules de ce genre.

A ce travail d'organisation et de développement s'ajoute la création tardive de nouveaux épisodes et de traits de caractère dont on ne trouve aucune évidence dans les autres dossiers. Voici la première mention de la liaison entre Sérafine et Mathieu, et de la tentation à laquelle celui-ci succombe presque, au quatrième chapitre du premier livre : 'Elle a pu le désirer, lui faire des avances avant son mariage avec Marianne. Peut-être même faut-il qu'elle ait couché avec lui, dans un coup de surprise de la chair ... La montrer déjà la diabolique, voulant le tenter. Et dire que lorsqu'il voudra, il n'a qu'à venir. Cela serait excellent pour le soir ... Et au chap. iv, il pourra avoir une courte lutte' (f°s 157–8). Puis les sentiments de Morange pour sa fille prennent une tournure plus suggestive : 'D'abord, insister sur la passion de son père pour elle (qui ne va pas jusqu'à l'inceste, mais qui moralement y ressemble). Il retrouve en elle Valérie' (f° 346). Puis, finalement, les motifs de Constance Beauchêne, complice de 'l'accident' de Blaise qu'elle laisse tomber dans la trappe ouverte sans intervenir (l. v., c. 4), deviennent ici plus clairs : 'elle le laisse aller à la mort (le jour même où elle sait que c'est la ménopause)' (f° 443). Elle n'aura donc pas l'héritier qui pourrait remplacer son fils mort; sa vengeance s'exerce sur un des fils de la famille féconde. Fidèle pour une fois aux procédés naturalistes, Zola prête ainsi au 'crime' de Constance une motivation tout à fait physiologique.

Mais ce sont les incertitudes du plan qui sont les plus révélatrices. Plusieurs scènes doivent amener une révision dans la rédaction. Le troisième chapitre du quatrième livre est le plus confus, celui qui suit la scène de la mort de Reine après son avortement et qui doit mettre en scène les Séguin : 'le ménage en perdition,' 'la vie de famille rompue' (f° 358). Zola ne veut point briser le rythme dramatique du livre : 'Après la scène violemment dramatique du chapitre précédent, il me faudrait là un drame qui ne fût pas banal' (f° 360). Il songe à faire surprendre Santerre et Valentine par la fille de celle-ci, qui envoie par la suite une lettre anonyme à son père. Puis il mêle la cuisinière, Céleste, au drame, 'en faisant de Lucie une religieuse et en poussant Gaston à tous les méfaits' (f° 365). Plusieurs fois, il exprime son mécontentement de ces données. Il n'aura la clef du chapitre que plus tard, lorsqu'il aura trouvé un autre personnage, la bonne allemande, Nora, qui, dans le roman, poussera la perfidie jusqu'à faire un trou dans la porte du salon pour que la fille des Séguin contemple sa mère dans les bras de Santerre.[20]

En général, Zola est gêné par le fait qu'il ne sait pas encore comment se terminera le roman. La dernière partie de l'*Ebauche* reste à faire. Ce sont surtout les derniers chapitres de ce plan qui sont les plus indécis. La réapparition du fils illégitime de Beauchêne et de Norine apportera bien des modifications à ces derniers épisodes. Pour éliminer ces indécisions et ces lacunes et pour pouvoir dresser la charpente du roman, le romancier ne peut plus laisser le dernier livre en suspens.[21]

EBAUCHE : DERNIERE PARTIE (Ms 10.301, f°s 119–36) (ET PLANS DU LIVRE VI)

Zola a certainement retardé la préparation de la dernière partie de son roman dans l'intention d'y décrire l'avènement d'une société meilleure par l'extension de la fécondité des Froment. Mais il a dû voir ce qu'un tel projet, une fois commencé, avait d'irréalisable. Il a ses intrigues complémentaires à dénouer, et encore dans le sens du malheur. Il lui reste à montrer les malheurs qu'amène la transgression des lois de la fécondité. Il est aussi poussé à accumuler des épisodes noirs, pour mettre en relief le bonheur des Froment. Lorsqu'il reprend son *Ebauche*, loin de décrire une société nouvelle, Zola en est toujours à condamner l'actuelle. Bien que les Moineaud représentent le salariat qu'il s'agit d'affranchir, le romancier leur prépare un autre destin : 'La semence sociale perdue, gâchée par l'organisation capitaliste. Victor est resté à la fabrique, où il mène la vie de son père; comme son père, il prolifère et mourra dans la misère' (f° 134). Aucun espoir dans l'avenir, semble-t-il, sinon pour les Froment.

C'est donc pour pousser au noir son tableau de la société actuelle que Zola écrit au début de cette dernière partie de l'*Ebauche* : 'Je veux consacrer un chapitre à l'enfance abandonnée et criminelle, le chapitre I du Livre sixième ... Une peinture de la mauvaise semence sociale jetée à la rue, devenant de la moisson de brigandage. L'enfer social par ce moyen' (f°s 119, 122). Zola va ajouter un autre tableau de mœurs à son roman. Il n'a qu'à reprendre les exploits de Lydie, Bébert et Jeanlin dans *Germinal*, de Delphin, Nénesse et la Trouille dans *la Terre*, ou surtout de Victor, le fils adultérin de Saccard, qui, dans *l'Argent*, illustre le gaspillage de la fécondité dans la misère sociale. L'auteur organise, parmi les Moineaud et les enfants abandonnés chez la Bourdieu, une bande de jeunes criminels. Pour les besoins de l'intrigue, Alexandre-Honoré, le fils de Norine et Beauchêne, doit y figurer. Il y aura aussi Alfred Moineaud, pour ajouter une signification au tableau : 'C'est le petit que la Moineaude avait dans ses bras au Livre premier, lorsqu'elle est venue chez les Beauchêne et c'est lui dont il serait mieux de faire un vaurien, avec son oncle Alexandre, sans que cela empêche d'y mettre un fils de Cécile, ou une fille, ce que j'aimerais mieux. Un coin de vice, de souteneurs, de filles jeunes et prostituées; un coin affreux' (f⁰ˢ 134–5).²² Le romancier vient d'imaginer l'épisode de l'assassinat de Mme Angelin (1. VI, c. 1) : 'Alors, le coup est donc celui-ci. Alexandre qui voit venir madame Decloux [c'est-à-dire Mme Angelin] chez sa mère, veut la voler, avec la complicité de ses petits cousins et d'autres. Ils croient qu'elle a de l'argent, et ils la guettent, ils l'étranglent' (f⁰ˢ 122–3). Elle non plus ne saura échapper au châtiment des inféconds.

D'autres combinaisons sont à trouver dans ces pages. D'abord, l'auteur renforce les rapports entre Morange et Constance Beauchêne. Celle-ci, le premier des personnages principaux que Zola cherche à 'finir,' a gagné en stature. Il veut 'la garder très haute et très rigide, attendant d'avoir raison, de voir le malheur frapper sur la famille trop nombreuse.' 'Je lui garde son attitude haute,' ajoute-t-il, 'sa protestation, sans fils, même sans mari, mais faisant par sa seule présence que l'usine n'est pas entièrement à Denis, maître maintenant' (f⁰ 124). Quant à Morange, qui sait qu'elle était complice de la mort de Blaise, c'est le suicide qui l'attend, par la même trappe qui a tué Blaise. Chose curieuse, Zola imagine cet épisode avant de penser à le faire accompagner par la mort d'Alexandre. Mais l'idée n'est pas longue à venir. Le romancier ajoute : 'Mais cela n'a pas de contre-coup sur Constance. Il faudrait qu'il la dénonçât auparavant' (f⁰ 124). Il lui vient donc l'idée de punir Constance au moyen de la mort d'Alexandre-Honoré, le fils illégitime de Beauchêne et de Norine, par qui elle voulait faire restituer à sa famille les droits de propriété sur l'usine. Le romancier peut ainsi nouer quelques-uns des fils de son intrigue : 'Morange, décidé à mourir, fait mourir Alexandre avec lui ... Il se tue d'une façon qu'il croit utile. – Je fais coucher le lendemain Constance, dans un grand tremblement. Elle refuse de répondre à Boutan, elle se tourne contre le mur, et meurt' (f⁰ˢ 126–7). Un autre épisode lui attire des ennuis : 'J'ai Sérafine qui m'embarrasse beaucoup, et je voudrais la finir et finir Gaude, sans trop de drame, mais tout de même d'une façon inoubliable' (f⁰ 130). Celui-ci est voué à la castration et celle-là à la folie. Zola imagine d'abord un incident grand-guignolesque. Une fille vicieuse, femme de chambre de Sérafine, se fait soigner par le docteur Gaude, encore 'gaillard' pour ses soixante-quinze ans. Sérafine attend dans une pièce voisine et 'puis, à un signal convenu, elle entre et aide la fille à châtrer Gaude qui s'est déculotté' (f⁰ 132). Mais le romancier se ravise, refrène son penchant pour les scènes outrées et trouve une solution peu compromettante : le récit de l'aventure par Sérafine affolée, 'comme si elle avait réalisé son rêve, avec toutes les châtrées' : 'Est-ce vrai, est-ce faux ? Je ne conclus pas. Cela vaut mieux' (f⁰ 132). Ce châtiment violent (qu'il ait eu lieu ou non) a un sens tout cérémonieux et symbolique qui rappelle la vengeance collective que les femmes du coron exercent dans *Germinal* sur le corps de Maigrat, car dans le récit que Sérafine fait de la scène dans *Fécondité*, elle évoque toute 'une bande, une armée, un peuple, une ruée de cent mille infécondes dont auraient craqué les murs du cabinet de consultation, dans la sauvagerie de leur vengeance' (VIII, 467). Cette scène amène aussi la fin de Sérafine, car Zola note ensuite dans l'*Ebauche* : 'je la fais enfermer dans une maison de santé huit jours après' (f⁰ 132). Pourtant, il se permet d'ajouter un morceau à effet, prenant des libertés avec sa source : [23] 'Elle a la folie obscène, dit des paroles immondes, fait des gestes abominables. Effet de la castration, les désirs contrariés la détraquent' (f⁰ 133).

'Finir' les autres personnages présente moins de difficulté pour le romancier, qui s'en acquitte dans les dernières pages de l'*Ebauche*. 'Beauchêne sera installé chez des filles, gaga. Il mourra plus tard, sans drame' (f⁰ 127). Valentine, mondaine jusqu'au bout, s'adonne à une société de bienfaisance; Zola lui épargne la mort. Mme Lepailleur aura moins de chance, mais rien ne nous laisse prévoir encore les circonstances dramatiques de sa fin. En revanche, Séguin échappera, dans le roman, à l'accident de sport dont il meurt dans ces pages, de même que la Couteau jouira d'un heureux et tranquille mariage, au lieu d'être réduite, comme elle l'est ici, à la mendicité; pour une fois, le moraliste-justicier fera place au réaliste ironique.

Suivant sa méthode habituelle, Zola procède ensuite à l'élaboration du plan général et du plan détaillé du dernier livre. C'est surtout le plan du dernier chapitre qui doit nous retenir. D'abord, il importe de remarquer qu'on n'y trouve aucune trace du contenu du récit que va

faire le fils de Nicolas Froment sur le domaine de celui-ci au Soudan.[24]
Mais il est surtout significatif de voir Zola essayer de formuler une
conclusion théorique pour son roman. Ses recherches l'ont mis en
présence de certaines idées qu'il reprend, par acquit de conscience,
telles que les théories les plus séduisantes de Nitti. Mais il est bien
évident que ces lectures théoriques ont peu influé sur la marche de
l'œuvre. Zola essaie encore d'utiliser ces idées et de les faire siennes,
avec un manque surprenant de précision : 'La civilisation établissant
l'équilibre, loi de Spencer, je crois – La fécondité est humanitaire et
révolutionnaire. Au-delà de la patrie, le monde; au-delà d'une
nation, l'humanité; et pourquoi pas la fécondité qui peuplerait toute
la terre ?' (f° 547). Il croit même que son roman mène aux mêmes
conclusions que les hypothèses de Nitti : 'Je songe que si j'ai une
partie utopique à la fin, il faut que je la base sur une meilleure
distribution de la richesse, l'égalité économique établie comme l'égalité
politique. Une démocratie où les mœurs sont simples (et belles) et
où chacun est à sa place (pas de capillarité)' (f° 547). Il va même
plus loin que l'économiste italien, sans s'en rendre compte, tout en
croyant qu'il prépare le terrain pour les autres romans de la série :
'C'est où Mathieu doit aboutir avec Nitti, au socialisme, à la solidarité,
à mes trois autres volumes : Travail, Vérité, Justice. Le peuple est
créé' (f° 548). Mais voici ce que le futur auteur de *Travail* (le roman
'socialiste' de la série des *Quatre Evangiles*) écrit au feuillet suivant :
'Ce sont les mieux adaptés au milieu qui résistent et non les plus
forts. L'égalité une folie, le nivellement de l'humanité et du monde
impossible' (f° 549). Il n'ignore pas que Mathieu est loin d'être un
héros social et qu'il n'y a pas de leçon socialiste à tirer de l'exemple
des Froment : 'Songer que la conquête par Mathieu et ses enfants
montre de la rapacité. C'est la loi du plus fort. Ils ne devraient conquérir que le suffisant. M'inquiéter de cela, résoudre la difficulté.
D'abord, leur conquête est involontaire, sans rapacité. La mettre dans
l'ordre naturel. Puis la leur faire corriger, soit qu'ils rendent, soit
qu'ils associent les ouvriers, etc., dans une pensée de *solidarité*' (f°
524). Mais la conquête des Froment a déjà pris son plein essor. Il est
trop tard pour avoir de tels scrupules.

C'est donc dire qu'il faut chercher ailleurs que dans ces théories
d'emprunt l'expression des vrais mobiles du romancier et le fil con-

ducteur de ses dernières œuvres. D'abord, il y a l'exaltation des forces créatrices de la vie : 'Un hymne ici au travail, pour relier ce roman au suivant. La fécondité qui crée, donne des instruments au travail, et elle est elle-même du travail, de l'action, l'action première qui engendre, qui crée' (f° 548). D'autre part, et surtout, une vénération pour les lois de la nature, doublée d'un mépris pour ceux qui s'en détournent : 'Les montrer [les Froment] tous sains, bien portants, s'adorant, prêts à s'aider et à se soutenir, d'une gaieté honnête, surtout dans l'ordre naturel, sans perversion, arrivés à cet équilibre et à ce bonheur, par la vie vécue normalement, par la nature prise pour guide et souveraine maîtresse' (f°s 535–6).

Ainsi s'explique le disparate que constateront certains critiques contemporains entre les pensées et les actes de Mathieu et de sa famille. C'est que le romancier, comme il est arrivé ailleurs, n'a pas réussi à harmoniser les diverses phases du processus génétique. Certaines idées socialisantes que Zola a puisées dans le livre de Nitti, ne s'accordent point avec les principes et les valeurs que la conquête glorieuse des Froment va réaliser. Comment expliquer une telle inconséquence ? Est-ce que c'est l'effet chez Zola de ce que Barbusse appelle 'l'absence d'un certain fond homogène de culture,' source de 'l'empreinte très marquée, parfois même excessive, que ses lectures ont laissé à Zola' ?[25] Ou bien, c'est peut-être le résultat du même doute de lui-même, qui poussait Zola à vanter les recherches qu'il avait faites pour chacun de ses romans; vaille que vaille, il avait besoin de l'appui moral des théories courantes. Ou bien, est-il victime de ses méthodes, d'une rigueur superficielle ? 'Après trois heures de travail sans distraction,' remarque René Ternois, 'il s'arrête, comme un écolier qui a fini sa tâche. Le reste de la journée, il ne pense plus à son livre; il ne lui arrive jamais d'avoir à noter une idée ou une phrase.'[26] Le roman n'a pas subi la perpétuelle révision critique qui aurait évité l'introduction d'éléments contradictoires. Mais surtout, il faut reconnaître que les succès individualistes de la vie de Mathieu et les pensées sociales que celle-ci semble démentir, pour incompatibles qu'ils soient, proviennent du même esprit, porté tour à tour vers des soucis d'intérêt social et d'affirmation personnelle. Dans la préparation de *Fécondité*, l'éveil de la conscience sociale, chez Zola, est intervenu trop tard pour détourner l'impulsion de l'œuvre et trouver un compromis satisfaisant entre ces deux tendances. La préoccupation du bien commun qu'on retrouve dans les réflexions de son héros a été seulement superposée à une œuvre qui exalte l'esprit d'entreprise individuel.

On a vu que la préparation de *Fécondité* s'est effectuée en tous points comme celle de n'importe quel roman de Zola, qui n'a pas changé de méthode pour entreprendre ce nouvel ouvrage. C'est toujours à partir de l'*Ebauche* qu'il dirige les opérations de la création, en ajoutant de nouveaux éléments au fur et à mesure de ses lectures et des caprices de son inspiration. Ensuite, toute cette matière romanesque a été transposée comme d'habitude, dans les plans préliminaires et dans les fiches des personnages, sans que l'auteur cesse d'y apporter de nouvelles données, en attendant qu'elle prenne sa forme définitive au moment de la rédaction et par l'intermédiaire du deuxième plan détaillé.[27] Il y a pourtant une différence sensible dans la façon dont Zola a dirigé cette mécanique de création romanesque. L'auteur a été beaucoup moins soucieux ici de s'abandonner au flux de la vie qu'il ne l'avait été dans ses *Rougon-Macquart*. Les faits essentiels du roman ne se sont guère imposés au romancier. Il les a cherchés et les a inventés pour les besoins de sa thèse. Il a fallu que tout concoure à démontrer la raison de la fécondité. Il s'était proposé au début un but précis et rien n'a pu l'en détourner. Le moment est venu de rédiger. Pourtant, un élément capital manque à tout cet amas de notes préparatoires. Zola ne se bornera pas, lorsqu'il en viendra à rédiger son œuvre, à exposer une thèse par la disposition calculée des éléments qu'on l'a vu accumuler. Il s'est promis aussi de faire des 'poèmes,' d'étaler la beauté de la vie de son héros. Pour cela, il fera appel à des réserves moins conscientes de son génie, tout à fait étrangères à l'enquête mesurée qu'il a menée jusqu'ici. Mais ce n'est qu'au moment de la rédaction que l'œuvre sera marquée par le lyrisme spontané de l'auteur, par la chaleur de son empreinte personnelle, par tout ce qui animera et poétisera l'œuvre, pour en faire un 'cantique' à la vie.

7

La Rédaction et la publication

L'EXIL

Lors de son deuxième procès, Zola est appelé devant la Cour d'Assises de Versailles, le 18 juillet 1898. Au cours de la séance, les événements tournent au détriment du romancier. C'est alors que, comme nous l'avons déjà vu, sur les avis de son défenseur, Me Fernand Labori, il décide de faire défaut. Il est condamné à la même peine qu'avant : un an de prison et 3000 francs d'amende. On se réunit en conseil de guerre chez l'éditeur Charpentier, avec Labori et les principaux partisans de la révision. Il faut gagner du temps, pour éviter qu'on ne signifie à Zola l'arrêt de Versailles, et pour tâcher, à une heure plus favorable, d'établir en vue de la réouverture du procès la 'connexité' entre les poursuites du romancier et le jugement rendu contre Dreyfus. Pour ce faire, tous s'accordent pour persuader Zola de quitter la France. A contrecœur, il choisit l'exil au lieu de la prison. Le pays d'élection est l'Angleterre, refuge habituel des exilés politiques. Cinq ans auparavant (en septembre 1893), Zola y avait fait un premier séjour triomphal en sa qualité de président de la Société des Gens de Lettres. Il sait qu'il peut compter sur l'accueil bienveillant de son traducteur anglais, Ernest Vizetelly. Il pense aussi, sans doute, à l'exil de Victor Hugo. 'Le 18 juillet 1898 restera, dans ma vie,' écrira Zola plus tard (dans *L'Aurore* du 5 juin 1899), 'la date affreuse, celle où j'ai saigné tout mon sang. C'est le 18 juillet que, cédant à des nécessités de tactique, écoutant les frères d'armes qui menaient avec moi la même bataille, pour l'honneur de la France, j'ai dû m'arracher à tout ce que j'aimais, à toutes mes habitudes de cœur et d'esprit.' Il prend l'express de Calais le même soir, 'avec une chemise de nuit pliée dans un journal.' Il arrive le lendemain dans la capitale anglaise qui, comme il sied, est brumeuse et pluvieuse.[1] Zola ne soupçonne point que son 'exil' durera onze mois. Il aura l'espoir d'un retour immédiat le 31 août, lors du suicide du colonel Henry. Mais, ouverte le 29 octobre par la Cour de Cassation, l'enquête traînera. Ce ne sera que sept mois plus tard, le 3 juin 1899, qu'elle cassera le jugement de condamnation de Dreyfus et que Zola pourra regagner immédiatement la France.

Par tempérament, personne n'est moins fait que lui pour passer par une telle épreuve. 'Moi qui ai l'horreur du voyageur,' écrit-il dans son journal, 'qui suis un sédentaire presque maniaque, à l'aise uniquement dans mes vieilles habitudes, je n'ai pas du tout le sens de l'étranger, je m'y trouve horriblement dépaysé, en proie au malaise de tout ce nouveau que je ne comprends pas et qui me choque' (xiv, 1140). Il est doublement esseulé. Il ne se rappelle pas un mot de l'anglais qu'il avait appris au collège d'Aix et ne fera que tardivement de pénibles efforts pour suivre, à coups de dictionnaire, les événements en France dans les journaux anglais. La nécessité du secret exige des changements de domicile. Il souffre avant tout du déchirement de ses habitudes et de la rupture du rythme de sa vie réglée parmi ses biens, ce qu'il essaie de rétablir à travers la rédaction de son roman.

Pourtant, si l'incognito lui interdit beaucoup de visites, il reçoit quelques amis. Puis, le 11 août, Jeanne Rozerot amène les enfants, qui restent auprès de leur père jusqu'au 15 octobre. Au cours des vacances de Pâques, ils reviennent. Pendant presque toute la durée de l'hiver, il est réuni avec sa femme.[2] Il n'est jamais tout à fait seul. Un autre aurait mené une vie tolérable, même agréable, dans de telles circonstances. Mais Zola reste malheureux. Dans ses notes et dans sa correspondance, on voit des crises de détresse alterner avec des périodes de stoïque résignation. Les nerfs du romancier ne sont pas pourtant à l'échelle de son courage. Il retombe presque dans l'état morbide qu'il avait confessé dans *la Joie de Vivre* et dans *la Mort d'Olivier Bécaille* et dont on retrouve dans ses *Pages d'exil* les mêmes symptômes : claustrophobie, hallucinations, crises nerveuses au moindre événement fâcheux. Il s'étonne même de son propre ébranlement : 'C'est singulier, l'angoisse revient en moi par grandes ondes, sans motifs apparents. Après des heures de calme, je suis repris d'une désespérance qui vient je ne sais d'où' (XIV, 1150).

Il a pourtant une grande consolation : son roman, *Fécondité*. Le 2 août, Zola déballe ses dossiers,[3] organise sa petite table de travail, non sans quelque appréhension. Ce travail qu'il va entreprendre est comme une nécessité subjective, une sorte d'impulsion d'auto-thérapie : 'Si je ne travaille pas, si je ne me remets pas à ma tâche quotidienne, je sens que je vais tomber dans une noire hypocondrie ... Je ne demande que la force de continuer et d'achever l'œuvre nouvelle, même au milieu de la tempête. Elle va m'être, je l'espère, un grand réconfort. Comme tant de fois déjà, au milieu des plus grandes souffrances morales, le travail me tiendra debout' (XIV, 1150–1). Il faut absolument que cet anxieux retrouve le train-train de ses habitudes et, dans ce roman qui va décrire le bonheur familial, les attachements et les tendresses qui lui manquent. Loin de gagner en substance des événements de l'Affaire, son roman forme une sorte de contre-opération par laquelle l'auteur réduit les tensions qu'elle a provoquées. Il va s'oublier, regagner sa santé morale dans la peinture lyrique et optimiste de la vie saine et conquérante de son héros.

DEUXIEME PLAN DETAILLE (Ms 10.301)

Avant de commencer la rédaction de chaque chapitre, Zola ordonne, dans le deuxième plan détaillé, les éléments qu'il va contenir.[4] C'est le plus utilitaire des dossiers préparatoires, celui qui annonce de près le roman définitif. Même s'il ne rassemble pas dans ces feuilles toutes les données de tel ou tel chapitre, on y trouve des mémentos et des renvois pour celles qui manquent. Ce plan manifeste tous les change-ments occasionnés depuis le premier plan détaillé, et dont beaucoup ont été faits à travers les notes du dossier *Divers*, souvent postérieure-ment à la rédaction des chapitres préalables. Parfois, un nouvel élé-ment a été introduit, sans qu'il y en ait trace dans les autres dossiers. Les hésitations y sont rares. Il n'y a que de menus détails d'intrigue qui manquent, dont le plus important est la querelle des deux sœurs, au chapitre 3 du deuxième livre.

Il importe d'insister sur l'effort d'organisation qui est en évidence dans ce plan, car, comme nous l'avons déjà vu, c'est dans les *Evangiles* que Zola pousse à l'extrême ses soucis d'ordre et de symétrie dans l'ordonnance des matières de ses romans. Chaque chapitre est réduit ou élargi, tant bien que mal, pour occuper une moyenne de cinq ou six pages du plan. Avec sa hantise des chiffres, le romancier cherche même à agencer les épisodes de façon à ce qu'ils se déroulent dans un nombre prédéterminé de pages.[5] Ce procédé d'uniformisation s'effectue par un contrôle rigoureux des techniques de narration. Tel épisode sera rédigé 'en récit'; un autre 'en action.' Ici un résumé, là une scène ou un dialogue. Zola se donne de telles instructions à travers tout son plan. Pour le cinquième chapitre du quatrième livre, par exemple, il n'a que l'épisode de la mort de Maurice Beauchêne; il se charge donc d'en faire une longue scène. Ainsi, par l'alternance délibérée d'une technique dramatique et narrative, Zola s'assure que le roman acquiert sa forme régulière.

LE MANUSCRIT

Dans son livre *With Zola in England*, Ernest Vizetelly affirme que Zola aurait poursuivi ses recherches documentaires en Angleterre. Il signale surtout une étude récente du malthusianisme, que lui avait envoyée l'auteur, le révérend Richard Ussher.[6] Pourtant, il est fort douteux que Zola se soit servi de cet ouvrage, et cela pour plus d'une raison. Il ne lisait pas l'anglais et n'avait ni le temps ni la patience de subir la lecture par Vizetelly d'un ouvrage aussi touffu et si peu en harmonie avec ses propres idées. Il est vrai que le pasteur anglais cherche à combattre le même mal social que Zola; il puise même des citations dans l'article du romancier sur la dépopulation et dans *le Docteur Pascal*. Mais il envisage tout autrement le problème. Il plaide la cause des réformes fiscales et de la diffusion de la moralité chrétienne. Il va même jusqu'à préconiser le 'moral restraint' de Malthus, pour éviter le danger du surpeuplement dans le cas où il en serait question. D'autre part, Ussher n'a rien à lui apprendre. Il marche sur les traces de Gonnard et de Nitti, dépouillant surtout le livre de ce dernier. Finalement, Zola n'a pas le loisir de faire d'autres recherches. Il se remet à son roman le 2 août et commence à le rédiger le matin du 4 août. En ce qui concerne son travail, ses journées sont désormais prises.

Lors de la publication de *Fécondité* en volume, Zola rappelle ainsi l'époque où il amorçait son roman :

Je commençais mon premier chapitre, le 4 août 1898. J'ai noté la date parce que je voulais vérifier si mes autres préoccupations ne m'empêcheraient pas de donner la somme de labeur quotidien dont j'ai coutume. Cela marcha parfaitement. Je ne lisais aucun journal; je ne voyais personne. J'étais tout au plaisir de faire vivre peu à peu mes personnages. J'écrivais, comme je le faisais en France, toute la matinée, et l'après-midi, je faisais une course à bicyclette. J'étais donc dans d'excellentes conditions pour produire.[7]

Zola est fier des habitudes de travail régulières et disciplinées qui lui ont valu tant de volumes. Vers la fin de sa vie, comme un vieux chêne séculaire qui étend ses rameaux, il ne cesse de produire. Ses trois pages réglementaires sont augmentées au nombre de cinq. Il n'a plus à souffrir les douleurs de l'enfantement d'un Claude Lantier, d'où sont sortis ses meilleurs romans. Depuis quelque temps – depuis Jeanne sans doute – la création littéraire est devenue pour lui plus facile.

Surtout au début, la rédaction va de bon train. Le 6 août, le romancier note dans son journal : 'Mes matinées sont très heureuses, je vois nettement mon sujet, qui est fort complexe, et je travaille sans fièvre, de l'excellent travail pour moi' (XIV, 1152). Sa correspondance et ses *Pages d'exil* permettent de suivre pas à pas les stades de la création du roman. Le 10 août, le premier chapitre est terminé : 'Maintenant me voilà solidement à l'œuvre, il n'y a plus qu'à continuer.' Légère interruption le 27 août, lorsque, à l'expiration du bail de 'Penn,' la maison qu'il occupe depuis le 1er août, située près de Weybridge dans le Surrey, il s'installe dans une autre maison meublée, 'Summerfield,' à Addlestone, un des villages voisins. Pourtant, le 11 septembre, il met à terme le premier livre et, le soir, il écrit à sa femme : 'Depuis cinq semaines que j'ai commencé mon roman, je n'ai perdu que deux matinées : celle où j'ai changé de maison et celle où la nouvelle des grands événements m'est arrivée.[8] Tu vois que me voilà d'aplomb, car la régularité du travail est le balancier même qui règle ma vie.'

Néanmoins, la mécanique a bien ses frottements. Vers la fin de septembre, la mort de son chien et les froissements qu'éprouve sa femme lorsqu'il reçoit avant elle Charpentier (avec Jeanne et ses enfants), laissent Zola 'physiquement et moralement brisé'; ce qui lui coûte un mois de travail, tellement il a les nerfs à vif. Il reprend la tâche le 20 octobre, ayant quitté la campagne dix jours auparavant pour passer l'hiver et le reste de son 'exil' à Londres. Là, il soutient son effort à tel point qu'au milieu de décembre, il est à la moitié du roman. Le 22 mars, le dernier livre est abordé. Depuis quelque temps, il guette une occasion pour revenir en France. Il espère pourtant pouvoir terminer son roman avant son retour, 'ce qui me rendrait ensuite,' écrit-il le 6 avril, 'tout à fait libre de mes mouvements.' Enfin, il peut écrire au dos de la dernière page du manuscrit : 'Fini le 27 mai 1899, samedi, à Upper Norwood, Angleterre' (Ms 10.300, f⁰ 1006). Une semaine plus tard, la Cour de Cassation prononce en faveur d'une révision. Résolu à rentrer en France 'immédiatement après l'arrêt, quel qu'il soit,' il prend le bateau de nuit, le 4 juin. Il arrive à Paris le lendemain, avec, dans sa malle, le manuscrit du roman le plus ensoleillé de son œuvre, né des brumes et des soucis de l'hiver londonien.

LA PUBLICATION ET L'ACCUEIL DE LA CRITIQUE

Bien avant l'achèvement de l'ouvrage, *Fécondité* est destiné aux colonnes de *L'Aurore*. Dès le début de l'année 1899, le directeur du journal, Ernest Vaughan, presse le romancier de faire paraître immédiatement son œuvre. Mais Zola, avec ses instincts de publicité, consulte son propre intérêt et conseille plus de circonspection et une tactique plus habile. Il se rappelle sans doute l'indifférence de la critique, lorsque, au plus fort du tapage de l'Affaire Dreyfus, *Paris* a paru :

Je continue à penser que, pour le journal comme pour moi, il vaudrait beaucoup mieux attendre le mois de mai. D'abord, je n'ai pas fini, je crains toujours que quelque brusque complication ne vienne m'arrêter. Ensuite, tant que *L'Aurore* aura l'Affaire Dreyfus, elle aura son intérêt; et ne serait-ce pas adroit de garder *Fécondité* pour le lendemain de l'Affaire, lorsqu'elle n'emplira plus les colonnes ? Enfin, si nous sommes victorieux, comme je l'espère encore, mon autorité aura doublé, vous publierez

L'annonce de *Fécondité* dans *L'Aurore*. Dessin de Raymond Tournon

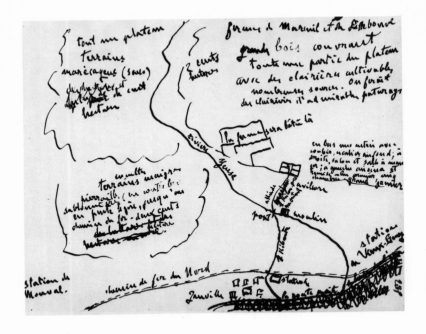

Plan de Chantebled. Dessin d'Emile Zola. Phot. BN Ms 10.302, f° 235

'Elle avait la peau d'une blancheur de lait, qu'accentuaient encore ses admirables cheveux noirs, relevés simplement en un énorme chignon, et ses grands yeux noirs, d'une douceur d'amante et de mère, d'un calme sacré de bonne déesse féconde.' (*Fécondité*, VIII, 80; voir p. 129 ci-dessus) Phot. le docteur François Emile-Zola

Fécondité, caricature. De Jean et Hélène Adhémar, etc., *Zola*
(Paris : Hachette 1969)

l'œuvre d'un vainqueur, dont le nom jusque-là, ne sera pour beaucoup qu'un cri factieux [lettre du 19 février 1899].

C'est bien au mois de mai que le roman paraît dans *L'Aurore*,[9] quoique la décision de la Cour se fasse toujours attendre. La publication en feuilleton s'étend sur 136 épisodes, du 15 mai au 4 octobre 1899. Le roman paraît en librairie le 12 octobre de la même année.[10]

Dans la biographie de son père, Denise Le Blond-Zola note que *Fécondité* a paru au moment où la guerre du Transvaal préoccupait l'attention du public et, de plus, que la presse nationaliste a pris le parti de passer sous silence le roman de son adversaire.[11] Néanmoins, à cette époque, la publication d'un roman de Zola est toujours un événement littéraire que peu de critiques peuvent laisser passer sans commentaire. En fait, les comptes rendus de *Fécondité* offrent une intéressante variété de jugements et d'échanges de vues. Le roman suscite un éventail de réactions, allant de l'enthousiasme le plus chaleureux à la moquerie et au dédain. Souvent, comme il fallait s'y attendre, on y décèle l'influence des attitudes issues de l'Affaire Dreyfus. Pourtant, les comptes rendus les plus pertinents jugent *Fécondité* avec une pénétration que la critique moderne n'a guère atteinte. Il importe d'en choisir l'essentiel, surtout parmi ceux qui, catholiques, socialistes, symbolistes, naturistes, représentent les diverses tendances de la critique de l'époque de *Fécondité*. Pour la plupart, ces critiques sont loin d'être élogieuses; à vrai dire, leurs sévérités les plus réfléchies fournissent souvent les remarques les plus instructives sur le roman de Zola.

Certains critiques sont portés à glisser sur les défauts du roman et à s'enthousiasmer de 'l'Evangile' de Zola. Dans *Les Droits de l'Homme* du 22 octobre, le romancier Paul Brulat est prêt à tolérer les longueurs de l'œuvre : 'Le bon Homère lui-même sommeille parfois, au dire d'Horace.' Il considère que Zola sort 'plus complet et plus haut' de ce nouveau roman. Il trouve admirable qu'un écrivain, au terme presque de sa longue carrière, 's'efforce de renouveler sa forme, sa manière et sa vision artistique.' Il approuve la vision du poète 'qui prend son désir pour la réalité.'[12] Il est le seul critique à noter le lien commun entre le romancier et son héros : 'Le bon Mathieu, c'est

Zola lui-même, dont le cerveau créateur a mis au monde plus de trois cents personnages, une arche immense où s'exaltent d'une formidable intensité de vie, hommes, femmes, enfants, bêtes et plantes.' Octave Mirbeau, qui, de plus en plus à cette époque, fait œuvre de propagande sociale, pense de même. 'Nous ne devons pas,' écrit-il dans *L'Aurore* (29 novembre 1899), 'nous arrêter à ce que nous pouvons, ça et là, trouver d'illogique et d'arbitraire en cet Evangile.' C'est un 'poème' qui 'épouvante' et qui 'charme.' 'C'est toute réalité et tout idéal, un pamphlet et une leçon, une utopie et un microcosme.' Puis Mirbeau, qui avait participé énergiquement lui-même à la lutte pour la réhabilitation de Dreyfus et qui avait entretenu une correspondance continue avec Zola pendant 'l'exil' de celui-ci, se laisse emporter par l'admiration qu'il voue au 'grand citoyen' : 'Et, en lisant *Fécondité*,' écrit-il, 'à chacune de ces pages ardentes, passionnées, j'éprouvais aussi, comme un attendrissement indicible, pour cette sorte de thaumaturge qu'est Zola, qui détruit pour mieux reconstruire, et qui, plus grand, plus sincère, plus optimiste que jamais, à travers les injures et l'incompréhension, d'impasse en calvaire, d'arènes où rugissent les fauves en ruelles sombres où s'aiguisent les couteaux, d'exil en prétoire, parcourt, pour la gloire du monde, sa carrière d'homme et de dieu.' La même estime pour le défenseur de Dreyfus incite Lucien Victor-Meunier aussi à se livrer à un enthousiasme débridé : '*Fécondité* ! ' écrit-il dans *Le Rappel* (16 octobre 1899), 'Jamais poème de la vie ne fut écrit plus puissant, plus large ... C'est la revanche de la vie sur la mort. C'est la proclamation auguste et solennelle des droits et des devoirs de l'humanité.' Le dreyfusard acharné est le premier critique à évoquer le nom de Victor Hugo et ses 'rêves utiles' pour parler de *Fécondité* : 'Ainsi les génies se rencontrent et se pénètrent l'un l'autre dans les hautes sphères en lesquelles, au-dessus des nations attentives, ils se meuvent, magnifiquement.' Selon lui, Zola reprend la tâche de Rousseau, la régénération d'une 'société usée, diminuée chaque jour en force et en nombre, empoisonnée par ses vices, stérile parce qu'impure.' Zola est 'la gloire incontestée des lettres françaises'; il apparaît dans cet ouvrage 'comme supérieur à tout ce qu'il a déjà donné de lui-même, comme transfiguré.' Voici l'explication que le critique donne du phénomène : 'Entre *Fécondité* et les livres qui l'ont précédé, il s'est passé ceci que Zola s'est jeté, intrépidement, dans l'action ... S'il n'avait pas délivré Dreyfus, il n'aurait pas trouvé dans son cerveau, dans son cœur, les matériaux qu'il fallait pour bâtir *Fécondité*.' Zola a tellement fait vibrer l'âme de son converti que, dans une apothéose finale, celui-ci se prosterne : 'Longtemps je suis resté là, regardant les étoiles, songeant, humble petit soldat de l'Idée, avec une émotion religieuse, avec une gratitude infinie, à tous ces grands révolutionnaires, bienfaiteurs de l'humanité, qui ont créé la France et la sauveront, à ces pétrisseurs de cerveaux, à ces remueurs de pensées, à ces faiseurs d'hommes : Rabelais, La Fontaine, Molière, Voltaire, Jean-Jacques Rousseau, Victor Hugo, Emile Zola ..... O génies !'[13]

Non moins admirateur de l'action héroïque du défenseur de Dreyfus, l'économiste Yves Guyot, qui avait rendu visite à Zola dans son lieu d'exil, ne se laisse pas influencer par son admiration. Dans son compte rendu de *Fécondité* pour *Le Siècle* (13 octobre), journal qu'il dirige, il se montre plutôt évasif, préfère diriger ses remarques sur *les Rougon-Macquart* et sur *les Trois Villes* et se contente d'admirer la 'louable intention' de l'auteur. Il se permet d'observer pourtant que, dans son roman, Zola 'emploie un peu trop les procédés de la morale en action.' D'autres critiques reprochent à Zola certaines scènes trop réelles et brutales, tout en admirant l'idéal opposé qu'il propose au lecteur. Gaston Deschamps, dans *Le Temps* (22 octobre), trouve que 'les réalités ambiantes,' les détails de narration 'médicale, chirurgicale, physiologique' gâtent un roman où il constate chez l'auteur une heureuse évolution. Il exige pourtant d'autres romans comme *Fécondité*, 'vigoureusement charpentés sur les ruines, déjà vieilles, d'un dilettantisme et d'un "psychologisme" démodés' : 'Je voudrais que la littérature redevînt bienfaisante.'

L'économiste et pacifiste célèbre, Frédéric Passy, développe des idées voisines dans son appréciation générale de *Fécondité*,[14] mais quelques mois de recul et des connaissances de spécialiste d'économie politique et de démographie lui permettent d'étudier de près le côté théorique du roman. Il est choqué de l'abondance de 'détails répugnants' et du 'tranquille cynisme du langage.' Il considère qu'il n'est ni 'juste' ni 'sans danger' de les mettre toujours au premier plan, 'en pleine lumière, comme s'ils étaient le type normal de la nature humaine.' Il reconnaît pourtant une œuvre qui mérite 'l'attention la plus sérieuse' et que rachètent de si louables intentions, malgré les longueurs, les invraisemblances et les répétitions. 'Une fois la convention acceptée,' ce roman à thèse, 'dans son ensemble, dans son inspiration-mère, est un livre moral.'[15]

Mais, en tant qu'économiste et auteur d'une étude de la doctrine de Malthus,[16] Passy ajoute quelques observations plus perspicaces. Il croit retrouver dans la thèse de Zola quelques-unes de ses propres idées :

J'aurais voulu, comme économiste, rendre à l'auteur cette justice que, ni des choses ni des livres et des théories, il ne parle, comme beaucoup d'autres, à la légère. Si son livre peut sembler à certaines personnes une réfutation de celui de Malthus, il n'est pas de ceux qui condamnent sans avoir lu les idées et les intentions de cet austère honnête homme. Il combat sans nul doute la fameuse opposition des deux progressions arithmétique et géométrique. Et, dans plus d'un passage – que j'aurais aimé à citer aussi – il montre, comme je l'ai dit moi-même, que c'est l'homme, selon l'énergique expression de Michelet, qui fait la terre; que, s'il a une bouche pour consommer, il a deux bras pour produire; et que le nombre, lorsqu'il est accompagné de l'intelligence et de l'énergie, est une condition de force et de richesse. Mais Malthus l'avait dit avant nous : 'Plus la population est dense, moins elle excède; plus elle est rare, plus elle surabonde.'[17]

Ensuite, Passy expose l'incompatibilité qui existe entre les théories de Mathieu Froment et la leçon de sa vie. Mais, selon ses propres convictions, il reconnaît dans celle-ci la véritable morale du roman et s'en réjouit :

Ne dépasse-t-il pas encore la mesure lorsque, prédisant un avenir où il y aura du travail pour tous les bras et du pain pour toutes les bouches, il semble n'attribuer qu'à l'inégalité des conditions et des richesses les misères qui nous retiennent si loin de cet avenir ? Non, certes, que la répartition des biens de ce monde, telle qu'elle a eu lieu avant nous et qu'elle a lieu encore, soit irréprochable et inoffensive; non que certaines fortunes ne puissent être, à trop bon droit, dénoncées, comme injustes dans leur source et comme malfaisantes dans leur emploi. Tout ce qui est artificiel, tout ce qui repose sur le privilège ou y conduit, est funeste et doit être supprimé. Mais l'inégalité naturelle, celle qui résulte de 'l'usage différent d'aptitudes souvent différentes elles-mêmes,' celle qui n'est que le résultat, la constatation, la récompense ou le châtiment du bon ou mauvais emploi de la vie; celle-là, non seulement est inattaquable, mais elle est bienfaisante : elle est l'aiguillon du progrès, le levain même qui fait fermenter la pâte humaine. Et le livre de M. Zola, cette prospérité dont il se plaît à entourer sa famille-modèle; cette adversité sous laquelle il écrase les familles indignes, n'est autre chose qu'une démonstration en partie double de la nécessité de respecter dans ses effets la loi suprême de la responsabilité : à chacun selon ses facultés et selon ses actes.

Enfin, il chercher à relever la signification profonde et la valeur véritable du roman : 'J'aime mieux ne retenir de son livre que ce qui en est l'essence : la glorification de la vie et la glorification de l'effort.'[18]

Le critique Georges Pellissier, dans un article assez lourd, mais non pas dépourvu d'intérêt, considère que les répugnances de certains 'délicats' sont mal à propos : 'Pour que *Fécondité* produisît tout son effet, M. Zola devait nous conduire jusque dans les taudis où le fer des avorteuses accomplit son œuvre de mort, montrer Mme Morange agonisant sur son grabat.' Pour lui, l'idéalisme du romancier, qu'il voit comme le fond même de sa nature, compense de telles horreurs : 'Fut-il jamais, comme on l'appela, l'historien de l'animalité humaine ? Il a, depuis longtemps, cessé de l'être. Il est le glorificateur de la vie; il est le poète de toutes les vertus qui animent l'humanité dans sa marche en avant, le prophète de toutes les victoires qu'elle doit remporter sur le mensonge et l'injustice.'[19] Mais, comme Passy, il reproche à Zola les longueurs et les répétitions traînantes de son roman, sa composition 'systématique à l'excès' – 'M. Zola fait œuvre de géomètre' – et surtout l'arbitraire inévitable d'une démonstration qui réside dans des faits imaginaires et non pas dans des raisonnements.

D'autres critiques n'ont pas la réserve de Pellissier et ne font que se moquer des invraisemblances et des insuffisances de l'œuvre. Dans *Le Journal des Débats* du 24 novembre (1899), Maurice Spronck

déclare : '*Fécondité* est un poème; c'est l'épopée de l'obstétrique.'
Il demande si 'la propagande par l'ennui' est efficace. Ses railleries
se terminent sur l'espoir que Zola revienne 'à sa manière naturelle.'
Dans le compte-rendu de Georges Duval (*L'Evénement* du 27 octobre), le ton de raillerie masque quelques objections malthusiennes :
'La multiplication des enfants,' écrit-il, 'était bonne à une époque
où se multipliaient les pains ... Car, s'il y a une blague au monde,
c'est celle qui consiste à dire que Dieu bénit les nombreuses familles.'
Mais de telles critiques ne sont que de la picoterie à côté des sarcasmes
et des injures que Léon Bloy a consignés dans une sorte de journal,
réservé pour la lecture de chaque épisode du feuilleton de *L'Aurore*
et publié en 1900 sous le titre 'Je m'accuse' avec un article aussi
fielleux sur *Lourdes*. Bloy s'accuse d'avoir un jour dit du bien de
Zola, d'avoir parlé même de son 'incontestable grandeur matérielle'
(dans le *Gil-Blas* du 21 janvier 1889). Maintenant, tout sépare Zola
et Bloy; et celui-ci n'est pas un homme à user de ménagements pour
le dire. Depuis 1892 surtout, il reproche à Zola son 'matérialisme,'
l'antichristianisme des *Trois Villes*, son dédain pour les poètes idéalistes, ses succès littéraires – et sa fortune.[20] Pour comble, son ami le plus
cher, Henri de Groux, vient de se déclarer un admirateur de l'auteur
de *J'accuse*. Autant de raisons pour se ruer sur le roman de Zola.
Dans l'éreintement que Bloy fait de *Fécondité* 'au profit de la postérité,' il y a quelques observations intéressantes. Il note que Santerre
représente Paul Bourget; que la bataille des deux sœurs au début
du troisième chapitre du livre deux répète la scène célèbre du premier
chapitre de *l'Assommoir* où Gervaise et Virginie se battent dans le
lavoir; il note que Huysmans a été 'peut-être' pour quelque chose
dans l'inspiration de *Fécondité* : 'Or je me rappelle,' écrit-il, 'que
[Huysmans] m'a exprimé – combien de fois ! – son horreur pour les
enfants, ne craignant pas d'aller jusqu'à des théories formelles d'avortement, se vantant même de les avoir personnellement mises en pratique.'[21] Mais son parti pris de ravaler tout ce qu'il lit ôte tout sérieux
à l'étude critique de Bloy. Son attitude peut se résumer par une de
ses remarques les moins injurieuses : 'Combien le vice paraît aimable
comparé à la vertu offerte par Emile Zola !'[22]

Un autre critique catholique, Jean Lionnet, est à peine plus indulgent, mais infiniment plus sobre de parole. Comme Léon Bloy, il s'étonne qu'un incroyant puisse parler de 'culpabilité.' 'Quelle loi,' demande-t-il, 'préside à la distribution si exacte de ces récompenses et de ces châtiments ? D'où tombent-ils ? De "la justice immanente des choses" ? Nous voudrions bien lui être présenté ! Et, en attendant, nous demeurons stupéfait devant ce phénomène inouï d'une providence sans Dieu.'[23] Il s'amuse à démontrer que 'M. Zola n'a aucunement le sens de la vérité.' Il se moque de l'ubiquité improbable du 'fatidique Mathieu' et de la dernière scène du roman. Il considère que ce roman 'soi-disant naturaliste' présente, poussés à l'extrême, les défauts de la plupart des romans à thèse; 'de tous ceux où la thèse n'est pas infuse, mais diffuse; de tous ceux où, au lieu d'être dégagée par le lecteur qui doit réfléchir, elle est étalée par l'auteur qui prodigue ses réflexions personnelles.' Il reprend la comparaison avec Hugo, mais dans des termes moins favorables :

La force, la force inépuisable et rude, caractérise *Fécondité*, en son style comme en sa composition. Et, quoique M. Zola ait une imagination bien moins puissante et une langue bien moins riche et bien moins belle que le grand 'voyant' des *Contemplations*, il rappelle un peu Victor Hugo. Comme l'auteur de *l'Ane*, il ne soupçonne pas le ridicule – et il ignore aussi le sens de la mesure, qui préserve de l'exagération et des redites malheureuses. Il élargit, comme lui, tous les sujets; simplifie tous les caractères; généralise toutes les idées et les résume en des symboles. Il est, comme lui, un poète qui transforme la réalité et qui nous donne, de cette réalité transformée, une vision saisissante, grossie, magnifiquement matérielle.[24]

Pour conclure son étude, Lionnet s'arrête un peu sur la thèse du romancier. Il considère que *Fécondité* laisse, chez le lecteur, une impression 'tout à fait opposée à son dessein, une impression décourageante.' C'est un roman sans utilité aucune pour le petit bourgeois moyen et pour l'ouvrier qui n'ont pas le génie ni la chance de Mathieu. Il prend la défense des doctrines chrétiennes que Zola lui semble avoir malmenées. Il tire des citations de *l'Introduction à la Vie dévote* de Saint François de Sales sur l'honorabilité du mariage. De plus, la grande fécondité de la nation franco-canadienne lui semble être la preuve de la fausseté de la thèse anti-chrétienne du romancier. Il regrette enfin que le roman n'ait pas été écrit du point de vue catholique :

Les époux se seraient considérés comme les coopérateurs de Dieu en sa création. Ils n'auraient point vu dans leurs enfants seulement des conqué-rants de la terre, mais des conquérants de la vie éternelle.[25]

Par contraste, les critiques socialistes offrent une intéressante diver-gence de vues, selon qu'ils prennent au sérieux, quelque peu hâtive-ment, les idées sociales de Mathieu ou qu'ils méditent un peu la leçon de sa vie. Dans *La Petite République socialiste* du 21 octobre (1899), le critique et polémiste Camille de Sainte-Croix salue le livre de Zola comme 'le plus fervemment antibourgeois de tout son œuvre' : 'Il y a condensé les plus vifs griefs de la société productrice, active, énergique et généreuse contre la classe parvenue, égoïste, stérile, conservatrice, veule et gloutonne, qui ne songe, au milieu de l'agitation universelle, qu'à défendre avarement ce qu'elle a conquis par usurpation et ce qu'elle possède par abus, népotisme et marchan-dage.' Il voit dans l'auteur de *Fécondité* un allié dans la lutte sociale contre le capitalisme et contre la bourgeoisie. Parlant des Beauchêne et des autres personnages bourgeois, il dit :

Leur effort ne tend qu'à se désagréger et déformer; et tous les mots dont ils composent leurs devises menteuses sonnent faux lorsqu'ils les claironnent.
                    Patrie ? Famille ?
Ce qu'ils appellent patrie, c'est la propriété close, – et ce qu'ils appellent famille, c'est l'hérédité restreinte à la transmission des accaparements.

D'autres critiques socialistes ne sauront mieux dire pour condamner les héros de Chantebled.

Quatre jours plus tard (le 25 octobre), dans *La Petite République*, Laurent Tailhade félicite son confrère de la 'pénétrante acuité' de ses remarques. Mais il préfère lui-même aborder le roman d'un tout autre point de vue, nullement idéologique. Le roman a attiré l'ima-gination de Tailhade poète, plutôt que la conscience sociale de l'anar-

chiste. Il voit en *Fécondité* 'un cantique majestueux glorifiant l'énergie impérissable de la terre et de l'amour' : '*Fécondité* apparaît moins
comme un roman qu'à la façon d'un poème. En dépit de leur intense
personnalité, de leur modernisme d'à présent, les personnages y revêtent l'auguste généralité de symboles éternels.' Selon lui, les deux
époux, fondateurs de Chantebled, ont la stature des dieux antiques.
Leur aventure revêt le caractère d'une mythologie : 'On songe,
devant ces époux si calmes, si ardents, si fiers de leur besogne sacrée,
au couple divin d'Osiris et d'Isis, créateurs avant la naissance et
créateurs après la mort. On rêve au suave cantique de Virgile saluant
les Dieux qui font joyeux la moisson, à l'invocation immortelle de
Lucrèce proclamant Vénus Victorieuse, la Déesse qui peuple les mers
chargées de nefs et les terres grosses de fruits.'

Eugène Fournière, théoricien socialiste, écrivant dans la *Revue
Socialiste*, qu'il a aidé à fonder, n'est point insensible non plus à la
poésie du roman. Il admire aussi une œuvre foncièrement morale et
'engagée' : 'Jugez plutôt si "l'art pour l'art" eût pu donner cette
magnifique page de "l'art pour la vie".' Mais il ne laisse point son
admiration agir sur de sérieuses réserves :

Je vois bien l'aspiration à l'égalité sociale complète, par l'accord des
producteurs enfin victorieux de leurs parasites. J'entends avec une émotion
profonde cette admirable invocation à l'avenir de fraternité humaine,
promis à notre fécondité. Mais est-ce bien par l'aveugle pullulement prolifique que nous allons vers cet idéal ? ...

... Les Moineaud sont passés du service des Beauchêne inféconds au
service d'un des Froment, qui sont les héros de la fécondité. Si les Moineaud
n'ont fait que changer de maîtres, est-ce parce qu'ils ont été un peu moins
féconds que les Froment ? Non, mais parce qu'ils ont été moins actifs,
moins intelligents, moins prévoyants. Et voilà donc l'œuvre sociale de Zola
exprimée en prêche des vertus bourgeoises, qui, dans le milieu actuel et si
l'on ne songe qu'à soi, sont excellentes pour procurer à chacun la tran-
quillité et le bien-être. Mais il n'y a plus rien là qui soit révolutionnaire,
et le merveilleux appel à l'idéal égalitaire qui clôt le livre, contredit l'œuvre
entière, et n'est plus qu'un hors-d'œuvre arbitrairement placé à la fin, et
qui n'a aucun des caractères d'une conclusion.[26]

Il observe que les Froment sont tous d'un individualisme parfait, qu'ils ne se mêlent à la vie sociale que par des actes de charité. Le bien social qui résulte de la prospérité de la famille 'est aussi subsidiaire dans leur esprit que dans le traité d'économie politique le plus orthodoxément manchestérien.' Néanmoins, la conclusion de Fournière reste tout à fait généreuse :

Zola, en somme, et c'est déjà un très grand mérite, a fait œuvre de moraliste et de patriote. Le moraliste prêche la prévoyance, et le patriote dénonce le péril de la dépopulation. Quand il aborde le terrain de la sociologie, il demeure conservateur. Il tente la reconstruction de la famille patriarcale adaptée au milieu individualiste et capitaliste. N'importe ! c'est un beau livre que le sien. Jamais la vie n'avait été aussi furieusement chantée. Jamais l'amour chaste et fort n'avait été aussi glorieusement exalté. A ces titres, il a droit à notre admiration et à celle de la postérité.[27]

Charles Péguy, socialiste dissident, est l'auteur d'une des plus pénétrantes critiques de *Fécondité*. Bien qu'il se soit rapproché de Zola depuis l'Affaire Dreyfus, les réserves et le blâme pèsent lourd dans son article.[28] Encouragé d'abord par la description des misères industrielles qu'il y trouvait, il avait lu le feuilleton de *L'Aurore* avec l'espoir que Mathieu Froment deviendrait un héros socialiste et que le roman serait 'l'évangile du socialisme.' Son article est l'expression de sa déception à cet égard. Lui non plus ne se laisse pas prendre par les formules empruntées à Nitti. Il note tout simplement que Marianne 'enfante une race de bourgeois,' que Mathieu devient 'un patron' et que tout leur travail 'devient illégitime.' S'il y a de l'héroïsme dans la conquête de Mathieu, il n'y entre nullement des pensées de solidarité sociale comme Zola veut nous le faire croire : 'L'effort qu'il donne pour sauver les périclitants est infime, si on le compare à l'effort qu'il donne pour fonder sa race.' Toute l'œuvre des fils de Mathieu sert à confirmer cette idée. Aux fils qui prennent l'usine, il ne vient pas un seul instant la pensée que ce dont ils s'emparent n'est pas à Beauchêne, 'qu'ils font l'usurpation d'une usurpation, la spoliation d'une spoliation.' En Afrique, observe-t-il, la famille colonisatrice est forcée 'de faire elle-même le coup de feu.' Péguy ajoute : 'Des coups de fusil lointains sont tout de même des coups de fusil.

Tirer un coup de fusil ailleurs qu'au stand est une opération grave.'
Fécondité n'est point, à son avis, un livre d'humanité et de solidarité :
'C'est le livre de la conquête de l'humanité par les Froment. C'est,
en un sens, le recommencement, beaucoup plus dangereux, parce
qu'il paraît moral, de certaines histoires des Rougon-Macquart. C'est
ici proprement *la Fortune des Froment*. Cela est masqué par le
lyrisme et par un certain ton de fantaisie, mais cela n'en est pas moins
réel.'[29] Péguy tance vertement Laurent Tailhade de son peu de
rigueur doctrinale : 'On a beaucoup trop salué *Fécondité* comme
un livre nouveau, comme le livre d'une génération nouvelle, comme
le livre d'un âge nouveau. Laurent Tailhade salue cette "annoncia-
tion des temps futurs pour un monde nouveau." Hélas non ! Ce livre
est un livre ancien, cet évangile est un livre conservateur, indifférent
au salariat comme l'Evangile de Jésus fut indifférent à l'esclavage.'
Aussi fait-il fi de l'interprétation mythologique de Tailhade : 'Il ne
suffit pas, pour être un homme nouveau, de chanter le premier-né
des dieux. N'oublions pas que nous sommes athées. Nous ne sommes
pas athées seulement du vrai Dieu, de Iahvèh, de Jésus, nous sommes
athées aussi des faux dieux, des dieux hellènes.'[30] Du point de vue
social, le roman de Zola n'a rien à recommander à l'idéalisme de
Péguy qui, à cette époque même, prépare de son côté l'avènement
de la 'cité heureuse.'

Mais un aspect de *Fécondité* trouve grâce auprès du futur auteur
des *Tapisseries* : sa belle 'ordonnance classique.' Il a déjà admiré
ce caractère dans les articles polémiques du romancier et surtout dans
J'accuse. Dans *Fécondité*, dit-il, il a retrouvé et longtemps savouré
la beauté des rythmes monotones, ainsi que des répétitions et des
reprises qui s'étalent par toute l'œuvre. Il saisit le sens de la technique
des motifs conducteurs dont certains critiques se sont gaussés :

Ce n'est pas que le "bon Homère .... sommeille parfois." C'est toujours
la sincérité classique. Zola dit la même chose non pas toujours, mais,
exactement, toutes les fois que c'est la même chose. Il a raison de ne pas
fausser son œuvre. Il ne satisfait pas à la vanité de la faire partout quand
même intéressante, au sens habituel du mot. Il est impassible comme la
nature, patient comme elle, et, pour qui ne sait pas, ennuyeux comme elle.
Plusieurs, ayant commencé le poème, se sont ennuyés de ces recommence-

ments. J'ai peur que ceux-là ne s'ennuient aussi des inévitables recommencements de la vie.

Il va même jusqu'à mimer le procédé pour frapper le romancier. Il préface un nombre de paragraphes d'une sorte de refrain : '*Fécondité* n'est pas un livre de charité'; '*Fécondité* n'est pas un livre de paix'; etc. Enfin, tout amène Péguy à cette conclusion pleine de regrets :

Telle fut la déception que *L'Aurore* nous apportait de jour en jour. Cette famille en qui nous avions mis nos espérances les plus chères tournait mal, sous nos yeux. Zola n'était pas devenu socialiste. Par quel mystère ce révolutionnaire ardent avait-il pu ne pas se fondre à son propre feu ? Comment, celui qui fut le protagoniste de la Justice dans une cause individuelle, n'a-t-il pas reconnu que l'injustice universelle passait tous les jours ? Comment a-t-il pu introduire l'injustice, l'injuste concurrence au plus profond d'un livre écrit en exil ? Cela déçoit l'attente et passe l'entendement. Quand des socialistes ne sont pas révolutionnaires comme Zola, c'est une grande inconséquence. Mais quand un révolutionnaire comme Zola n'est pas socialiste, c'est une grande inutilité.[31]

Comme on pourrait s'y attendre, la critique 'symboliste,' pour peu qu'elle s'y intéresse, est sévère envers une œuvre qui est si visiblement fondée sur des valeurs esthétiques opposées à son culte de l'art et de l'idéal. Pourtant l'initiateur même du vers libre et le théoricien le plus écouté du mouvement, Gustave Kahn, fait exception. En effet, même s'ils étaient attentifs à séparer le domaine de l'art 'pur' de celui de l'art social, on sait que tous les symbolistes ne se désintéressaient pas des questions sociales. Kahn lui-même s'efforçait, à cette époque, de créer une littérature qui agirait directement sur le peuple; avec Catulle Mendès, il avait fondé, en 1897, la série des 'Samedis populaires de Poésie ancienne et moderne'; de plus, il était devenu un partisan énergique de la cause juive. Il s'était rapproché de Zola à l'époque troublée de l'Affaire Dreyfus et désormais restait un admirateur fidèle.[32]

Dans un article de la *Revue Blanche* qu'il consacre au roman de Zola,[33] Kahn admire la belle carrure de l'œuvre, sa valeur morale et sociale. Pour lui, 'le champ de la littérature' est fait de moissons alternatives de 'rêveurs' et de 'combatifs.' Par *Fécondité*, Zola assure le triomphe de ceux qui voient dans la littérature un moyen social. C'est vers eux qu'aux moments de crise, l'esprit des foules est porté. Il déclare :

Fécondité est un beau livre. Il semble marquer dans l'évolution intellectuelle de Zola une date aussi forte que celle de *la Fortune des Rougon*, de *l'Assommoir*, de *Germinal*, qui avaient été les plus glorieuses. Zola dépasse l'indécision presque où il était depuis la terminaison des *Rougon-Macquart*. La supériorité de ce livre sur *Lourdes*, sur *Rome*, sur *Paris*, paraît considérable. Zola est sorti de la discussion des idées, où il ne semble pas toujours le plus heureux, pour rentrer dans une grande gamme humaine. Il semble que Zola soit à l'apogée de sa gloire; il vaut mieux être persuadé qu'il est seulement à un point supérieur d'évolution. Le roman naturaliste, tel qu'il l'avait créé à côté du roman épique de Flaubert, n'était pas complet sans son intrusion dans la vie active, que Zola avait annoncée, déjà, lorsqu'il inscrivait le rôle du romancier futur comme celui d'un architecte qui sonde les bases de la société et ses murailles, et indique où le marteau sonne creux.

L'intervention de Zola dans l'Affaire Dreyfus lui semble être une conséquence logique de son évolution littéraire : 'Ce qu'il promettait, il l'a tenu; il est entré, non pas dans la politique, mais, pour ainsi dire, dans la socialité, sur une question qui regardait tout le monde au même point, sur un fait de justice sur lequel tout le monde avait le droit de donner son avis. Il a été dans le rôle que doit prendre, à certains moments, l'écrivain; il a été le héraut de la conscience obscure de tous, et la voix forte de tous ses confrères en art ...' Selon Kahn, on ne saurait séparer les deux actions du romancier dans le domaine de la vie et dans le domaine de l'art : 'En obéissant ainsi à sa conscience et à son caractère, il a obtenu une chose à laquelle bien des écrivains avaient pensé lorsqu'ils évoquaient les horizons lointains de leurs ambitions : c'est ce principat d'ordre moral, plus encore que littéraire, qu'avait exercé Hugo à la fin de sa vie. Il a été, comme lui, la voix du faible : et il est à la place où fut le grand poète.'[34]

Bien que son œuvre romanesque ne soit qu'en marge du mouvement, Mme Rachilde prend la parole au nom des poètes symbolistes pour répondre, dans un article du *Mercure de France*, aux opinions hérétiques de Kahn. Dans ce but, elle se fait aussi injurieuse à l'égard du critique que du roman qu'il vient de louer. 'J'ai lu, sans être juif, hélas !,' écrit-elle, 'et pour d'autre motif que le dévouement à ma race, ce prodigieux volume en entier. J'y ai mis une semaine et je ne crois pas avoir perdu mon temps en perdant toutes mes illusions au sujet de son auteur. Il paraît qu'un critique très brave, ordinairement très spirituel, d'une intelligence érudite, ayant été convié au même régal forcé pour le seul amour de son art, en est devenu, subitement fou.'[35] Elle s'acquitte de l'obligation 'd'admirer un mauvais roman après une belle action.' Elle ne pardonne pas au 'grand rabbin de la *Revue Blanche*' des allusions au déclin du mouvement symboliste, ni à Zola ses jugements récents sur l'œuvre et la vie de Verlaine.[36] Son article consiste en une analyse railleuse de l'histoire de *Fécondité*, émaillée de remarques sur Verlaine et de citations tirées de l'article qu'avait écrit Zola. Voici comment elle résume son étude :

Je suis pour les images violentes, cependant je trouve cela d'une lecture un peu rude ... J'ai vraiment peur de la prose de ce monstre, comme j'aurais peur d'une indigestion de tripes, et ma religion me défend ... les indigestions de tripes en littérature.

...Or, Verlaine ayant évolué selon sa ligne mourut mendiant. Et en plein *Figaro* (cette feuille publique n'ayant pas encore changé sa plume d'*F*), Monsieur Zola, grand-prêtre de la nouvelle bourgeoisie encore plus bête, plus inconsciente et plus puante que l'autre, déclara qu'on ne devrait point de buste à ce poète, car il était ... peu *social*.

Puisqu'il est d'usage de demander une peau, à la fin d'un article du *Mercure*, je demande celle d'Emile Zola pour en relier les livres de Verlaine. Et j'offre, l'usage le veut ainsi, la mienne en échange pour qu'on relie *Fécondité* ... (seulement je crains bien qu'elle ne soit trop petite).

Oui, oui, il m'est égal que M. Zola vienne de sauver un officier d'état-major, je ne suis pas un officier d'état-major, je suis écrivain, et en qualité d'*écrivain gaulois*, j'ai la terreur, l'unique terreur de voir crouler le ciel sur de la mauvaise prose ... Il n'est pas à la place de Victor Hugo, parce qu'il n'a pas de génie.[37]

Dans un court article de *La Plume*, le poète Henri Degron se met de la partie. Tout en blâmant la méchanceté de la critique de Mme Rachilde, il prête appui à son point de vue; d'abord, sur son parti pris de ne faire aucune concession au défenseur de Dreyfus; mais, surtout, sur le compte de la valeur littéraire de son roman : 'Comme elle,' écrit-il, 'je trouve *Fécondité* d'une non-lecture désespérante; c'est une mine à gastralgies.' 'Pour terminer,' ajoute-t-il, 'Monsieur Emile Zola, mon cher Maître, voulez-vous, après cela, me permettre de relire Baudelaire et Vigny, Cladel et Barbey, Villiers et Verlaine ? Vous me direz que je ne suis pas dans le ton nécessaire, et conséquemment un "homme d'action" .... N'importe, je veux manger de la Beauté.'[38]

Mme Rachilde s'est offusqué aussi du fait que, dans son éloge de *Fécondité*, Gustave Kahn semble, malgré ses propres penchants littéraires, annoncer la fin du mouvement symboliste. Il y proclame l'apparition d'une œuvre qui réalise les vœux d'une autre génération d'écrivains, 'postérieure d'une dizaine d'années à ceux qu'on appela si vaguement symbolistes' :

Après des écrivains qui voulurent opérer dans l'idée pure, une lutte de pensée avec les philosophies, les dépasser de neuf et de vrai, et lutter pour la beauté des formes poétiques avec la musique (ambition belle quels qu'aient été les résultats) vint une génération d'esprits volontairement simples, ambitieux de chanter l'églogue, l'idylle, de moduler les joies du dimanche, tous les plaisirs de l'homme et de chanter son travail ... Et c'est le livre qu'ils cherchaient que Zola leur donne, sauf naturellement les différences de tempérament, d'intellectualité, sauf toutes les possibilités de leur avenir, sauf que je ne veux pas dire non plus que leurs livres sont beaux, et que la simplicité de leurs conceptions, c'est-à-dire le manque de complexité de ces conceptions, soit à vanter. Je note seulement que *Fécondité* doit satisfaire une partie de la jeunesse actuelle, soit celle qui, ces dernières années, a fait le plus de bruit autour d'elle-même,[39] et celle des jeunes poètes de province, qui ont poussé hors la vie de Paris, et sont moins sollicités par les problèmes que la grande ville engendre que par le souci de dépeindre leurs champs, leurs beaux soleils, et aussi leurs taupinières, qui ne sont pas, quoi qu'ils en jurent, et parfois en bons termes, des montagnes.[40]

En fait, c'est par les chefs de file du mouvement naturiste, Saint-

Georges de Bouhélier et Maurice Le Blond, que *Fécondité* est particulièrement apprécié. Ce mouvement, assez peu connu aujourd'hui,
jouissait de quelque importance au tournant du siècle. Vers la fin de
sa carrière, Zola, ayant nettement rompu avec la génération symboliste, voyait une certaine partie de la jeunesse lui revenir, même se
réclamer de lui pour s'opposer au symbolisme.[41] Mais ils ne s'in-
spiraient point du romancier naturaliste. C'était du poète de la nature
et de la vie quotidienne qu'ils se réclamaient, surtout comme il s'était
manifesté dans *la Terre*. En 1896, dans la dédicace à Zola, par
laquelle Bouhélier avait préfacé *l'Hiver en méditation*, il avait écrit :
'Ce qui distingue votre univers, c'est la paix de son innocence et sa
puissante vitalité. Magnifiquement, l'antique Pan y palpite. L'insufflation des sèves soulève sa poitrine large.'[42] L'année suivante,
Zola lui avait fait le même compliment dans une interview pour un
numéro spécial de *La Plume* sur les œuvres de la jeunesse naturiste :
'Certainement je les ai lus. L'œuvre de Bouhélier m'a fort intéressé.
J'aime le panthéisme qui l'anime.'[43] Voici donc que *Fécondité* répond
tout à fait à la conception naturiste de l'art. Peut-être même s'en
est-il nourri. Zola y met en valeur les aspects de son œuvre que les
naturistes avaient le plus admirés. Comme eux, il préconise un retour
à la nature, va contre l'esthétique symboliste et cultive un art national
et terrien. Comme eux, il fuit l'art hermétique et s'efforce de mettre
son œuvre à la portée du peuple, en dépeignant la beauté du travail
artisanal et paysan et en travaillant à la rédemption des masses. Le
messianisme de Zola ne peut donc qu'être favorablement reçu,
d'autant plus que, dans leur *Revue Naturiste* (le 25 février 1898),
ils venaient de publier un hommage à l'action civique du romancier.
On comprend donc que c'est avant tout par l'épopée de la vie de
Mathieu et Marianne que ses admirateurs naturistes sont enthousias-
més.

Dès la mise en vente de *Fécondité*, Zola reçoit une lettre enthousiaste de Bouhélier qui vient de relire son roman et qui tient à confier
au romancier sa grande appréciation :[44]

C'est un grand et magnifique livre. Dans les critiques que j'ai lues, je n'ai
pas vu que sa beauté ait été parfaitement comprise. *Fécondité* est un chant.
Les parties les plus belles sont les parties épiques. La conception de Mathieu

et Marianne à la fin du premier livre, les descriptions de Chantebled, le récit final de Dominique et le repas des dernières noces, tout cela est frais, primitif, héroïque et délicieux. A ces endroits votre parole devient sacrée, un souffle éternel circule et une divine lumière brille. Il y a quelque chose de profond, de tendre et de religieux dans ces scènes et dans ces sites.

Vous vous êtes renouvelé et vous vous êtes accru. Vous êtes plus haut et plus vaste. Un chant de vie, voilà *Fécondité*. Je crois que ce livre est un des plus grands de votre œuvre.

Le compte rendu de Bouhélier, publié quelques jours plus tard dans *La Plume*, va dans le même sens. Il s'y déclare indifférent aux questions économiques que le roman étudie : 'L'important, le capital, c'est la conception de la beauté.' Il met le roman au premier rang des ouvrages messianiques de l'époque : 'Le siècle aboutit à ce livre, et s'y exprime. Les instructions du grand Michelet, les mélodies de Lamartine, et les prophéties de Hugo étaient trop riantes, trop gaies, trop vagues, trop au-dessus de nos puissances humaines. Zola a le sens du réel. Il ne s'illusionne dans aucune matière. Il voit juste. Et son évangile est naturel.' Selon Bouhélier, ce roman est 'le fruit du rajeunissement d'un génie,' 'le terme d'une œuvre et le recommencement d'une autre.' En réponse à Gustave Kahn, il ajoute que la jeunesse naturiste se préoccupe aussi de questions sociales et qu'elle admire en *Fécondité* un ouvrage 'grave et pur' aussi bien que beau : 'De sévères préoccupations l'ont inspiré. Le style en est large, ingénu et primitif. Ce n'est pas seulement une belle œuvre, c'en est une bonne, une suave, une auguste et une grande ..... *Fécondité* est un poème, un livre épique, une ode aux champs et à l'amour. Mais c'est aussi une prophétie. Et c'est presque un Evangile.'[45]

Le futur gendre de Zola, Maurice Le Blond, écrivant dans *La Nouvelle Revue Internationale*, adopte le point de vue de son confrère. Il voit d'abord ce qu'il y a dans *Fécondité* d'opposé à l'esthétique contemporaine :

A une époque où la littérature paraît avoir totalement dégénéré de sa mission primitive, où l'ironie, la manière artiste, l'élégance idéologique et la coquetterie verbale sont préférées à l'héroïque recherche de la beauté simple et de la vérité humaine, voici donc un écrivain qui ne redoute pas de prendre la posture apostolique et pontificale des poètes des anciens âges bibliques ou païens, de prêcher la régénérescence morale, de tenter le nouvel évangile de la religion future qui proclame la foi dans la vie terrestre et sainte, qui glorifie le travail séculaire des hommes, qui célèbre l'épique et perpétuel épanouissement des races à la surface des vieilles terres pacifiques ![46]

Pour lui, *Fécondité* est à la fois un 'poème sacré,' 'qui eût pu séduire quelque jeune poète de la génération naturiste,' et un instrument de l'émancipation sociale, la peinture de 'l'élyséenne genèse d'une race forte et neuve,' doublée de l'étude d'une 'civilisation finissante.' 'Je perçois dans *Fécondité*,' ajoute-t-il, 'deux livres différents, d'esthétiques je dirai presque opposées, et il a fallu à son puissant auteur ses nombreuses ressources de metteur en scène pour conserver à ce roman un caractère d'apparente unité.' Mais, comme Bouhélier, il préfère s'arrêter au premier aspect de l'œuvre. 'Pour ma part,' écrit-il, 'quand, aux heures de doute, d'ennui, de lassitude, je reprendrai *Fécondité*, je laisserai de côté les Morange, les Séguin, les Beauchêne et même le vieux Moineaud, personnages trop familiers pour les avoir entrevus déjà dans *Paris*, dans *la Curée*, dans *l'Assommoir*, et ce que je lirai avec joie, dans une constante ivresse, c'est la suite pathétique des textes adorables que le poète a consacrés aux amours de Mathieu et de Marianne, à leur prospérité, à la poussée victorieuse de leur dynastie.' La conclusion de Le Blond n'aurait pu mieux répondre aux vœux du romancier : 'Œuvre de foi, œuvre de bonté, œuvre aussi d'un patriotisme farouche et grandiose, *Fécondité* possède les marques magnifiques de l'esprit latin. Elle enrichit notre patrimoine national ... Je salue celui-ci comme une victoire, qui nous venge augustement des Sedans militaires et aussi des "Sedans Moraux." '[47] C'est donc auprès de la critique naturiste, comme il s'y attendait sans doute, que Zola trouve la meilleure appréciation de son roman, selon les critères esthétiques qu'il aurait voulu voir mis en valeur.

Peu de romans de Zola ont éveillé une telle variété de réactions de la part de la critique contemporaine, bien que, dans les circonstances actuelles, la publication du roman risquât de passer inaperçue. Les critiques qui ont traité *Fécondité* comme un roman, même comme un roman naturaliste, n'ont pas trouvé difficile de démontrer et de tourner en ridicule les invraisemblances et les excès qu'il contient, au point même de crier au gâchis littéraire. D'autres se sont arrêtés à la thèse du romancier; ils l'ont louée ou blâmée selon leurs convictions personnelles, les plus souvent avec quelques remarques de censure sur la lourdeur et l'exagération que Zola a mises dans l'emploi des procédés du roman à thèse. En général, on n'a pas manqué de louer les bonnes intentions d'une œuvre qu'éclairent le patriotisme et la conscience sociale et humanitaire du défenseur de Dreyfus. Pourtant, la critique socialiste a trouvé beaucoup à reprocher à la morale sociale contenue implicitement dans le récit de la conquête des Froment. D'autres commentateurs ont vu, à juste titre, que *Fécondité* défie la critique réaliste et que sa valeur se mesure incomplètement, si l'on ne va pas plus loin que les théories que Zola y remue. Ils ont ressenti, et vivement dans le cas des auteurs naturistes, que cette œuvre se lit aussi et surtout pour ses qualités et sa beauté poétiques, en tant que mythe ou épopée.

TROISIEME PARTIE

8

Fécondité: roman à thèse

LA THESE

A un certain niveau, *Fécondité* ne se distingue pas de la production
littéraire moyenne d'une époque qui abonde en ouvrages consacrés à
la discussion et à l'exposition de certains problèmes sociaux. En 1905,
Jean Lionnet remarque : 'Le temps est bien passé où l'on demandait
au roman un divertissement facile ... Aujourd'hui, parmi les romans
qui comptent, il serait malaisé d'en trouver un qui ne posât pas plus
ou moins directement des problèmes moraux et sociaux. Pensez à
Fécondité et à *Travail*, de Zola, aux derniers volumes de M. Maurice
Barrès, à *l'Etape*, de M. Paul Bourget. Vraiment, il n'y a plus que des
romanciers casuistes, sociologues, philosophes !'[1] D'autres ouvrages
de l'époque traitent des mêmes problèmes que *Fécondité* et même
peuvent s'en être inspirés. Dans *la Charpente* de J.-H. Rosny, par
exemple, on retrouve les mêmes discussions sur la question de la
dépopulation de la France que dans le premier livre du roman de
Zola. Là aussi, un pessimiste 'schopenhauérien,' Delafon, dont la
femme est détraquée par la stérilité, maudit la nature qui 'se fiche
de l'individu et de son bonheur' : 'L'espèce vivra, c'est l'essentiel.' On
discute aussi la question de la capillarité sociale, 'la montée vers les
hautes classes,' que l'auteur considère comme 'une marche à l'anéantissement, un mode de suicide.' Comme Zola, le héros du roman,
Joseph Duhamel, porte-parole de l'auteur, exige 'un nouvel état
moral,' 'un idéal enfin qui donne à la race des raisons de durer et de
persévérer.'[2] De plus, deux pièces à thèse d'Eugène Brieux reprennent
quelques-uns des sujets de *Fécondité*. Dans *les Remplaçantes* (1901),
l'auteur dénonce le mal de l'allaitement commercial. C'est l'histoire

d'une jeune mère qui va à Paris vendre son lait dans un ménage mondain et qui revient pour trouver son propre ménage en débâcle. Le personnage qui joue un rôle analogue à celui du docteur Boutan de Zola, le docteur Richon, tire ainsi la morale de l'histoire : 'Il n'en manque pas, tout près d'ici, des bois à défricher et des marais à assainir ... On pourrait faire pousser du blé là où il n'y a que des hêtres, des ajoncs, ou des roseaux. On travaillera la terre féconde et reconnaissante, et les hommes auront le droit d'être plus fiers lorsque leurs femmes ne seront plus des mauvaises mères qui vendent ce qui n'est pas à vendre, et eux des paresseux qui vivent de cet argent-là.'[3] *Maternité* (1904) met en évidence le problème de l'avortement chez les filles-mères et celui de la dot dans les familles bourgeoises, deux phénomènes des plus néfastes, selon Brieux, au bien-être du pays.[4]

Comme ces écrivains réformateurs, Zola remplit sa tâche de moraliste. Il suffit de résumer l'essentiel des propositions démographiques et sociales de *Fécondité*, dont l'étude du travail préparatoire a montré les détails et les sources. On a vu qu'à travers ses recherches documentaires, Zola a légèrement modifié sa position quelque peu insolite à l'égard du problème de la dépopulation de la France. Il n'y voit plus qu'une simple question de morale et d'esthétique populaire. Il est plus disposé à tenir compte des facteurs économiques. En effet, ce sont surtout les ménages bourgeois, ceux des Morange et des Beauchêne, qui ont profité de ce développement. Ils représentent la limitation raisonnée de la famille pour des motifs économiques, voulant atteindre ou maintenir un niveau de bien-être et des possibilités d'avancement social que la vie moderne rend plus attirants et plus accessibles, et que la fécondité mettrait hors d'atteinte. Si Zola attribue une fin désastreuse et à peine méritée à chacun de ces personnages fautifs, c'est en partie seulement parce qu'ils ont commis égoïstement un délit contre l'intérêt social et national. Ils sont plutôt coupables d'un péché religieux, celui de s'être détournés de la loi sacrée de la fécondité, ce qui amène le châtiment.

Tout en admettant la possibilité de l'état stationnaire que Spencer prévoyait pour la population du monde, Zola n'a aucunement tempéré le zèle nataliste qui avait inspiré le roman. Pour l'auteur de *Fécondité*, la force et le nombre sont la richesse. Il retrouve d'instinct (puisqu'il n'y a pas lieu de croire qu'il ait jamais lu les œuvres du marquis de Mirabeau, de Quesnay ou de leurs disciples) l'optimisme 'populationniste' des physiocrates du dix-huitième siècle. Comme eux, il semble désirer une population toujours croissante et, si celle-ci est limitée par les 'subsistances,' préconiser des mesures favorables avant tout à l'agriculture qui pourrait les fournir. 'Aimez, honorez l'agriculture,' répète Mirabeau sans cesse dans *l'Ami des hommes* (1756-8). La leçon de *Fécondité* aussi, c'est que, par l'agriculture, par le travail productif, on pourrait provoquer les conditions favorables à une population forte et nombreuse. C'est grâce à l'agriculture que les richesses se créent et que l'industrie se développe.

Ainsi, Zola tient pleinement compte de la force du principe de population, comme l'avait fait Mirabeau bien avant la publication de *l'Essai* de Malthus. En effet, c'est la forme abâtardie et déformée des idées de Malthus que Zola flétrit dans son roman, le néo-malthusianisme, qui insiste sur la nécessité du contrôle des naissances, mais qui reste indifférent à la nécessité de produire les richesses. Il condamne l'égoïsme des gens comme les Beauchêne et les Morange, le pessimisme des gens comme les Séguin, qui se livrent tous aux manœuvres contraceptives que le pasteur anglais aurait désapprouvées aussi vivement que Zola. Mathieu lui-même, bien qu'il ne partage pas les craintes de Malthus sur le surpeuplement, suit de près ses conseils, créant à chaque enfant les 'subsistances' pour le nourrir, faisant étendre ses richesses terriennes et sa progéniture selon une progression presque aussi mathématique que les formules de l'économiste anglais. Ainsi, Zola peut justifier la fécondité apparemment excessive des Froment, ce qu'il n'hésite pas à faire, surtout dans les refrains du quatrième livre et dans maints passages comme le suivant :

Sans doute, comme ils le disaient en plaisantant autrefois, ils avaient dépassé toute mesure, dans leur imprévoyance à faire des enfants, scandalisant leurs voisins, troublant les mœurs respectées. Mais, définitivement, n'avaient-ils pas eu raison ? Leurs enfants n'avaient rogné la part de personne, chacun avait apporté sa subsistance. Et puis, il est bon de trop moissonner, quand les greniers du pays sont vides. Il en faudrait beaucoup de ces imprévoyants, pour combattre la prudence égoïste des autres, aux heures de grande disette. C'est le bon exemple civique, la race raffermie, la patrie refaite, au milieu des affreux déchets, par la belle folie du nombre, de la prodigalité à pleines mains, saine et joyeuse [VIII, 500].

Mais, à la différence de Malthus, Zola croit, avec sa confiance tout à fait physiocratique dans la puissance productrice de la terre et du labeur de l'homme, que ces richesses peuvent s'accroître indéfiniment. Fervent populationniste, il ne conçoit guère d'inquiétude pour l'avenir et semble admettre un développement sans limites de l'agriculture. L'existence de grands pays qu'il reste à coloniser autorise cette confiance.

Néanmoins, bien que Zola donne une analyse bien documentée et assez juste des causes de la dépopulation dans une société moderne, la solution qu'il offre à ce mal n'y convient que partiellement. Elle serait plus propre à un régime largement agrarien. Le retour aux champs et le fondement de Chantebled, pour louables et nécessaires qu'ils soient, ne contribuent guère à la solution du problème parmi les populations urbaines et ne laissent pas prévoir un meilleur état social. Zola néanmoins s'efforce, dans les réflexions finales de Mathieu surtout, par lesquelles s'achève le roman, de rétablir un lien entre *Fécondité* et l'idéologie humanitaire qu'en apparence il voulait opposer, comme nous l'avons vu, aux désordres intellectuels et sociaux de son temps. Selon Mathieu, fier de ses exploits, demain 'sera conquis par le pullulement des foules, en quête du bonheur.' On moissonnera 'les bienfaits attendus de [son] âge' : 'l'égalité économique,' 'l'égalité politique,' 'la juste répartition des richesses rendue désormais facile,' 'le travail obligatoire rétabli dans sa nécessité glorieuse,' de sorte même que 'la misère, le crime social abominable, disparaîtra, dans cette glorification du travail, dans cette distribution entre tous de l'universelle tâche, chacun ayant accepté sa part légitime de devoirs et de droits' (VIII, 499). Mais les actions de Mathieu et sa famille s'accordent mal avec de telles notions humanitaires. Le roman ne réalise pas de telles réformes, et ne les promet guère. En fait, l'auteur de *Fécondité semble* être à peine plus soucieux que Malthus du sort des pauvres qui ne sont pas capables de créer leurs 'subsistances.' Au banquet des Froment, il n'y a de place que pour cet Ambroise, 'le plus hardi, le séduisant, l'envahissant' (VIII, 353) ;

pour ce Grégoire, 'en affaires, d'une rudesse d'homme sanguin, qui s'entêtait à ne jamais rien lâcher de son droit' (VIII, 469) ; pour ce Gervais, 'aux menottes, qui ne lâchaient pas ce qu'elles avaient empoigné' (VIII, 230). On comprend la déception des critiques socialistes. Tout en voulant s'opposer au malthusianisme individualiste, au nom d'un idéal optimiste d'harmonie sociale, Zola ne semble recommander que l'esprit de concurrence. Il n'a pu sortir de sa profonde croyance dans les lois de la lutte pour la vie, de la foi darwiniste, qui donne raison au plus fort.

Pour rapaces et ambitieux qu'ils soient, les Froment sont forts et courageux. Ils travaillent et créent de la richesse. Aux yeux de Zola, cela les justifie. Mais, même si Zola balaye une bourgeoisie usée et vicieuse, il la remplace par une race où règnent les mêmes valeurs 'bourgeoises,' le même esprit d'autorité et d'entreprise, mais plus vigoureusement et plus sagement déployés. C'est le Zola de fond qui a créé la dynastie des Froment et qui a distancé le réformateur socialisant que remuait le spectacle de la misère sociale. Il ne peut offrir que de la compassion au malheureux Moineaud, 'lamentable ruine de cinquante années d'injuste travail,' avec sa '*petite* pension de retraite, qu'il devait à l'initiative *pitoyable* de Denis' (VIII, 425) ; ou bien à son fils, Victor, 'tournant la meule que son père avait tournée, du même effort aveugle et têtu' (VIII, 426), et cela après un quart de siècle du régime de Denis Froment : 'C'était le recommencement de l'inique destin, tout l'écrasant labeur tombant sur la bête de somme, le fils après le père broyé, hébété sous la meule de misère et d'injustice' (VIII, 473).[5] Zola ne pratique encore aucune réforme fondamentale dans les structures de la société. Ce début d'une société nouvelle qu'il cherche à fonder dans ses *Evangiles* n'est aucunement égalitaire. Le régime de Chantebled est paternaliste, nettement hiérarchique et autoritaire. A la fin du roman, si Mathieu 'avait abdiqué le pouvoir effectif, il restait là le dieu créateur, l'oracle questionné, écouté, obéi' (VIII, 435). A soixante-sept ans, Ambroise Froment 'dirigeait encore sa maison de commission, où ses fils Léonce et Charles restaient de simples employés, où ses gendres, les maris de ses filles Pauline et Sophie, tremblaient devant lui, roi incontesté, obéi de tous ...' (VIII, 486). Il ne manque pas de serviteurs à Chantebled non plus. Et ce n'est pas seulement pour rire que, dans le livre cinq, la jolie Rose organise le cortège et fête la royauté et l'empire des Froment 'au seuil des Etats de son père' (VIII, 376). Comme l'a observé Péguy : 'Elle avait, hélas ! beaucoup plus profondément raison qu'elle ne se l'imaginait.'[6]

Zola déclare à Mirbeau que '*Fécondité* n'est qu'une humanité élargie pour les besoins de demain.' Il est peut-être déjà sensible aux critiques des socialistes et conscient du fait qu'il n'a guère respecté, dans le premier 'Evangile,' le but principal de la série, car il ajoute : 'Mais la victoire y semble rester à la force, et c'est ce que viendront corriger l'organisation du travail, l'avènement de la vérité et de la justice.'[7] Il éprouve déjà le besoin de *corriger* le tableau qu'il donne dans *Fécondité*, celui d'une société encore construite selon l'idéal familial et avec l'esprit de concurrence comme principe d'ordre.

Pourtant, dans le retour que Zola semble préconiser aux formes traditionnelles de la société, il offre une solution à la crise indivi-dualiste de son époque. Du point de vue social, *Fécondité* raconte la désintégration de la famille moderne qui met les intérêts de l'in-dividu au-dessus de ceux de la communauté : 'Une société à l'agonie, dans sa haine de la vie normale et saine ! Tous les déchets, la fortune diminuée, gâchée jour à jour, la famille limitée, souillée, détruite ! ... Ah ! nous allons bien, ces malheureux-là veulent décidément la fin du monde !' (VIII, 295). Par opposition et pour remédier à ce mal, Zola revendique, à travers les Froment, les forts liens du devoir familial, les contraintes personnelles qu'imposent les intérêts d'une telle collectivité, l'espérance de continuité que fournit la naissance des enfants. Zola retrouve et exalte dans ce roman une certaine forme du traditionalisme, ce qui peut surprendre à premier abord chez un auteur à fortes tendances socialistes, et surtout dans une œuvre par laquelle il devait préparer la société de demain. Traditionaliste, mais nullement réactionnaire, car, comme Micheline Tison-Braun l'a re-marqué, 'le traditionalisme ne se confond pourtant pas avec le simple esprit conservateur, qui est fait de crainte des aventures plutôt que de piété, et où mêle souvent le désir tout égoïste de perpétuer un état de choses profitable.'[8]

Par son message social, *Fécondité* est à ranger à côté de toute une série d'œuvres de cette époque, dans lesquelles se manifestent les mêmes inquiétudes devant le spectacle d'une France affaiblie et menacée par l'individualisme, l'anarchie et la décadence. Tout un genre du roman familial existe dans les catacombes littéraires de ce temps, proclamant que la famille est le groupe naturel, générateur de beauté, d'harmonie sociale et de bonheur. C'est l'époque où l'on débat avec ferveur, dans la littérature et dans les journaux et revues, les questions du divorce, de l'union libre, des droits de l'individu et de l'émancipation des femmes. Combien de romans et de pièces à thèse, comme *Un Divorce* (1904) de Bourget ou comme *le Partage de l'enfant* (1905) de Léon Daudet, présentent des cas de conscience dans la famille ? Combien d'ouvrages, comme *Femmes nouvelles* (1899) de Paul et Victor Margueritte, élèvent une fille ou un fils, qui représente les droits et la révolte de l'individu, contre une mère ou un père, qui incarne les devoirs et les servitudes de la famille ?

A l'avant-garde des écrivains qui cherchent à inspirer le respect de la religion du foyer et des ancêtres, on trouve ce que Bernard Amoudru appelle le 'clan des B.' 'Les vrais responsables du revirement d'opinion,' écrit-il, 'ce sont les romanciers traditionalistes qui ont fait campagne pour la famille française, les Bourget, les Bordeaux, les Bazin, les Boylesve.'[9] Dans *l'Etape* (1902), par exemple, Bourget étale les dangers de l'excessive mobilité sociale, occasionnée par la prédominance de la famille moderne, individualiste et mal assise. Il loue les vertus de la famille traditionnelle qui assure la durée et la stabilité, en défendant les hiérarchies éternelles. Pareillement, dans *le Pays natal* (1900) et *les Roquevillard* (1906), Henry Bordeaux exalte les bienfaits de la tradition familiale et des familles nombreuses. Dans ce dernier roman, comme dans *Fécondité*, un chêne patriarcal symbolise la stabilité, la durée et la continuité de dévouements et d'efforts, qui caractérisent les familles traditionnelles. Comme Zola, Bordeaux cherche aussi à inspirer le respect de la maternité et la conscience de la beauté de la mère. Quant à l'autre romancier régionaliste, René Bazin, il se fait le chroniqueur des grandes familles travailleuses dont il déplore, dans son roman le plus connu, *la Terre qui meurt* (1899), l'abandon du domaine traditionnel, mouvement que les Froment de Zola cherchent à renverser.

Ces écrivains se réclament des théoriciens traditionalistes : de Balzac, pour qui la famille est le véritable élément social; de Bonald, pour qui la société se compose de familles, et non d'individus; de

Comte, pour qui la cellule sociale est la famille; et surtout de Le Play, pour qui la famille, comme la religion et la propriété, sont des institutions immuables.[10] De plus, les auteurs du roman familial de cette époque sont chrétiens.

En effet, rien ne saurait mieux décrire, à quelques détails près, le régime familial de Chantebled que la définition de la famille idéale, donnée par Le Play, celle de la 'famille-souche,' opposée, comme dans *Fécondité*, à la famille instable qui caractérise la vie moderne.[11] D'autre part, il est évident que, idéologie mise à part, la moralité de Mathieu et de sa famille est proche des valeurs chrétiennes. Mais gardons-nous de mettre Zola dans une telle compagnie. S'il se trouve occuper, dans *Fécondité*, les mêmes positions que celles de ces théoriciens et romanciers, ce n'est point qu'il s'en inspire, ni qu'ils s'inspirent de lui. Il a relevé indépendamment les mêmes symptômes de décadence dans une société travaillée par l'individualisme et l'anarchie. Il a retrouvé d'instinct la même nécessité d'étaler les mérites de l'esprit familial qui assure la stabilité sociale, sans compromettre l'effort individualiste.

Au fond, Zola a donné libre cours aux sentiments personnels qui inspirent son roman : rêves de paternalisme, de conquête, de bonheur et d'harmonie sociaux et familiaux. Ce qui importe pour lui aussi, c'est que la famille, telle qu'il la conçoit, assure la discipline de l'instinct sexuel, cette force impérieuse dont il a si souvent étalé les ravages. Elle garantit que l'amour remplira la fonction approuvée par la nature, la propagation de l'espèce, grâce à laquelle la société perpétue son existence. A travers le spectacle ridicule qu'il présente, chez les Séguin, du ménage à trois, à travers la littérature dont ils se délectent et que Mathieu et Marianne tournent en ridicule, Zola s'en prend à la conception de l'amour romanesque, idéalisé comme ascèse ou comme adultère – tout le 'mythe' même de l'amour-passion par lequel se rejoignent la morale de Wagner et celle du roman de mœurs mondaines d'un Paul Bourget. A cette conception de l'amour, Zola oppose la morale sexuelle de *Fécondité*, qui revêt deux aspects : d'abord celui d'un culte païen de l'amour sexuel, libéré des entraves de l'esprit, en tant que puissance solaire, celui d'un culte de la femme en tant que femelle, glorifiée comme une des forces créatrices de la vie; d'autre part, sur le plan social, une morale de l'espèce et de la société, selon laquelle le mariage est un principe d'ordre et la sexualité une manière de sacrement.

Zola passe en revue tous les maux qui affligent la famille et menacent la société : relâchement du lien conjugal chez les Séguin et les Beauchêne; recherche du luxe et de l'avancement social, doublée du mépris des devoirs domestiques, chez les Séguin et les Morange; peur des maternités nombreuses dans tous les ménages bourgeois du roman; dissolution du patrimoine chez les Séguin; individualisme effréné et tendance à vivre hors du foyer, en satisfaisant le goût des relations mondaines, chez les Séguin et les Morange; émigration vers les grands centres urbains chez les Lepailleur. A tout cela, Zola oppose son bréviaire héroïque, l'ensemble de valeurs que les Froment mettent en pratique : l'inviolabilité des liens conjugaux, la solidarité entre les membres de la famille, la perpétuité des dévouements.

Telles sont les vertus qui fleurissent spontanément, magiquement, dans le refuge presque tolstoïen que Zola crée à Chantebled (du moins avant que les richesses ne s'accumulent) : 'Ils vivaient là très simplement, installés en paysans véritables, sans luxe aucun, sans autre distraction que la joie d'être ensemble. Toute la cuisine joyeuse et flambante respirait cette facile vie primitive, que l'on vit près de la terre, guéri dès lors des nécessités factices, des ambitions et des plaisirs' (VIII, 234–5). Mathieu renonce à la vie intellectuelle comme à la vie sociale de Paris, microcosme de la civilisation moderne, pour s'imprégner des forces vitales de la nature. Il réalise le rêve nostalgique qui réapparaît souvent dans l'œuvre de Zola, celui d'une vie pré-culturelle, pré-industrielle, dépourvue de préoccupations philosophiques et sociales.[12] Mais, par quelle magie est-ce que la race 'vertueuse' et florissante des Froment peut sortir de ce milieu ?

Pour décrire la vie de Chantebled, Zola s'élance hors du domaine socio-économique. Pour confirmer cette idée, il suffit de comparer *Fécondité* à *la Terre*. Rien dans cette communauté agricole ne rappelle le tableau naturaliste du roman paysan. Il n'est plus question de l'appauvrissement du sol, des menaces de la concurrence étrangère, des conflits entre le libre-échange et le protectionnisme, comme c'était le cas dans *la Terre* et comme on le trouvera, plus tard, dans *Travail*. Le romancier nous dit bien que le défrichement et l'élargissement de Chantebled ne se font qu'après de rudes épreuves, lorsqu'il évoque dans les refrains du quatrième livre, par exemple, la 'lutte constante' contre les neiges, les glaces, les grêles et les mauvaises moissons. Mais tous ces revers sont mis à distance, inefficaces, mentionnés incidemment dans le récit des conquêtes de Mathieu. Dans ce roman, la nature n'est plus la cruelle et impassible maîtresse, indifférente à l'effort des hommes. Seul le personnage Lepailleur rappelle, par ses attitudes désabusées, le point de vue rétréci des paysans de *la Terre*, lorsqu'il parle de la terre comme 'une gueuse,' avec ses 'trahisons' et ses 'caprices' qui sèment la ruine. Mais le point de vue qui domine est celui de Mathieu qui partage la vision cosmique du poète et pour qui la terre est la mère universelle, nourricière et bienveillante. Il reste avant tout de *la Terre* l'aspect 'mythique,' la présence des grandes forces cosmiques qui sollicitent l'homme. Et le succès et le bonheur des Froment, comme le paradis qu'ils créent, ne s'expliquent que comme les miracles et les récompenses qui sont dûs à l'apôtre du nouvel 'Evangile' naturel.

PROCEDES ET STRUCTURE RHETORIQUES

Par ses formules simplistes, par son peu de subtilité et de retenue, *Fécondité* a alarmé bien des pudeurs littéraires. Incontestablement, comme F.W.J. Hemmings l'a observé, 'jugé purement comme une œuvre d'art, *Fécondité* offre un excellent exemple des excès dans lesquels "la littérature engagée" peut facilement entraîner l'imprévoyant.'[13] Les romanciers-critiques ont surtout été sévères, lorsqu'ils se placent pour juger *Fécondité* au point de vue exclusif de l'art. Armand Lanoux le trouve 'puéril'; Angus Wilson parle de sa 'fadeur' ('dreariness'); antérieurement, le pointilleux Henry James l'avait même défini comme 'la plus grande faute de *sens* qui ait été probablement jamais commise.'[14]

La remarque de James est significative, si l'on se souvient que le romancier américain défend une conception du roman qui exige de l'auteur une rigueur technique et une neutralité absolues. Depuis Flaubert et James, la critique est persuadée que les formes de narration 'objectives' et 'dramatiques' sont préférables à celles qui admettent les interventions directes du romancier. On s'attend à ce que le roman soit la création d'un monde autonome dont le sens n'est jamais qu'implicite. Ou bien le romancier vise en démiurge à évoquer un monde, à créer l'illusion de la réalité vécue, à façonner des personnages d'une intensité réelle; ou bien il crée un univers de rapports et de figures, indépendant du monde réel, univers dont les lois fondamentales lui sont intrinsèques et dont la cohérence est surtout de nature esthétique. Selon de tels critères, assigner une fonction édifiante à une œuvre romanesque est inadmissible; la rhétorique, sous ses formes les plus manifestes, est incompatible avec l'art.

De toute évidence, *Fécondité* va à l'encontre de ces principes dans la mesure où il appartient nettement au genre du roman à thèse. Il est vrai que la plupart des romans de Zola, surtout les derniers, se rapprochent du genre, étant souvent la démonstration de quelque loi ou principe. Mais jamais autant qu'ici le mode romanesque n'est employé pour illustrer un principe abstrait. Dans *Fécondité*, la vérité de la peinture est tout à fait subordonnée au raisonnement posé *a priori* dans l'esprit de l'auteur. Tous les événements singuliers sont commandés par une règle générale, par un impératif moral. Les développements et les changements qui ont lieu dans le récit résultent, non pas de facteurs situables dans le champ romanesque, mais d'une loi apodictique imposée de l'extérieur. *Fécondité* est donc, à cet égard, une thèse romancée. Le lecteur est constamment lancé sur des significations à mesure que les actes et les événements habillent le déroulement du raisonnement de l'auteur. A vrai dire, la technique du romancier est dictée, dans cette œuvre, par une vision morale et n'est en somme qu'une arme pour subjuguer le lecteur, pour l'obliger à une seule conclusion.

Pour ce faire, Zola n'hésite pas à discourir explicitement sur les problèmes qu'il traite. Bien des pages de l'ouvrage vibrent de la vive indignation du pamphlétaire qui fulmine contre les responsables des maux sociaux qu'il dévoile. Alors, le ton de l'œuvre rappelle la manière des articles polémiques du romancier. Il dénonce les infanticides et les avortements (VIII, 149); il affirme avec force que l'allaitement maternel doit être considéré comme normal (VIII, 172); il admire directement les personnages féconds qu'il a créés; il se lance dans de longues péroraisons dont voici un seul extrait :

Il y a crime, il y a aussi bêtise, et quel rêve de grandeur et de force, que toute l'humanité à naître acceptée, utilisée, peuplant le vaste monde, où des continents entiers sont, jusqu'à ce jour, restés presque déserts ! Est-ce qu'il y aura jamais trop de vie ? Est-ce que le plus de vie possible n'est pas également le plus de puissance, le plus de richesse, le plus de bonheur ? [VIII, 75]

Loin de vouloir déguiser le caractère démonstratif de son œuvre, Zola tire, tout au long du récit, des conclusions générales de faits particuliers. 'C'était l'histoire assez fréquente,' écrit-il à propos de Norine, 'de la fille mère qu'on finit par décider à nourrir son enfant, pendant quelques jours, avec l'espoir qu'elle s'attachera, qu'elle ne pourra plus se séparer de lui' (VIII, 306). Dans l'empressement qu'il met à déterminer l'attitude du lecteur envers son récit, Zola ne lui laisse point la liberté de choisir. Parfois même, il glisse ses propres opinions dans la conscience des personnages secondaires ou invente un observateur imaginaire qui aurait la réaction appropriée aux scènes que le romancier décrit.[15] Mais le procédé que Zola préfère et qu'il exploite abondamment pour imposer ses idées est celui du porte-parole, à travers le docteur Boutan, 'apôtre convaincu des familles nombreuses' (VIII, 34), et surtout à travers Mathieu Froment qui commente inlassablement les actes et les valeurs des autres personnages. Chaque sortie de Mathieu dans les salons, dans les rues et dans les bas-fonds de Paris lui révèle de nouveaux crimes contre la loi de la fécondité. Outre son rôle de héros, Mathieu remplit la fonction de commentateur. Il est renseigné sur tout; il comprend et interprète les conséquences de ce qu'il voit; il tire à tout moment des conclusions, signale la source des problèmes, devine les pensées et les arrière-pensées des autres personnages. C'est à Mathieu que Zola prête devant tel ou tel spectacle les réactions qu'il voudrait susciter chez le lecteur. Partout, ce personnage sert à confirmer les normes qui sont à la base du schéma moral du livre.[16]

A peine moins apparentes que ces procédures rhétoriques, externes et, pour ainsi dire, surimposées au récit, sont celles qui font plus proprement corps avec la narration. Il y a, par exemple, la façon dont Zola dramatise la nature de sorte qu'elle semble participer à l'action du roman et à la lutte qui s'y trouve entre les forces du bien et du mal. Le soir où Mathieu et Marianne font 'héroïquement' l'amour à la fin du premier livre, le ciel est criblé d'étoiles 'si brûlantes et si pures,' tandis que le récit des malheurs des Moineaud a lieu par un froid intense et par un vent très fort; ailleurs, une averse ou un orage annonce une catastrophe : la mort de Rose Froment (VIII, 392), l'assassinat de Mme Angelin (VIII, 428). Mais plus répandus sont les procédés par lesquels Zola cherche à discréditer les personnages qui 'fraudent' et à faire admirer ses héros. La simple description de ces personnages est chargée d'un sens moral. Là où Constance Beauchêne est 'sans teint, jaune et flétrie à vingt-six ans' (VIII, 26) au début du roman, Marianne est dans 'la beauté saine et fraîche de ses vingt-quatre ans' (VIII, 26). Les yeux de Mathieu sont 'profonds et clairs, vifs et réfléchis à la fois, presque toujours souriants' (VIII, 30); Sérafine, pour sa part, a de 'grands yeux ardents, pailletés d'or,' qui 'empoisonnent les cœurs' (VIII, 48). Zola ne se fait pas scrupule non plus d'employer des adjectifs qui portent directement un jugement moral. Ainsi, les Angelin sont des 'amants égoïstes'; un 'bel amour, sain et fort' unit Mathieu et Marianne, tandis que Sérafine est décrite au début comme 'une grande fille détraquée et mauvaise.'

D'une manière plus indirecte, l'auteur établit une sorte de complicité avec le lecteur, pour donner raison aux Froment, en renversant ironiquement les valeurs morales du livre à travers le point de vue des personnages qui se fourvoient. Ainsi, par exemple, Beauchêne se vante de sa sagesse 'en homme raisonnable et prudent' (VIII, 30). Valérie Morange se réjouit de 'l'innocence' de sa fille; 'je ne la confie à personne,' dit-elle – sauf à Sérafine qui est en train de la débaucher. Céleste, la bonne des Séguin, admire la Rouche qui 'l'avait délivrée d'un mort-né, un des plus beaux mort-nés qu'elle eût réussis, avec ce tour de main heureux dont elle détenait la spécialité' (VIII, 156). Lorsque, comme Morange et Sérafine, ces personnages admettent plus tard leurs erreurs ou qu'ils jalousent, comme Constance Beauchêne, le succès imprévu des Froment, c'est comme s'ils réaffirmaient des lois formelles qu'ils ont eu l'audace de violer. Voilà comment Zola, comme tout auteur de romans à thèse, a voulu dissimuler ce qu'il y a d'arbitraire dans son œuvre; et voilà aussi pourquoi il insiste tant sur la logique et l'inévitabilité des événements du récit. 'C'était une histoire logique, aux conséquences inévitables' (VIII, 266), écrit-il à propos de la corruption de Reine Morange. De même, le déclin de

Beauchêne est 'une déchéance logique' (VIII, 300), la désagrégation de son ménage 'la logique en marche, l'inévitable désorganisation qui s'achevait' (VIII, 350). D'habitude, Zola a déjà laissé prévoir ces développements 'inévitables' par certains effets d'anticipation : par le 'frisson terrible,' par exemple, qui donne à Constance Beauchêne le présage de la mort de son fils unique, ou par certaines phrases comme celle-ci qui ne laisse aucun doute sur le sort de Sérafine : 'Elle était le désir farouche et torturé qui se refuse à faire de la vie, et qui, toujours, finit par en souffrir affreusement' (VIII, 51). En général, dans cette œuvre, il n'y a pas de place pour l'indétermination ou pour la complexité. A chaque étape de son développement, l'auteur a voulu engager son lecteur.

Nous avons déjà vu que l'imagination du romancier était bien moins disponible dans l'élaboration de *Fécondité* que dans la préparation des *Rougon-Macquart* et plus soucieuse de contrôler le développement de l'œuvre. Nous venons de voir comment le souci de servir une thèse commande dans une large mesure la technique du roman. En effet, toute l'architecture de l'œuvre est dictée par les impératifs du modèle éthique : au début, dans la présentation des divers aspects du problème; ensuite, à travers le schéma crime-et-châtiment, le déterminisme du bien et du mal, qui règle le monde de *Fécondité*.

Notons d'abord que le roman se divise en six livres et que l'action est scindée en cinq chapitres pour chacun de ces livres. Ainsi Zola satisfait un goût de plus en plus impérieux pour des structures symétriques, pour une architecture 'romaine' (l'expression est d'Armand Lanoux). Mais la façon dont le romancier a disposé les éléments essentiels de cette œuvre répond surtout à des besoins qui lui sont propres.

Il est évident que Zola est resté tout à fait fidèle à ses premières intentions, celles de vouloir organiser son œuvre selon les diverses étapes de la génération et de ménager ainsi une série de contrastes entre les Froment et les autres familles. Les trois premiers livres traitent de la conception, de la naissance et de l'allaitement dans les divers ménages que l'auteur prend à tour de rôle. On pourrait donc réduire à une seule idée la fonction de chaque chapitre, ainsi dans le premier livre : au chapitre 1, l'infécondité des Beauchêne; dans le chapitre 2, le même problème chez les Morange; au chapitre 3, l'infécondité des Séguin; au chapitre 4, ce problème comme il se présente d'une façon générale à Paris; enfin, dans le chapitre 5, la fécondité exemplaire des Froment.[17]

Le deuxième livre suit un développement analogue. Au début du premier plan détaillé, Zola note qu'il étudiera dans le premier chapitre la grossesse de Marianne ('En somme, le poème de la grossesse' – f° 200), tandis que, dans le chapitre suivant, il veut évoquer la grossesse de Valentine : 'Cela pour mettre face à face les deux prochaines accouchées' (f° 208). Dans le troisième chapitre, le 'pivot' est 'la grossesse de Norine' (f° 219). Puis, exactement comme dans le premier livre, la question s'élargit : 'Le chapitre, par Mathieu, n'est que pour décrire l'intérieur d'une sage-femme. Tout ce qui se passe là, le déchet, lors des couches, comme j'ai mis le déchet de la semence au chap. IV du Livre premier' (f° 235). Ce parallélisme continue dans le dernier chapitre où, malgré le tableau horrible de l'avortement de Valérie Morange, Zola tient à 'finir par les couches de Marianne,' qui sont 'comme un chant d'espoir' (f° 252).

Le troisième livre n'apporte qu'une légère variation à ce schéma. Comme antérieurement, ce livre commence et se termine sur l'évocation des Froment. Pour le cinquième chapitre, par exemple, Zola écrit dans le plan : 'Finir là tous les allaitements, faire dominer le bel allaitement de Marianne, la santé, l'espoir en demain, la vie par-dessus tous les déchets que j'ai montrés dans le chapitre' [lire 'livre'] (f° 319). Pourtant, dans le premier livre, les ménages complémentaires (sauf les Séguin) sont restés inféconds. Cette fois donc, le romancier est obligé d'introduire dans les deuxième et troisième chapitres, non pas des cas particuliers comme il l'a fait dans les livres précédents, mais des épisodes d'un intérêt plus général, chez la sage-femme Bourdieu (chapitre 2) et au bureau de nourrices (chapitre 3). Néanmoins, Zola inclut les Morange et les Beauchêne dans le chapitre central, pour ne pas les perdre de vue : 'Donc deux scènes,' écrit-il dans le plan, 'mais très brèves, l'une pour montrer Morange, Reine et Séraphine, et l'autre pour montrer Beauchêne, Constance et Maurice. Je les veux brèves, car elles ne sont pour rien dans la question de l'allaitement, que est le motif du livre' (f° 287). Restent toutefois les Séguin, la seule famille principale où il y ait un nouveau-né. En attendant le quatrième chapitre pour s'occuper d'eux, Zola peut faire ressortir un contraste utile : 'A l'autre chapitre [chapitre 5], je retourne dans la famille de Marianne et de Mathieu et j'ai la grande opposition des deux ménages, la mère qui nourrit en face de celle qui ne nourrit pas, et les enfants de celle-ci en face des enfants de celle-là' (f° 307).

Déjà, l'examen des trois premiers livres met à nu la simplicité évidente du développement de *Fécondité* qui se révèle comme une série d'études de mœurs plutôt que comme une œuvre romanesque. Partout le moraliste l'emporte sur le romancier, surtout dans l'agencement des épisodes du récit qui répondent tous à une fonction déterminée. Dans le plan du premier livre (chapitre 5) par exemple, Zola résume toute la morale simple de la première partie de son œuvre : 'Et le fait qui en ressortira, ce sera que ce ne sont pas les prudents qui triomphent, à qui est l'avenir, mais ceux qui sont braves et qui ont confiance en la vie' (f° 188). Voilà pourquoi chaque livre commence et s'achève sur l'évocation des œuvres de la famille féconde de Chantebled, comme pour encadrer les 'méfaits' des autres personnages. Il faut que Mathieu et sa famille aient le dernier mot et que le romancier puisse conclure chaque livre sur l'indestructibilité de la vie.

Ce dernier procédé caractérise surtout le quatrième livre où l'on trouve, au début et à la fin de chaque chapitre, les 'refrains' qui permettent à Zola d'insister sur les progrès et les conquêtes des Froment. Voici, dans le plan du premier chapitre, comment le romancier a envisagé ce procédé de reprise :

Quatre ans se passent, et j'ai, de deux ans en deux ans, deux enfants de Mathieu et de Marianne. Là naissent Claire et Grégoire. Je garde évidemment cela pour la fin, et je ferai revenir ces enfants du ménage à la fin de chaque chapitre du livre, comme un refrain de légende. Chaque fois, il faudra un peu varier la façon dont sera présentée cette fécondité persistante, bien que je ne craigne pas l'insistance du retour ... Et il ne sera pas mauvais de commencer chaque chapitre par les mêmes mots : Quatre ans se passèrent, deux ans se passèrent, etc. – Et de finir les chapitres, aussi, par la même phrase à trouver. – La famille, la terre et le bonheur grandit [*sic*]. Il doit y avoir là, par la répétition de cette fécondité montante, un grand effet [f°s 329–30].

Ce quatrième livre est d'une importance particulière, car c'est là que se réalisent les conséquences de 'l'imprévoyance confiante' des Froment et de la prévoyance 'coupable' des autres ménages. Ici se confirment les développements qui constituent l'œuvre et qui opposent dans ce livre les conquêtes des Froment, présentées à plusieurs reprises dans les refrains, à une série de catastrophes venant accabler les personnages complémentaires : l'opération de Sérafine (chapitre 1) ; la mort de Reine Morange (chapitre 2) ; la dissolution du ménage des Séguin (chapitre 3) ; la stérilité de Mme Angelin et de Constance Beauchêne (chapitre 4). Enfin, dans le dernier chapitre, Zola ménage un crescendo dramatique : la mort de Maurice Beauchêne. C'est donc le livre du Châtiment et de la Récompense.

Dans le cinquième livre, Zola a visiblement fait un effort pour se garder de la simplicité 'biblique' du livre précédent et pour dramatiser un peu sa maigre intrigue. Ce livre porte presque exclusivement sur l'interaction de deux thèmes : d'abord, la tentative de Constance Beauchêne pour remplacer Maurice et pour remettre sa famille à la tête de l'usine, soit en renouant avec son mari (chapitre 1), soit en faisant retrouver le fils illégitime de son mari et de Norine (chapitres 1 et 2) ; d'autre part, l'effet des morts dans la famille des Froment (chapitres 3 et 4). Dans le troisième chapitre, Zola présente la mort de Rose, fille de Mathieu et de Marianne, comme le 'rappel atroce à l'éternel gouffre obscur, dans lequel s'élabore le monde, le jour où le malheur s'abat, creuse la première fosse, emporte un être cher. C'est la brusque cassure, l'arrachement des espoirs qui semblaient sans fin, la stupeur qu'on ne puisse vivre et s'aimer toujours' (VIII, 383). Il est évident que les soucis d'intérêt psychologique et d'intrigue romanesque de ce livre restent toujours secondaires par rapport à la présentation d'une lutte universelle entre la Vie et la Mort. Dans le quatrième chapitre, où survient la mort de Blaise Froment, le romancier écrit : 'C'était le second rappel terrible à la misère humaine, c'était le second coup de hache qui s'abattait, en pleine poussée de la famille saine et heureuse ... n'avaient-ils pas fini de payer au malheur leur dette amassée ?' (VIII, 400). Mais immanquablement, il y a dans le cinquième chapitre un retour décisif à Chantebled où pousse le chêne symbolique qui réapparaît comme un leitmotiv dans ces fins de livre. Sur le plan romanesque, Denis a remplacé son frère Blaise à l'usine; sur le plan 'cosmique,' l'auteur fait naître un dernier enfant à Chantebled pour saluer la victoire sur la mort : 'De toutes parts, la vie féconde charriait les germes, créait, enfantait, nourrissait. Et, pour l'éternelle œuvre de vie, l'éternel fleuve de lait coulait par le monde' (VIII, 418).

Une fois la victoire assurée, Zola n'a plus qu'à souligner les leçons du roman par une dernière série de contrastes. Dans le dernier livre, il fait alterner des scènes de catastrophe et des tableaux de bonheur familial. Les premier et troisième chapitres rapportent de nombreux déclins : le tableau de l'enfance criminelle, avec la mort de Mme Angelin (chapitre 1), puis la fin dramatique de Constance Beauchêne, de Morange et d'Alexandre-Honoré, sans compter la mort des archidémons que sont le docteur Gaude et Sérafine (chapitre 2). Pour le chapitre intermédiaire, par opposition, Zola a noté dans le plan détaillé : 'Faire surtout de ce chapitre un large poème idyllique, entre les deux chapitres noirs et dramatiques. Montrer le développement constant de la famille, et comment elle s'étend toujours, à Chantebled, au Moulin, dans le pays entier' (f°s 483–4). Il reste donc à la fin du livre deux chapitres pour le retour définitif à la famille de Chantebled. La fête est troublée par la querelle des deux frères, Grégoire et Gervais, qui se disputent pour un lopin de terre entre le moulin et la ferme (chapitre 4). Mais Zola se consacre entièrement aux rites familiaux lors du repas biblique du dernier chapitre : 'Mathieu et Marianne au milieu de toute leur lignée, le grand chêne au milieu de la forêt qui est née de lui et qui l'entoure' (f° 531).

Ce dernier livre parachève donc l'opposition établie par toute l'œuvre entre deux courbes de développement : la montée et le déclin progressifs des deux groupes de personnages, dont la disposition symétrique est renforcée par celle qui oppose aux deux extrémités de l'œuvre le dénuement initial et l'opulence finale des Froment. La première courbe entraîne les personnages inféconds vers le désastre et le néant dans une suite de drames sociaux auxquels Mathieu ne se mêle qu'à titre de témoin et qui se déroulent d'une façon linéaire selon des circonstances temporelles. La deuxième courbe contient l'éternel recommencement que Zola invoque lorsqu'il décrit la création perpétuellement renouvelée des Froment, pour encadrer chacune des divisions fondamentales du roman et pour lui conférer son imposante symétrie. Ce dernier mouvement cyclique et 'mythique' l'emporte toujours sur l'action historique des drames complémentaires. Ainsi,

Zola impose ordre et raison au débraillé de la vie, en même temps qu'il s'efforce de faire valoir sa thèse.

Au début de chaque chapitre de *Fécondité*, Zola veille à décompter le temps qui s'écoule. Pourtant, il est évident qu'en agissant ainsi, le romancier a négligé de replacer son œuvre dans son époque. Les allusions à Wagner et à Nietzsche, par exemple, dans le premier livre – comme plus tard, la description de la nouvelle marotte de Séguin, l'automobilisme (VIII, 220) – nous permettent de situer l'action des premières scènes du roman vers les années 1895–1900. Déjà donc, Zola a triché sur la chronologie des événements racontés et sur l'âge des personnages. Etant donné que Mathieu est le fils de Marie et de Pierre Froment du roman précédent (*Paris*), il n'a pu naître précisément qu'à ce moment-là. D'autre part, si l'on tient compte de l'âge de Mathieu au premier et au dernier livre, on constate que l'action de *Fécondité* dure soixante-trois ans. Mais le récit des aventures de Nicolas Froment, un des premiers colons français au Soudan, qu'on trouve au dernier chapitre du roman, nous amène toujours aux dernières années du dix-neuvième siècle. Zola a immobilisé l'évolution historique de son œuvre. Au développement historique, il a substitué un mouvement naturel de retour selon lequel la chronologie est remplacée par un système temporel qui relève de l'ordre naturel. Ceci règle le mouvement essentiel du roman, en établit les divisions fondamentales et détermine la vie des personnages 'héroïques,' comme le confirme, par exemple, le passage suivant, tiré du plan détaillé du troisième livre (chapitre 5) où il est question de l'enfant des Froment conçu au début du roman : 'Je tirerai des scènes d'allaitement de chaque mois, la fenaison, la moisson, les vendanges. Je le montrerai poussant avec les récoltes de la terre. Et jusqu'à l'hiver, que je pourrais employer aussi, car je voudrais pousser jusqu'au sevrage, l'année suivante, pour avoir les scènes du sevrage, les sensations de la mère redevenant femme pour l'époux. C'est là où s'arrête son rôle pour l'enfant' (f° 314). Malgré une certaine fidélité aux faits sociaux et historiques dans les tableaux des 'déchets' de la fécondité, l'œuvre se déroule essentiellement en dehors de la réalité romanesque et sans tenir compte de la succession des événements dans le temps. C'est ainsi que Zola fait mieux ressortir le caractère mythique et légendaire de son 'roman.'

9

Fécondité: évangile et mythe

LE LIVRE DE MATHIEU

Il est évident que Zola s'est appliqué assez sérieusement à la tâche de refaire l'Evangile chrétien. Chacun des romans de la nouvelle série présente en effet des caractères bibliques – thèmes, épisodes, phraséologie même – auxquels l'auteur veut prêter un sens nouveau. Bien des inconséquences et des invraisemblances que toute critique rationnelle peut reprocher au romancier, s'expliquent par le fait que, dans ces œuvres, Zola fait appel à la foi autant qu'à la raison. Pierre Froment, rendu à la vie laïque, pierre sur laquelle Zola bâtit sa nouvelle foi, a laissé à ses fils la mission de formuler et de promulger la religion laïque et naturelle qui doit délivrer l'humanité de 'l'exécrable cauchemar du catholicisme.' Mais Zola n'a pas seulement écrit un 'Evangile' social, dans lequel il offre des conseils d'une utilité temporelle. Il a écrit une œuvre qui révèle des attitudes vraiment religieuses.

Toute religion a ses dogmes, des vérités qui s'imposent à la foi et qui ne sont point susceptibles d'aucune justification scientifique ou rationnelle. Ceux qui nous sont révélés dans *Fécondité* sont des plus simples : 'Un être ne naît que pour créer, pour transmettre et propager de la vie' (VIII, 36) ; celui qui acquiesce aux lois de la nature, qui s'adonne à son œuvre d'éternelle création et s'abandonne aux sollicitations du divin désir, force solaire que soulève le monde, héritera des richesses de la terre et trouvera le bonheur du paradis terrestre. Autant qu'un engagement de patriotisme et d'utilité sociale, la grande fécondité du héros du premier 'Evangile' est un acte de foi. Ce n'est qu'en renonçant au raisonnement qu'il s'y accommode, condition même de son entrée dans le domaine religieux et mythique.

Dans le premier livre, Mathieu est à l'état du croyant qui doute : 'sa foi en la vie luttait, sa croyance que le plus de vie possible doit amener le plus possible de bonheur' (VIII, 36). Cette croyance est ébranlée par les raisonnements de Séguin, de Santerre et de Beau-chêne. Mais, à la fin du premier livre, le 'divin désir' l'emporte sur sa volonté et sur sa raison. A l'appel de la vie et de la nature, 'chez Mathieu, les réflexions, les raisonnements furent balayés, il n'y eut plus que le désir, l'insatiable et éternel désir qui a créé les mondes' (VIII, 91). Zola veut, à n'en pas douter, que l'amour sexuel joue le rôle que le feu divin, le Saint-Esprit, joue dans le système chrétien. Toutes les religions se servent du vocabulaire de l'amour. Les profanes du roman, nous dit-il, n'ont jamais brûlé 'du grand désir, du divin désir qui est l'âme du monde, le brasier d'éternelle existence' (VIII, 236). Ils n'ont jamais été remplis de l'enthousiasme (au sens étymo-logique du terme) dont Mathieu est possédé, 'emporté par lui, comme par l'invincible loi qui propage, qui éternise la vie' (VIII, 91). Dans l'acte sexuel, le réel est comme transcendé et la communion est atteinte avec les forces éternelles de la nature : 'Ah ! les délices de cela, l'ivresse délicieuse de cet amour absolu dans son infini, qui est aussi de la santé et de la beauté !' (VIII, 92).

Mais il n'est donné à Mathieu d'accéder à cet état qu'après de rudes épreuves. Comme d'habitude, le chemin du salut, la Bonne Voie du paradis est pénible à suivre et, comme tout saint ou apôtre sur le sentier bordé d'épines, Mathieu doit traverser d'abord le feu qui lui en barre l'accès. Il doit passer par l'expérience purgative, subir l'épreuve de la tentation, pour mériter la grâce du feu sacré. Dans le premier livre du roman, Mathieu est dans le lieu de perdition, le Paris que Zola transforme, usant d'une image qui lui est familière, en un enfer brûlant, embrasé, volcanique. Sur les boulevards 'ardents,' les cabinets des restaurants 'flambaient encore,' les cafés 'incen-diaient' (VIII, 72). De Chantebled, on aperçoit à l'horizon le ciel 'qu'incendiait, tout au bout, un reflet rouge de brasier, la lueur du Paris nocturne, brûlant et fumant dans les ténèbres comme un cratère de volcan' (VIII, 80). Le diable tentateur qui préside à la 'cité maudite' (VIII, 428) est la voluptueuse Sérafine. Elle est 'comme l'incarnation même de cette ville ardente' (VIII, 77), brûlant des feux infernaux : 'Dans ses grands yeux bruns, pailletés d'or, brûlait une flamme inextinguible de désir' (VIII, 46). Elle promet au saint 'd'abominables voluptés infécondes,' 'sans dangers et sans remords.' Dans le quatrième chapitre du premier livre, la lutte s'engage pour l'empire de 'l'âme' du saint, tenté par les promesses de Sérafine et par les débauches de la ville. Mais, par un procédé qui relève des moralités chrétiennes, l'image de Marianne, la bonne déesse de la nature, s'élève dans l'esprit de Mathieu pour dissiper les mauvaises pensées et, dans le train, l'air sain et pur de la campagne le purge des désirs 'impurs' : 'Il fit le trajet penché à la portière, la face au petit vent froid de la nuit, comme pour se laver du désir mauvais, dont il sentait encore brûler ses veines' (VIII, 78). Par contraste, dans le premier plan détaillé du chapitre suivant, Zola note que Mathieu est 'déjà lavé du désir de Sérafine, respirant fortement toute la sève qui monte de la terre, dans le calme de la nuit' (Ms 10.301, f⁰ 184). Dans ce récit de la tentation du sauveur, Zola rassemble les forces du bien et du mal, développant, avec une simplicité biblique, l'antithèse ville-campagne, civilisation-nature, qui marque toute son œuvre et qui revêt ici une signification religieuse. Elle devient l'enfer-paradis terrestre du système 'théologique' de Zola, qui oppose Chantebled, Royaume de la lumière et du soleil, à Paris dont il décrit souvent les allées obscures et souterraines, les gouffres noirs où s'accomplissent les crimes les plus infâmes. Parfois, d'une façon significative, Zola nous transporte brusquement d'un monde à l'autre, comme par exemple dans la scène où Mathieu accompagne Morange à la maison de la sage-femme Rouche : 'Ce fut d'abord, en quittant le gai soleil qui tiédissait la radieuse matinée, les demi-ténèbres de l'allée puante, aux murs lézardés et moisis. Puis, ce fut la cour verdâtre, pareille à un fond de citerne, et l'escalier gluant, empoisonné par les plombs, et la porte jaunâtre, que la crasse des mains avait noircie. Par les beaux temps, la maison suait plus encore son ignominie' (VIII, 154).

Toute religion a aussi son culte et ses rites, l'ensemble de pratiques dont la vertu propitiatoire met le croyant en présence du sacré. Dans *Fécondité*, les actes les plus simples revêtent un aspect religieux. Il faudra revenir sur le caractère rituel des œuvres de Mathieu, lorsqu'il sera question du 'mythe' de *Fécondité*. Arrêtons-nous plutôt sur le culte que Mathieu rend à la femme féconde et à la vie en éclosion, à travers la description remarquable de l'office dominical qu'il célèbre auprès de sa femme enceinte : [1]

Il découvrit le ventre, d'un geste religieux. Il le contempla, si blanc, d'une soie si fine, arrondi et soulevé comme un dôme sacré, d'où allait sortir un monde. Il se pencha, le baisa saintement, en mettant dans ce baiser toute sa tendresse, toute sa foi, toute son espérance. Puis, il resta un instant, ainsi qu'un fidèle en prière, posant sa bouche avec légèreté, plein d'une prudence délicate [VIII, 96].

A travers toute l'œuvre, Zola se sert ainsi du vocabulaire religieux pour décrire la mère et la maternité.

Le culte de Mathieu s'oppose aux attachements impies des autres personnages, qui écoutent les faux prophètes et dont les égarements sont décrits avec la même terminologie. Constance Beauchêne se dévoue à son fils unique : 'l'unique dieu en qui maintenant elle mettait sa tendresse' (VIII, 314). Les Séguin et Sérafine s'adonnent à 'la religion du plaisir,' celle-ci, accompagnée de sa néophyte Reine Morange, se livrant aux pratiques diaboliques dans son tabernacle de la rue Marignan, 'sans fenêtres apparentes, sourd, profond comme une tombe, avec les dix bougies de deux candélabres allumées en plein jour' (VIII, 50). Pour Morange, sa femme et sa fille sont des divinités; dans leur chambre, il se comporte 'comme dans un lieu sacré,' 'avec un sourire béat de dévot, initiant un profane au culte de l'idole' (VIII, 269). Puis c'est Rougemont où a lieu un véritable massacre des innocents et qui devient 'une hécatombe, payée au dieu monstrueux de l'égoïsme social' (VIII, 359). Tout cela, Zola le résume en usant avec insistance de l'image biblique qu'on lui connaît : 'le flot de semence détourné de son juste emploi, tombé au pavé où rien ne poussait, Paris enfin mal ensemencé, ne produisant pas la grande et saine moisson qu'il aurait dû produire' (VIII, 74).

C'est la nature elle-même qui se fait la Providence du récit biblique qu'est *Fécondité*, jouant le rôle du dieu vengeur qui frappe ceux qui méprisent ses lois. 'Tout arbre qui ne produit point de bon fruit sera coupé et jeté au feu' (Matthieu, VIII, 19). La même loi préside au destin des personnages du roman. La nature comble de bienfaits ceux qui respectent ses lois, transformant en champs de blé des terrains incultes depuis des siècles : 'Quel est celui-ci, à qui les vents et la mer obéissent ?' (Matthieu, VIII, 27). Peut-on nier à Zola le droit de mettre dans son récit évangélique des miracles et des mystères ?

A mesure que le roman se déroule, Mathieu et Marianne sortent
définitivement du domaine de l'histoire et de la réalité. Ils baignent
dans une atmosphère merveilleuse, sont parés d'une auréole solaire
et, avec leur descendance nombreuse qui rappelle celle des rois de
l'Ancien Testament,[2] deviennent comme des héros bibliques et légendaires dont ils empruntent même la simple rhétorique de langage.
Voici un extrait de la fête messianique qui clôt le roman et qui donne
aussi un exemple du symbolisme religieux du repas, véritable avant-
goût de la plénitude éternelle. Cette scène réalise, en quelque sorte,
la prophétie analogue de l'Evangile chrétien : 'Aussi je vous déclare,
que plusieurs viendront d'Orient et d'Occident, et auront place au
festin dans le royaume des cieux ... (Matthieu, VIII, 11). C'est la
scène de l'arrivée de Dominique qui emmènera avec lui Benjamin,
le dernier-né du vieux patriarche :

– Qui donc est-tu, mon enfant, toi qui m'appelles grand-père, et qui me
ressembles comme un frère ?
– Je suis Dominique, le fils aîné de votre fils Nicolas, qui vit, avec ma mère
Lisbeth, au vaste pays libre, dans l'autre France.
– Et quel âge as-tu ?
– J'aurai vingt-sept ans en août prochain, lorsque, là-bas, les eaux du Niger,
le bon géant, reviendront féconder nos champs immenses [VIII, 490].

Enfin, *Fécondité* revêt un caractère biblique ou légendaire, et nullement romanesque, dans la mesure où il n'y a aucun véritable conflit
dramatique. Le hasard et l'imprévu ont été tout à fait abolis. L'œuvre
présente plutôt une série de destins qui servent d'exemples ou d'avertissements. Une Providence justicière a remplacé le déterminisme
du milieu et de l'hérédité des *Rougon-Macquart*. Tous les personnages sont dépourvus de libre arbitre à tel point que leur destin
s'accomplit malgré eux. La volonté humaine elle-même, coupable de
chercher à s'imposer à la volonté inconsciente de la nature, est mise
en question.[3] Tout ce qui se passe dans le roman a été préordonné.
C'est ce qu'indiquent, par exemple, la ressemblance fatidique de
Reine Morange avec sa mère et le 'frisson terrible' qui, à plusieurs
reprises, glace le cœur de Constance et annonce la mort de son fils.
Tel est aussi le sens de la répétition de certaines scènes. Chaque

itinéraire a été tracé par la Providence, par la nature. Il en est de même du succès des Froment : 'Et cette conquête, elle s'était faite d'elle-même, ils ne l'avaient ni voulue ni organisée' (VIII, 483). Ils ne sont que les élus que la divine grâce a visités : 'Et, dans leur grandeur de héros, il y avait aussi tout le désir dont ils avaient brûlé, le divin désir, fabricateur et régulateur du monde, qui les avait visités en coups de flamme, à chacun de leurs enfantements nouveaux. Ils étaient comme le temple sacré que le dieu avait habité constamment, ils s'étaient aimés du feu inextinguible dont l'univers brûle, pour la continuelle création' (VIII, 500). Aussi, pour l'auteur de *Fécondité*, la conscience suprême réside-t-elle dans la nature.

LE RECIT MYTHIQUE

Il s'agit maintenant d'étudier la façon dont Zola, poète panthéiste, anime cet univers naturel pour créer les 'mythes' de sa religion païenne, mythes qui se camouflent à peine sous ce roman à thèse et sous cette histoire hagiographique. Le mythe peut se définir comme une histoire et/ou une situation symboliques et sacrées, tenues pour vraies et réelles, non pas sous un aspect historique, mais selon une perspective éternelle et absolue. Evénement survenu dans le temps sacré des commencements, le mythe remplit deux fonctions : d'abord, il explique des phénomènes universels, tels que la création du monde, la chute de l'homme, etc.; il peut aussi être exemplaire, dans la mesure où il raconte les actes des dieux et des héros, fournissant les règles de conduite des hommes. L'imitation du mythe permet à l'initié de rejoindre le temps sacré et de se justifier. D'après de tels critères, on pourrait démontrer que l'œuvre créatrice de Mathieu et de Marianne revêt tout un caractère mythique, comme ils incarnent des forces élémentaires et répètent les actes sacrés de la création éternelle.

La 'passion' qu'a Zola pour la nature s'étend au-delà d'une simple émotion esthétique. Elle relève presque des sentiments magico-religieux des âmes primitives. Sans doute, Zola était tout à fait familier avec le panthéisme intellectualiste, avec l'hypothèse de l'unité absolue de l'univers.[4] Mais le panthéisme, comme il apparaît dans son œuvre, est peu intellectualisé. Le romancier cherche plutôt à rétablir *physiquement* les êtres dans leur rapport naturel, ce qui nécessite même, comme chez Mathieu Froment, le renoncement à la vie intellectuelle. C'est par les instincts, par le corps, par les simples gestes et actes archaïques, qu'ils s'insèrent dans l'ordre naturel et qu'ils retrouvent l'état d'harmonie plénière avec le cosmos; c'est à cet état qu'aspiraient les plus sains et les plus vigoureux de ses personnages antérieurs. Mathieu et Marianne vivent dans un accord parfait avec les éléments, avec leurs rythmes éternels, avec la poussée des sèves, le soleil fécondateur et la terre féconde.

Nous avons déjà touché à l'importance des éléments naturels dans l'œuvre de Zola (dans le chapitre 3 ci-dessus), surtout dans l'élaboration du mythe de la fécondité. Reprenons cette question, car, dans *Fécondité*, les éléments jouent un rôle privilégié. Chargés d'une puissance sacrée, ils expriment l'unité profonde de toutes les manifestations plénières de la vie. D'abord, le soleil, toujours présent à Chantebled, toujours le compagnon du divin couple à Paris, est la source de l'énergie cosmique qui fait circuler les eaux et les sèves et qui assure toutes les fécondités (comme le *cakti* ou le *kudrat,* la force sacrée des religions indiennes, ou bien l'*hélios* des grecs). Avant de s'adonner à l'acte créateur, Mathieu s'inspire de 'la flamme inextinguible de l'immortel soleil' : 'Le divin désir passait, l'âme brûlante dont les champs palpitent, qui roule dans les eaux et flotte dans le vent, engendrant à chaque seconde des milliards d'êtres' (VIII, 244). En effet, l'héliotropisme chez les personnages sains et naturels est un des caractères permanents de l'œuvre de Zola. Très remarquable est la fréquence, dans ses romans, de scènes où le personnage principal s'épanouit et renaît sous le soleil. De telles scènes s'accompagnent le plus souvent d'un renouveau d'espoir et de bonheur. Rappelons, par exemple, la fin de *la Joie de vivre,* ou bien celle de *l'Argent.*[5] Le dernier épisode du *Rêve* révèle qu'Angélique est trop éthérée pour supporter l'éclat du 'vivant soleil du printemps,' lorsqu'en quittant l'église, elle sort du rêve 'pour entrer dans la réalité' (V, 1317). Tout un drame se joue sur ce thème au début du deuxième livre de *la Faute de l'abbé Mouret,* où Serge renaît à la vie naturelle après la maladie de ses tourments mystiques de prêtre. Derrière les volets de sa chambre, le soleil le cajole, lui ravive le sang, le ramène à la vie végétale et authentique des éternels renouvellements. Serge finit même par se laisser séduire et pénétrer par le soleil : 'C'était une marche lente, assurée, une approche d'amoureuse, étirant ses membres blonds, s'allongeant jusqu'à l'alcôve d'un mouvement rythmé, avec une lenteur voluptueuse qui donnait un désir fou de sa possession ... Serge abandonna ses mains amaigries de convalescent à cette caresse ardente, il fermait les yeux à demi, il sentait courir sur chacun de ses doigts les baisers de feu, il était dans un bain de lumière, dans une étreinte d'astre' (III, 107). La fenêtre devient comme un autel dressé au culte du divin soleil : 'Serge ne pouvait plus vivre sans le soleil.'

Dans *Fécondité*, Zola développe avec insistance de tels effets et leur accorde leur plein sens symbolique. Notons dans cette œuvre combien sont fréquentes (comme d'ailleurs dans *le Docteur Pascal*) des scènes où, par un geste rituel, le rideau est tiré pour admettre le soleil, comme quelque visiteur divin qui apporte la vie et l'espoir. Le soleil est nettement devenu 'l'âme de l'univers,' l'aiguillon de la vie, le divin désir lui-même qui visite les époux 'en coups de flamme.' L'instinct créateur est l'énergie solaire. Le soleil revêt l'aspect d'un dieu de la fécondité, avec toute sa puissance primitive, père et créateur de l'univers : 'C'est tout un royaume du blé, tout un monde nouveau à enfanter par le travail, avec l'aide des eaux bienfaisantes et de notre père le soleil, source d'éternelle existence (VIII, 182). Ainsi, la création de Chantebled et de la famille qui le peuple, œuvre d'inspiration divine, fait partie de l'éternelle création cosmique.

Par un procédé équivalent, Marianne devient l'autre grande figure divine des religions primitives de la fécondité : la Terre-Mère, Cybèle, la déesse de la terre. On sait l'importance que Zola attribue, dans d'autres ouvrages, à la présence de la terre, qu'il incarne parfois dans un personnage féminin ou qu'il anime d'une vie presque humaine.[6] Nous avons déjà vu que Zola va même plus loin dans le sens mythique, jusqu'à donner à certains personnages non seulement le sentiment d'une solidarité mystique avec la terre, mais le sentiment même de l'autochtonie, de l'émergence de la Terra Mater. Tout le mouvement de *la Terre*, avec le thème de l'éternel retour des saisons et des cycles de la fécondité, démontre que c'est la fécondité intarissable de la Terre qui a donné naissance à toutes les formes de la vie. Elle est 'l'immortelle, la mère d'où nous sortons et où nous retournons' (v, 1142). La mort n'est qu'un retour au sein maternel, la transition vers une autre forme de la vie.[7] Ainsi, ce n'est pas seulement pour répondre à la thèse malthusienne que Zola décrit, avec une telle insistance, la fécondité analogue de la mère et de la terre. Sur le plan mythique, les deux activités ne font qu'une. Une unité profonde existe entre toutes les manifestations cosmologiques de l'éternelle création de la vie. La conception d'un enfant, comme le labour des champs, n'est rien qu'une participation cosmobiologique à la création universelle. Lors de la conception de Gervais, 'le fils de Cybèle' (VIII, 406) :

De la vaste terre, couchée dans l'ombre comme une femme aux bras de l'époux, montaient les délices du spasme générateur, le petit bruit des eaux heureuses, gonflées d'œufs par milliards, le soupir large des forêts, vivantes, bourdonnantes des bêtes en rut, des arbres en poussée de sève, le branle profond des campagnes que soulevait de partout l'éclosion des graines...

...La sève de la terre montait, procréait dans l'ombre, embaumée d'une odeur de vivante ivresse. C'était le ruissellement des germes, charriés sans fin par les mondes. C'était le frisson d'accouplement des milliards d'êtres, le spasme universel de fécondation, la conception nécessaire, continue de la vie qui donne la vie [VIII, 91–2].

Même universalité du phénomène, même animation des sèves et des eaux de la terre, quand l'enfant est nourri :

Il tirait si fort, qu'on entendait le bruit de ses lèvres, comme le bruit léger d'une source à sa naissance, le mince ruisseau de lait qui devait s'enfler et devenir fleuve. Autour d'elle, la mère écoutait cette source naître de partout et s'épandre. Elle n'était point seule à nourrir, la sève d'avril gonflait les labours, agitait les bois d'un frisson, soulevait les herbes hautes où elle était noyée. Et, sous elle, du sein de la terre en continuel enfantement, elle sentait bien ce flot qui la gagnait, qui l'emplissait, qui lui redonnait du lait, à mesure que le lait ruisselait de sa gorge. Et c'était là le flot de lait coulant par le monde, le flot d'éternelle vie pour l'éternelle moisson des êtres [VIII, 183].

Dans de tels passages, assez fréquents dans *Fécondité*,[8] tout l'univers naturel s'anime, pour devenir, au lieu d'une masse de phénomènes arbitrairement rassemblés, un cosmos vivant, mouvementé, en création perpétuelle, duquel l'homme qui y participe tire tout son sens.

Il est évident que, dans de telles scènes, les eaux et la sève qui ruissellent dans les sillons ont aussi une valeur particulière. Elles sont comme la substance primordiale, à la fois le *semen virile* de la terre et le lait nourricier.[9] Rappelons encore une des caractéristiques de la renaissance à l'état d'homme de Serge Mouret qui boit aux sources viriles de la terre : 'Il n'était qu'une plante, ayant la seule impression de l'air où il baignait. Il restait replié sur lui-même, encore trop pauvre de sang pour se dépenser au-dehors, tenant au sol, laissant boire toute la sève à son corps' (III, 113). Chez la femme, c'est le lait nourricier qui joue un rôle analogue. Citons un passage de la fin de *l'Argent*, où il s'agit du regain d'espoir et de joie chez Mme Caroline : 'Et elle s'efforçait de garder son deuil ... Mais, entre ses doigts serrés sur son cœur, le bouillonnement de sève devenait plus impétueux, la source de vie débordait, écartait les obstacles pour couler librement, en rejetant les épaves aux deux bords, claire et triomphante sous le soleil' (VI, 656–7). Mathieu et Marianne atteignent définitivement cet état d'harmonie avec le cosmos, retrouvant la situation plénière et primitive à laquelle la vie sociale et profane ou l'intellectualisme empêchent d'autres personnages zoliens d'accéder. C'est ainsi qu'ils se réintègrent à la vie élémentaire et cosmique.

Marianne est donc la 'bonne déesse féconde' (VIII, 80) qui se distingue à peine de la terre elle-même. Elle *est* Cybèle et Gervais *est* ce que son père l'appelle 'par plaisanterie' : 'le fils de Cybèle.' Ce dernier est autant le fils du soleil et de la terre que de ses parents humains. Il tire sa force de la terre même, boit à 'l'éternel fleuve vivant qui coule dans les veines du monde' (VIII, 234). Zola insiste, dans le premier plan détaillé : 'Je dis que le lait coule par le monde, il faut donc que je montre la nature nourrice' (Ms 10.301, f° 313). Rien ne démontre mieux ce fait que la scène remarquable du début du troisième livre, dans laquelle Marianne nourrit son enfant 'sous le soleil qui la baignait d'or.' S'asseyant dans l'herbe haute, elle y disparaît presque, 'au milieu de cette éclosion, de cette poussée pullulante des germes d'avril; tandis que l'enfant, sur sa gorge ouverte et libre, tétait à longs flots le lait tiède, de même que ces verdures innombrables buvaient la vie de la terre' (VIII, 181). Préalablement, vers la fin du premier livre du roman, ce n'est pas seulement la femme qui attendait l'avènement du 'père créateur,' mais aussi toute la terre, tout ce 'déroulement sans fin de plaines rafraîchies d'obscurité, rêvant d'enfantement dans l'attente prochaine du soleil' (VIII, 81). Il est clair ici que la mère humaine est une figure allégorique qui représente la Grande Mère tellurique; la conception, l'accouchement et l'allaitement humains ne sont que la version microcosmique de l'acte primordial de gestation qui s'accomplit au sein de la terre, la mère universelle.

Zola a su donner à son œuvre toute une dimension mythique que laisse à peine soupçonner tout le travail préparatoire.[10] Mathieu et Marianne deviennent des figures d'une stature mythique, hiératique, s'assimilant aux grandes forces cosmiques du soleil et de la terre. Ils y parviennent à force d'imiter, même de devenir, les grandes divinités de la fécondité. Ils revivent, pour ainsi dire, le mythe central, la hiérogamie cosmique de la création, le mariage entre le Ciel et la Terre. Selon Mircea Eliade, ce mythe cosmogonique est très répandu : 'Ce mythe ressemble plus ou moins à celui dont Hésiode nous parle dans sa Théogonie (126 seq.) : Ouranos, le Ciel, s'unit à la Terre, Gaia, et le couple divin engendre les dieux ... Tout ce qui *existe* – le Cosmos, les Dieux et la Vie – prend naissance de ce mariage.'[11] Dans *Fécondité*, la vie humaine n'a plus de valeur que dans la mesure où elle perpétue la vie universelle; dès chaque naissance, 'un être encore continuait les êtres, dans la flamme radieuse du soleil' (VIII, 167). C'est en actualisant le mythe cosmogonique que ces personnages s'insèrent dans l'ordre de l'universelle création. Leur union rituelle trouve sa justification dans l'événement primordial qui confère la fécondité, l'opulence et le bonheur, car 'pour le monde "primitif," toute régénération implique un retour aux origines, une répétition de la cosmogonie.'[12] *Fécondité* raconte ce retour aux origines, qui réactualise le mythe même de la naissance du monde.

Ainsi s'explique la retraite des Froment à leur refuge rural, leur transformation progressive en figures d'une simplicité biblique, à mi-chemin entre la réalité et la légende, et la répétition de leurs simples gestes et actions. Leur vie n'est qu'un retour à une situation plus favorable à l'accomplissement des rites qui les réintègrent dans l'ordre initial et durable et que la civilisation moderne cherche à désacraliser et à abolir. A Chantebled, tous les actes de Mathieu et Marianne, qui créent et transmettent de la vie, revêtent un caractère rituel ; comme l'acte procréateur lui-même qu'ils répètent avec une régularité et selon un rythme tout à fait cérémonieux. Dans ce roman, comme dans *la Terre*, le geste du semeur a une importance rituelle et symbolique. On retrouve la même transfiguration du semeur et la même perspective universelle.[13] Ici non plus, il ne s'agit pas de montrer la machine au travail, ce qui ne donnerait pas le sens d'une participation directe aux processus de la création cosmique :

Et Mathieu repartit, lançant le grain à la volée, de son grand geste rythmique. Pendant que Marianne le regardait s'éloigner, grave et souriante, la petite Rose, qui était là, eut l'idée de semer, elle aussi. Elle l'accompagna, elle prit des poignées de terre qu'elle jeta au vent du ciel. Les trois garçons l'aperçurent, Blaise et Denis accoururent les premiers, Ambroise se hâta ensuite, tous semant à pleins bras ... Et il sembla un moment que Mathieu, du même rythme dont il confiait aux sillons les germes du blé attendu, les semait aussi, ces chers enfants adorés, les multipliait sans compter, à l'infini, pour que tout un petit peuple de semeurs futurs, nés de son geste, achevât de peupler le monde [VIII, 232].

Partout, l'univers témoigne de sa puissance créatrice. Zola a l'intuition de la solidarité qui existe entre la fécondité de la terre et la fécondité de la femme, ce qui est tout à fait familier aux lecteurs de *la Terre*; vers la fin de *Fécondité*, il écrit : 'C'était cette force, c'était cette puissance qui montaient du domaine entier, l'œuvre de vie enfantée, créée, le travail de l'homme engrossant la terre stérile, l'accouchant des richesses nourricières, pour une humanité élargie, conquérante du monde' (VIII, 411). A la différence de passages semblables dans *la Terre,* Zola réduit le caractère érotique de sa description, pour souligner l'aspect créateur du travail. Mais il nous rend toujours sensibles au caractère sacré du travail des champs, travail qui s'accomplit à l'intérieur d'un cycle cosmique et qui revêt une valeur tout à fait rituelle. Comme à la conception de l'enfant, la fécondation de la terre déchaîne toutes les forces créatrices de la nature, imitant l'acte créateur originel. Voici la description de Mathieu et de son

compagnon en train de pénétrer et de féconder le sol; la présence de
'Cybèle' allaitant son enfant assure la fécondité de leur labeur :

Les pioches des deux hommes sonnaient, la tranchée avançait rapidement
dans le sol gras, bientôt l'eau coulerait jusqu'aux veines desséchées des
sablonnières voisines, pour les féconder. Et le petit ruissellement du lait continuait avec son léger murmure de source inépuisable, infinie, coulant du
sein de la mère dans la bouche de l'enfant, comme d'une fontaine d'éternelle
vie ... Il mêlerait bientôt son chuchotement au bruit de la source délivrée,
lorsqu'elle descendrait, par les rigoles, vers les terres brûlantes; et ce serait le
même ruisseau, le même fleuve peu à peu débordant, portant la vie à toute
la terre, le grand fleuve de lait nourricier coulant par les veines du monde,
créant sans relâche, refaisant plus de jeunesse et plus de santé, à chaque
nouveau printemps [VIII, 231].

En défrichant les terres incultes de Chantebled, Mathieu transforme
la matière indifférenciée et informe du chaos primitif en un cosmos
durable et efficace. C'est ainsi qu'il se maintient dans l'atmosphère
sacrée de la cosmogonie.

C'est à Chantebled d'autre part que la mort perd toute valeur
maléfique dans le cycle mythique de la génération que Zola y exalte.
Elle n'est que la mort de l'individu à la vie profane et un rite de
passage à une autre forme de vie; d'où le culte des Froment pour le
cimetière de Janville et la sérénité avec laquelle ils évoquent leurs
morts. Dans la scène du banquet biblique à la fin du roman, comme
quelque tribu sémite, ils fêtent les 'hôtes' qui 'dormaient, chaque
année plus nombreux, dans le cimetière de Janville, si calme, si fleuri,
d'une solitude attendrie de rêve ... faisant de cette terre sacrée une
terre de culte, d'éternel souvenir' (VIII, 484). La souffrance et la mort
sont imputables à la volonté 'divine,' à cette Providence naturelle,
et appartiennent à un ordre dont les lois sont acceptées. La mort de
Blaise est comme le sacrifice du premier-né au dieu à qui il appartient.
Et, si la plus jolie des enfants de Mathieu, Rose, est destinée par la
Nature elle-même à une mort prématurée (1. v, c. 3), elle renaît dans
les générations suivantes de la famille, dans la petite Rose, l'aînée
des enfants de la quatrième génération : 'C'était tout ce monde que
Rose représentait, c'étaient les morts, c'étaient les vivants, une si

longue lignée florissante, tant de douleurs et tant de joies, tout ce vaillant travail d'enfantement, tout ce fleuve de vie ...' (VIII, 487).[14] De tels événements se supportent, parce qu'ils ne sont pas définitifs, d'où l'on peut déduire qu'ils ne sont pas absurdes. Toute mort, toute défaite, tout revers de fortune est annulé par la victoire finale de l'éternel retour.

Tout l'aspect mythique de *Fécondité* se résume dans l'image du chêne patriarcal, qui a accompagné dès son début la genèse de l'œuvre. Zola songe sans doute à l'arbre généalogique des *Rougon-Macquart*, auquel il semble opposer la famille saine et vigoureuse de Mathieu. Rappelons que pour le tableau final qui réunit toute la famille autour du chêne, comme dans quelque représentation de l'arbre de Jessé, le romancier a écrit dans le premier plan détaillé : 'Les montrer tous sains, bien portants, s'adorant, prêts à s'aider et à se soutenir, d'une gaieté honnête, surtout dans l'ordre naturel, sans perversion, arrivés à cet équilibre et ce bonheur, par la vie vécue normalement, par la nature prise pour guide et souveraine maîtresse' (Ms 10.301, f°s 535–6). Sur le plan social, le chêne est le symbole de toutes les vertus familiales : la continuité des générations, la stabilité, la subordination de chaque partie à l'ensemble, l'alliance des énergies dynamiques et de l'équilibre. Dans les derniers tableaux du roman, la présence du chêne témoigne de la durabilité de la race de Mathieu et Marianne, et de la victoire de l'épanouissement normal de l'organisme créateur. Ils voient 'le coin d'humanité' qu'ils ont créé 's'accroître sans fin, envahir le sol à leur entour, tel qu'une forêt née d'un seul arbre' (VIII, 444).

Pourtant, l'arbre, par lui-même vénérable, incite aussi à la méditation religieuse et sert à mettre l'homme en présence du sacré et de l'éternel. Souvent, dans l'œuvre de Zola, l'arbre marque la solidarité de l'homme avec l'univers naturel, que ce soit par une simple image ou par un épisode allégorique plus développé.[15] L'arbre est le plus solide des enfants de la Terre-Mère, buvant les sèves de la vie. Le chêne que Mathieu plante le jour où il fonde le domaine, exprime d'une façon concrète toutes ses aspirations. Il devient comme le totem même de cette tribu, qui se groupe autour de lui dans les scènes d'apothéose. Il se trouve au centre du domaine, 'au sein même de la terre bienveillante' (VIII, 484), près du bassin, source de toute vie :

'Et il y avait encore, près de ce chêne, qui était ainsi de leur robuste famille, un bassin d'eau vivante, alimenté par les sources du plateau qu'ils avaient captées, et dont le petit bruit cristallin entretenait là une perpétuelle allégresse' (VIII, 404). Dans son auguste présence, on entend le ruissellement des eaux et la montée des sèves. Il est comme l'arbre cosmique qui, dans *la Faute de l'abbé Mouret,* se trouve au centre du Paradis terrestre, là où se consomme l'acte primordial de génération (III, 170) ; ou bien, comme le grand sorbier du même roman, qui, dans le rêve de Serge Mouret, détruit son église et devient l'image de la vie terrestre et féconde abolissant les menaces et les illusions célestes (III, 240). Telle est la leçon d'immortalité que résume l'arbre cosmique de *Fécondité,* situé, comme il l'est, au centre de l'univers, comme l'arbre sacré des religions primitives.[16]

Ce n'est pas seulement dans le domaine de l'espace que s'effectue cette victoire sur la mort. La création perpétuelle de la matière s'accompagne du renoncement au déroulement du temps profane, domaine de l'action 'historique' et d'un présent qui se convertit perpétuellement en passé. Nous avons déjà vu que Zola s'est peu soucié de situer l'action de son œuvre dans un cadre historique précis. Mais plus significative est la façon dont l'œuvre sort des limites temporelles. Elle débute par un livre où les événements ont lieu en un seul jour. Puis, progressivement, la durée de l'action s'étend, s'épanouit comme les rameaux du chêne, pour n'être à la fin qu'une fuite d'années. A mesure que les héros sont transformés par leur victoire en archétypes, le temps est suspendu et leurs actions sont comme figées dans un instantané éternel. Les personnages 'fautifs,' pris dans l'engrenage des drames inévitables dont ils ne peuvent fuir les funestes conséquences, restent des personnages de roman, se débattant sur le plan profane et historique. Mathieu et Marianne, au contraire, s'en dégagent, pour se projeter dans le temps mythique des commencements. En répétant les gestes exemplaires et rituels, en imitant l'œuvre de création perpétuelle de la nature, ils vivent un rythme temporel qui suspend l'écoulement du temps profane. Ils nous transportent hors du temps et de l'espace, dont les menaces et les contingences sont effacées. On quitte, dans le récit de leur vie, le domaine du roman, ses conditions et ses dimensions mêmes, renonçant tout à fait à la réalité 'naturaliste.'

C'est pour produire cet effet que Zola exploite pleinement les procédés de la répétition et de la reprise, caractères permanents de son art, qui trouvent dans ce roman leur emploi le plus exhaustif. Il est vrai que, souvent, il s'agit d'un procédé rhétorique par lequel l'auteur cherche à mieux convaincre son lecteur, en résumant aux fins de livre les événements passés ou en reproduisant, jusque dans les menus détails, quelques scènes significatives.[17] Mais il en va tout autrement pour la répétition des épisodes de la vie à Chantebled, surtout dans les passages qui encadrent chaque chapitre du quatrième livre. Là, Zola résume l'essentiel de chaque chapitre à son début et à sa fin, reprenant textuellement quelques phrases-clefs qui réapparaissent comme des refrains. On sait que Zola lui-même avait comparé les répétitions dans son œuvre aux motifs conducteurs de Wagner et que la critique s'est divisée sur la question de savoir si Zola aurait pu être influencé par Wagner dans l'adoption de ce procédé.[18] Sans doute, il est plus probable que, depuis qu'il s'essaie au drame lyrique selon la formule wagnérienne, Zola a pu subir son influence, jusqu'à renforcer le caractère légendaire et épique de son œuvre et l'emploi d'un procédé qui lui était tout à fait naturel.[19]

Cependant, arrêtons-nous plutôt sur la fonction que remplissent les refrains dans *Fécondité*, en reconnaissant que tout le caractère mythique de l'œuvre poussait le romancier à exploiter pleinement un procédé qui était dans la nature de son art. Comme la répétition de la description du paysan au travail dans *la Débâcle* ou de celles des champs de blé dans *la Terre*, les refrains du quatrième livre de *Fécondité* servent à mettre en valeur l'ordre éternel, permanent, mythique, en face des faits contingents, transitoires, de la réalité historique. C'est à travers ce livre que Mathieu et Marianne établissent le rythme d'une vie exemplaire, modelée sur les rythmes de la nature dont le retour des saisons et le perpétuel effort créateur assurent l'éternel renouvellement de la vie. C'est ainsi que les deux époux s'insèrent dans l'ordre de la régénération cosmique, ordre opposé à la réalité profane qui se désagrège. C'est ainsi que 'la bonne déesse, en constante fertilité,' qui obéit aux rythmes de la vie naturelle, est victorieuse des 'incomplètes et lâches ouvrières, coupables d'incalculables désastres' (VIII, 244). C'est la victoire de l'antique train de vie, contre celui des 'exaspérés de modes nouvelles' (VIII, 220) de la civilisation moderne. Pour Marianne, 'toutes les journées se ressemblaient, elle se remettait chaque matin à revivre la même, avec un égal bonheur' (VIII, 82). Mathieu et Marianne, fidèles du culte de la fécondité, dans tous ses aspects, s'élèvent ainsi à l'ordre mythique du temps cyclique. C'est fort à propos que Léo Claretie définit les refrains du roman par des termes religieux : 'C'est la formule, le *carmen* rituel qui commence à chaque fois le nouvel évangile, et chaque fois, comme un répons liturgique, le même verset chante, dans la verte et fraîche senteur des champs ensemencés et fertiles ... le Cantique de la Terre et le Cantique de la Mère.'[20] Par la répétition des rites qui actualisent les épisodes du drame sacré du Cosmos, la vie de Mathieu et de Marianne acquiert sa pleine efficacité.

Jusque dans le rythme de la phrase, Zola imite, surtout dans les refrains du quatrième livre, l'exubérance de la vie en perpétuelle création. C'est 'le rythme même de la grande besogne quotidienne qui emporte le monde à l'éternité de son destin' (VIII, 499). Aux moments décisifs dans l'action de l'œuvre, un langage abondant et rythmé vient emporter le style plat et 'naturaliste' du récit d'une réalité qui s'anéantit, style que seule l'indignation de l'auteur anime.[21] Lorsque Zola décrit les œuvres des créateurs de Chantebled, le langage saisit l'essentiel, retrouve le flot abondant et ininterrompu de la vie. Dans la mesure rythmée de la phrase se traduisent tout le travail et les mouvements de la création spontanée qui assure la perpétuité de la vie et de l'espérance. Au moyen des répétitions et des participes présents amoncelés, le lyrisme du cantique se déroule, comme le déferlement même des rameaux de l'arbre cosmique ou comme les vastes champs de blé de Chantebled : 'Et c'était toujours la grande œuvre, la bonne œuvre, l'œuvre de fécondité qui s'élargissait par la terre et par la femme, victorieuse de la destruction, créant des subsistances à chaque enfant nouveau, aimant, voulant, luttant, travaillant dans la souffrance, allant sans cesse à plus de vie, à plus d'espoir.'

CONCLUSION

Nous avons vu d'abord comment Zola, qui avait déjà engagé son œuvre dans les luttes temporelles de son époque, a pu évoluer vers l'apostolat social et comment *Fécondité* marquait un stade important dans cette évolution. Il serait imprudent de ne voir dans cette œuvre, comme l'ont fait certains critiques, rien d'autre qu'un saut intempestif dans la rêverie. Elle est le prolongement logique des derniers *Rougon-Macquart* et des *Trois Villes*. Zola s'efforce d'y répondre à cet 'esprit de négation' dont Bourget parle déjà dans ses *Essais* et qui, selon lui, 'obscurcit davantage la civilisation occidentale.' Il veut surtout ranimer les énergies de la France, mission qu'il a déjà conférée à Jean Macquart et au fils du docteur Pascal. Il a été amené progressivement à prendre part à la bataille idéologique qui divisait ses contemporains, se rangeant tout naturellement du côté des esprits républicains et humanitaires, rejoignant ainsi ce courant idéologique qui s'opposait au renouveau religieux et nationaliste de l'époque. Il partage la conviction d'un Fouillée, d'un Renouvier ou même d'un Anatole France que, grâce aux progrès de la science et de l'instruction, les germes de générosité et de raison humaines pourront se développer jusqu'à l'avènement d'une humanité solidaire. Comme ces esprits généreux, il croit que le salut de la France entraînerait le salut du monde. Dédaigneux de la politique, sensible à l'exemple de Victor Hugo et de Tolstoï, il cherche dans l'apostolat social la solution des maux collectifs et des déceptions individuelles.

Pour ce qui est du sujet particulier de *Fécondité*, la dépopulation en France, nous avons trouvé que, conçu d'abord comme une sorte d'étude naturaliste, le roman dans son germe même s'est imprégné de ce zèle messianique. D'autre part, il est significatif que la première idée d'un roman sur ce problème remonte au moins à l'époque du *Docteur Pascal*, tellement ses racines plongent dans l'expérience de la paternité du romancier. Enfin, Zola en est venu à ne pas considérer le malthusianisme comme un simple problème social ou économique, mais comme un attentat à sa philosophie et à ses principes esthétiques. Il n'est pas difficile de comprendre pourquoi ce sont surtout les écrivains naturistes qui ont apprécié *Fécondité*. En tant que roman-poème ou récit mythique et messianique, l'œuvre réalise certaines des aspirations de leur mouvement. Comme eux, Zola a voulu répondre à l'esthétisme de son époque, à la poésie de la tour d'ivoire, éprise de la synthèse et des idées pures, de même qu'à l'idéal vaporeux des littératures du Nord. Il est fier de sa latinité et il veut la mettre en valeur dans ses dernières œuvres. Il veut donc opposer à la littérature idéaliste et mystique le style clair, facile, abondant, la structure symétrique et la morale simple et utile de son premier 'Evangile.' Il y célèbre les petits faits de la vie, auxquels il prête un sens religieux. Il veut que son art soit à la portée d'un public plus large auquel il cherche à inspirer son propre optimisme. Dédaigneux des exigences purement artistiques, il n'hésite pas à allier son art à la tradition didactique. Il simplifie la psychologie de ses personnages pour mieux dégager leur signification et pour mieux fixer leurs sentiments et leurs gestes. Ils deviennent les caractères hiératiques d'un récit mythique où l'auteur donne libre cours à ses fortes tendances païennes. *Fécondité* justifie l'opinion de Saint-Georges de Bouhélier sur l'œuvre du romancier, que distinguent, selon lui, 'la paix de son innocence et sa puissante vitalité. Magnifiquement, l'antique Pan y palpite. L'insufflation des sèves soulève sa poitrine large' (*l'Hiver en méditation*, 1896, p. 11).

Or, dans l'univers naturaliste de Zola, l'homme est voué aux tyrannies sociales, aux désordres physiques et intellectuels, enfin au néant. Pourtant, vu d'en haut, son destin peut prendre un sens dans la mesure où il retrouve son identité dans l'ensemble des choses et où il participe à la création universelle, qui enlève au néant sa victoire. C'est ainsi que l'instinct sexuel, comme le travail, créateur et générateur de la vie, servent d'initiation à l'universel, à l'absolu même, évoquant chez l'auteur une manière d'exaltation religieuse; d'où l'importance décisive dans son œuvre du thème de la fécondité. Ainsi, nous avons constaté que, chez Zola, la foi raisonnée en la science et dans le progrès de l'humanité se double, non sans inconséquence, de l'exaltation des forces inconscientes de la vie. Et, pour ce qui concerne *Fécondité*, on a vu que toute la dynamique du roman réside dans l'effort pour concilier, à travers le roman à thèse, les propositions de l'idéologie de l'auteur avec les impératifs de ce qu'on appelle le mythe de la Fécondité.

Ensuite, dans l'étude de la construction du roman, nous avons vu converger ces diverses préoccupations. Là, il a fallu surtout démontrer comment le plan préliminaire et la structure simple et symétrique, instaurés d'instinct dès les premiers tâtonnements de l'auteur, ont dirigé impérieusement l'orientation de l'imagination créatrice et des recherches documentaires. Bien résolu à faire ressortir l'opposition entre le destin tragique qui abat chacun des ménages malthusiens et l'heureuse fécondité des Froment, l'auteur a été amené à abandonner l'intention de décrire une société utopique; et cela, malgré le changement fondamental qu'il a opéré dans le plan général de la série, de sorte que l'action du roman s'étend sur presque tout un siècle et que les actes de l'apôtre Mathieu sont contemporains des aventures de ses frères. Il a été instructif aussi de voir comment Zola admettait dans ses desseins les idées de Dumont, de Spencer et surtout de Nitti, idées qui, avec une documentation plus technique, confèrent au roman une plus grande part de véracité, mais qui font ressortir d'autant plus la tension qui existe dans l'œuvre entre les prétentions réformatrices et le culte de la fécondité.

Paradoxalement, dans une œuvre évangélique qui devait 'annoncer' et préparer la société de demain, Zola se rabat sur les lois sociales établies, sur les vertus traditionnelles, sur le passé de l'humanité. Il va même jusqu'à plonger ses héros dans une atmosphère légendaire, dans laquelle, comme des dieux primitifs, ils accomplissent les rites éternels de la création cosmique. C'est que *Fécondité* est vraiment une œuvre religieuse. Zola n'a pas simplement exploité à ses fins certains éléments de la mythologie chrétienne, comme il l'a souvent fait dans son œuvre; il a créé deux personnages saints, qui mènent une vie conforme aux lois sacrées de la nature. Il est même accordé à ces héros de surmonter définitivement leur condition sociale et historique et d'atteindre un état de béatitude terrestre, refusé aux personnages des *Rougon-Macquart*. Ils ont cessé d'être des types sociaux pour devenir des archétypes transhistoriques, appréhendés dans leurs rapports avec les forces sacrées de la création, forces solaires et telluriques. Ils en viennent à incarner le mythe même de la Fécondité.

S'il a fallu s'arrêter assez longuement sur cet aspect de l'œuvre, c'est que la thèse sociale risque d'en cacher la présence. Mais il faut reconnaître que ce retour au grand Temps mythique, qui par lui-même doit exclure la possibilité du progrès social et qui cherche même à abolir la puissance de l'événement historique, n'est pas définitif. Zola veut toujours préparer la société de demain. Il s'agit aussi de maîtriser et d'exploiter les richesses terrestres, de conquérir par la force du nombre. La race qui fleurit à Chantebled ne se contente pas de revivre *le mythe* des aïeux, mais rentre dans le monde. Elle risque, comme Péguy l'a noté, de recommencer *l'histoire* des Rougon-Macquart. Mais Zola veut nous faire croire qu'elle sortira plus saine, plus vigoureuse et plus juste pour s'être baignée aux sources éternelles de la vie. Le romancier poursuit son rêve progressiste, essayant toujours de 'séculariser' le mythe de la fécondité à des fins historiques, croyant que, par la libération des forces créatrices, l'humanité pourrait se perfectionner et les sociétés pourraient vivre en harmonie : 'Et le divin rêve, l'utopie généreuse vole à plein ciel, la famille fondue dans la nation, la nation fondue dans l'humanité, un seul peuple fraternel faisant du monde une cité unique de paix, de vérité et de justice' (VIII, 502).

Zola se permet donc d'ajouter une conclusion humanitaire et utopique à une histoire qui ne l'y autorise guère. Il veut voir ainsi une issue au malaise intellectuel et religieux de son époque, dont il a long-temps observé et analysé les causes et les symptômes. Pourtant, d'au-tres mobiles de l'œuvre sont plus personnels, sans doute moins cons-cients, et certainement plus impérieux. Elle est l'expression d'un idéal familial et patriarcal, nourri de l'expérience récente de la paternité. Elle s'inspire aussi des 'rêves panthéistes' qu'il a longtemps tenus en réserve, mais qu'il se permet de libérer sur le tard de sa vie. Au lieu d'appartenir à 'l'Evangile socialiste' que Zola se proposait d'écrire, elle est plutôt sortie de ce que Deffoux et Zavie appellent le 'pôle bourgeois' de son caractère (*le Groupe de Médan*, p. 47).

C'est pourquoi il ne ressort de *Fécondité* aucune véritable démonstration des vertus sociales, qu'on ne trouve exaltées que *verbalement*
dans les réflexions du héros. Bien que Zola s'acharne contre le néo-
malthusianisme et même contre les doctrines de Malthus, il ne met
pas en question le fondement socio-économique du système conservateur du pasteur anglais. Le 'principe de population' dirige la carrière
de son héros, de même que l'esprit de concurrence et le sentiment
de la propriété. Nécessairement, la famille est toujours à la base du
système social. Ainsi on retrouve même, dans *Fécondité*, certains
thèmes du roman familial qui caractérisent la littérature dite traditionaliste de cette époque : la conception presque mystique d'une
solidarité entre ancêtres et descendants, plutôt qu'entre les membres
de la société; l'idée de l'indissolubilité des liens du mariage; l'idée
que la nécessité d'exercer et de subir l'autorité est enracinée dans
l'homme. Somme toute, en voulant guérir une société malade, selon
lui, d'individualisme et d'inertie, Zola ne nous offre pas encore un
monde transformé selon les principes universalistes que prône son
héros. Il n'a pas réussi à surmonter la contradiction qui consiste à
vouloir développer avec conscience une humanité et une société
selon les lois de la nature.

Ce n'est que dans le roman suivant que Zola restera plus fidèle
aux intentions réformatrices qui inspirent la série des *Quatre Evangiles*. Il aura fait un choix parmi les doctrines socialistes qui, dans
Paris, 'entassent les contradictions et les incohérences, ne laissent
qu'un chaos, parmi lequel on n'ose faire un triage' (VII, 1323). Dans
Travail, Zola façonne sa conception de la société de demain, d'après
le système de Fourier, ses propres rêves de bonheur universel, et
(surtout) d'après certaines thèses anarchistes. Là aussi, la fécondité
joue un rôle important, voire essentiel. Mais cette fois, le thème de la
fécondité reste subordonné aux buts sociaux, 'historiques,' de la
série, n'empêchant pas la réalisation de l'idéal humanitaire. Cette
fois, les fécondités de l'héroïne, 'de deux années en deux années,'
assurent une victoire collective. A la fin de *Travail*, la table est servie
pour toute l'humanité. On a suggéré que, dans une certaine mesure,
la critique socialiste de *Fécondité* avait déterminé cette évolution.
C'est l'opinion de Cécile Delhorbe qui écrit (dans *l'Affaire Dreyfus
et les écrivains français*, 1932, p. 70) : 'Je suppose que Zola a été

sensible à ces critiques, car les Evangiles suivants sont bien plus ortho-doxes.' Pourtant, ce développement était prévu dans le projet primitif de la série. Alors même qu'il écrivait *Fécondité*, Zola lisait des livres sur le socialisme pour se documenter. En définitive, une telle inconsé-quence dérive des incertitudes de l'auteur. Il n'a pu déterminer, jusqu'à la fin de ses jours, si le salut et le bonheur de l'humanité, qu'il voulait tant voir s'accomplir, résidaient dans l'adhésion aux lois de la nature ou bien dans la transformation des institutions sociales.

Mais là où se complètent ses *Evangiles*, *Fécondité*, *Travail* et *Vérité*, c'est dans l'exaltation des humbles vertus par lesquelles l'homme peut consentir à l'œuvre saine et bienfaisante de la nature et à l'amélioration du sort de l'humanité, vertus qui, étant donné la bonne volonté des hommes à les mettre en pratique, pourraient en-traîner la vérité, la justice et le bonheur. Ses vertus, l'abandon aux instincts généreux, le travail, le bon sens (ce qu'il appelle la raison), il n'a jamais cessé de les opposer aux tyrannies de l'égoïsme et aux tourments débilitants du moi. Le héros zolien se range soit du côté de la nature d'où il tire ses forces et sa raison d'être, soit du côté de la société vers laquelle il dirige ses efforts et son intelligence. Il n'est jamais l'individu qui se suffit. Réquisitoire contre l'individua-lisme et toutes les formes de l'ascétisme, appel à la confiance dans la vie terrestre, hymne à la création universelle, *Fécondité* développe et approfondit un des aspects essentiels de cette idéologie du nombre, qui caractérise toute l'œuvre du romancier.

APPENDICES

Plan général de *Fécondité*

(Ms 10.301 f°s 138–44)

(J'ai reproduit en italiques les variantes de détail et entre parenthèses les additions qu'on trouve dans les interlignes.)

F° 138   *Plan*

F° 140   [Livre i]

1 / A l'usine. *Jean* [Mathieu dans le roman]. (Une journée, le matin, lorsque Mathieu arrive) les Beauchêne tout. Boutan, et ses théories. Poser les Moineaud par Norine (et Beauchêne).
2 / Chez les Morange tout. Sérafine. *Les Moineaud.* Au déjeuner. (*nourrisson. Gaude*)
3 / Chez les Séguin. (le soir avant de rentrer) Tout. Les deux enfants. Céleste. *Mme Menoux.* Valentine et Santerre.
4 / La débauche dans Paris. Beauchêne peut avoir invité Mathieu. Et ils se retrouvent, confidences de Beauchêne, sur les fraudes. Un peu gris. Mène au vice. Sérafine *revue.* Les Séguin à leur soirée. Paris en rut (qui fraude), pour rien – *Montrer Gaude* – *Santerre* (?).
5 / Retour à la campagne. Le lieu décrit à la lune. Le pays. Les Lepailleur et les *Berlemont* [les Angelin du roman]. Marianne qui attend. Les enfants. La conception en face de Paris.

F° 141   [Livre ii]

1 / Grossesse de Marianne (beauté de la femme enceinte) à Paris. Les deux derniers mois. Visite de Valérie et désespoir (enceinte d'un mois). Les deux femmes ainsi. Boutan venant, causant de Valentine.

2 / A l'usine. Beauchêne ennuyé par la grossesse de Norine. *Sérafine* poursuivant *Jean.* (*Gaude*) Morange consentant à l'avortement. Un ennui avec les Moineaud et Norine.

3 / Chez les Séguin. Jalousie de Séguin. La grossesse chez les gens du monde. Céleste. Les Menoux. *Boutan.*

4 / Chez la sage-femme. (Bourdieu) Norine près d'accoucher. *Jean* [envoyé ?] par Beauchêne, et les Moineaud. – Poser l'autre sage-femme, Rouche. Norine n'accouche qu'au livre suivant.

5 / Couches heureuses de Marianne, (*Constance vient la voir*) mêlées à l'avortement de Valérie (Rouche) et à la mort. Morange venant chercher *Jean.* – Au retour, accouchement heureux de Marianne, le cri de l'enfant. Boutan.

F° 142   [Livre III]

1 / Retour à la campagne. Marianne allaitant, beauté de la nourrice. Les Lepailleur, les *Berlemont.* – Mathieu rêvant Chantebled. Ses promenades.

2 / Norine n'accouchant que là. Et toute Bourdieu [*sic*], revenant, avec l'allaitement. Le dépôt de l'enfant aux Enfants assistés. La Couteau et les accouchées.

3 / A l'usine. Morange accablé gardant Reine. (Sérafine) Norine ne rentrant pas chez les Moineaud. Une petite maladie de Maurice (inquiétude de Constance), et Boutan consulté. – *Mettre là Séguin au bureau Broquette pour ne garder que les scènes chez lui* [*sic*]. La Couteau.

4 / Chez les Séguin. Le drame de l'allaitement. Céleste. La Couteau et Catiche. Mme Menoux, dont l'enfant est à Rougemont. Intérieur des Séguin. Santerre. *Jean* traitant avec Séguin. Valentine allant à l'adultère. Opposition avec le chapitre suivant. Mères et enfants.

5 / A Chantebled. Marianne continuant l'allaitement et Mathieu commençant à fonder Chantebled. (les *Berlemont*, les Lepailleur) Le lait coulant par le monde, l'enfant prospérant, pendant que la propriété se fonde. Une visite de Morange avec Reine, Boutan aussi.

F° 143   [Livre IV]

1 / Quatre ans se passent dans le chap. A la fin du chap. Sérafine a

35, Euphrasie 23, Cécile *16*. Gaude les opérant, et Mainfroy amenant Sérafine. L'opération. Sarraille. Mathieu et Marianne ont 2 enfants. Chantebled fondé et élargi. (Claire et Grégoire) 2 / Deux ans. A la fin, Reine a 20 ans, Morange 46. Opération de Reine chez Sarraille (Sérafine fait tout). Mort de Reine, écrasement de Morange. – Mathieu et Marianne ont un enfant (*une mort* Louise), Chantebled élargi.

3 / Deux ans. A la fin, Séguin a 41 ans, Valentine 36, Gaston (soldat) 14, *Lucienne* [Lucie] (religieuse) 12. Celle-ci voit l'adultère. L'adultère installé dans la maison. Santerre. Où en est le ménage. – Mathieu et Marianne (Madeleine) un enfant. Chantebled élargi.

4 / Deux ans. Norine, à la fin, 31 (toutes les accouchées reviennent), Beauchêne 44, (Blaise marié) Constance 38, Maurice 19 (Blaise dans la maison). Avec Norine chez la Bourdieu, (Morange écrasé) et elle devient mère. Constance inquiète de la santé de Maurice, songe à l'enfant. Boutan. Mathieu un enfant (Marguerite). Chantebled élargi.

5 / Deux ans. La mort de Maurice à 21 ans. Blaise (20 ans) le remplacera. (*service militaire*) *Maurice est au régiment*. Désastre chez les Beauchêne. Constance rêvant de fécondité (à l'autre livre) – Mathieu un enfant (Nicolas), Chantebled élargi.

F° 144   [Livre v]

(*6 ans en tout*)

1 / Deux ans. Efforts de Constance pour avoir un enfant (à l'usine, la mère en elle). 40 ans. La Bourdieu. Boutan. Elle prend en mépris son mari qui a porté ailleurs. *Morange*. Sérafine punie (Mathieu), plus de volupté. Blaise est marié (enfants) prend Denis, garçon, avec lui.

2 / Un an. *Beauchêne cherchant l'enfant de Norine*. (ménage de Norine et de Cécile). A Rougemont. La Menoux (les Moineaud), Catiche (Céleste), la Couteau. Ce que deviennent les enfants. L'Assistance. Et chez les Séguin aussi pour Gaston, *Lucienne* et Andrée, qu'Ambroise va épouser.

3 / Un an. Deux mariages à Chantebled. Ambroise (21) et Andrée, Rose et son fiancé. La famille jusque-là en fécondité croissante et la mort qui passe. Mort de Rose. *Mariage d'Ambroise*.

4 / Un an. Constance désespère (*adultère*, se croit [mot illisible] ménopause), certaine de ne pas avoir d'enfant. Morange sans femme, sans enfant, assombri, méchant. Accident qui tue Blaise. Second souffle de mort. Constance et Morange. Premier enfant d'Ambroise. Marianne grosse le soir du convoi.

5 / *Un an*. La brèche réparée. Le fiancé de Rose morte *épousant* une de ses sœurs. (Constance ménopause) Denis se mariant et remplaçant Blaise. *L'enfant d'Ambroise*, Mathieu grand-père. Et le dernier enfant de Marianne, et Chantebled triomphant de la mort. Constance et Morange battus. (L'usine et l'hôtel Séguin conquis)

F° 139   [Livre vi]

1 / (2 ans) Bas-fonds. (enfance abandonnée et coupable) Alexandre chez Norine et *Irma*. Alfred et bandits avec lui. Mme *Decloux* [Angelin] étranglée. Mauvaise semence sociale. Enfer social. *Fin des Moineaud.*

2 / (10 ans) Mariage de Gervais et de Claire (la ferme). Mariage de Grégoire et de Thérèse (le Moulin). Mathieu et Marianne avec la famille de Blaise à part. Nicolas part pour les colonies (3 filles et Benjamin).

3 / (4 ans) A l'usine. Alexandre et Constance. Morange se tuant avec Alexandre. Mort de Constance, *sans Boutan*. – Fin de Gaude et Sérafine folle. Les bas-fonds reviennent, les Moineaud, les sages-femmes et Rougemont.

4 / (30 ans) Mort de Beauchêne (le triomphe) qui donne l'usine, fin des Séguin (Gaston et *Lucienne*) qui donne l'hôtel, des Lepailleur qui donne le Moulin. (Céleste et la Couteau) *Mariage des 3 filles*, et surtout pullulement, des enfants poussent de toutes parts, la terre féconde. (beauté des scènes, des femmes qui accouchent et nourrissent)

5 / Fête. Mathieu et Marianne comme au début. Souvenirs du passé. Régnant maintenant sur Chantebled. La lignée, postérité de cent descendants. Triomphe de la famille nombreuse. Chantebled et la nature mêlés. C'est la patrie. – Puis, le fils de Nicolas, ce qu'il raconte donnant l'humanité, l'expansion dans le monde. La famille fondée là-bas. Il emmène Benjamin.

2

Dossiers préparatoires
de *Fécondité*
(description - chronologie - notes)

A / DESCRIPTION

Les feuillets du Ms 10.301 apparaissent dans l'ordre suivant :

Fᵒˢ 1 à 136 : *Ebauche.*

Fᵒˢ 138 à 553 : *Plan.*

Fᵒ 138 : Titre; fᵒ 139 : plan général du livre vi; fᵒ 140 : plan général du livre i; fᵒ 141 : plan général du livre ii; fᵒ 142 : plan général du livre iii; fᵒ 143 : plan général du livre iv; fᵒ 144 : plan général du livre v.

Fᵒˢ 145 à 155 : ıer plan du livre i, chap. 1; fᵒˢ 156 à 160 : *ibid.*, chap. 2; fᵒˢ 161 à 165 : *ibid.*, chap. 3; fᵒˢ 166 à 173 : *ibid.*, chap. 4; fᵒˢ 174 à 180 : ııe plan du livre i, chap. 4; fᵒˢ 181 à 193 : ıer plan du livre i, chap. 5; fᵒˢ 194 à 198 : ııe plan du livre i, chap. 5.

Fᵒˢ 199 à 203 : ıer plan du livre ii, chap. 1; fᵒˢ 204 à 207 : ııe plan du livre ii, chap. 1; fᵒˢ 208 à 214 : ıer plan du livre ii, chap. 2; fᵒˢ 215 à 218 : ııe plan du livre ii, chap. 2; fᵒˢ 219 à 225 : ıer plan du livre ii, chap. 3; fᵒˢ 226 - 229 : ııe plan du livre ii, chap. 3; fᵒˢ 230 à 234 : *ibid.*, chap. 4; fᵒˢ 235 à 243 : ıer plan du livre ii, chap. 4; fᵒˢ 244 à 249 : ııe plan du livre ii, chap. 5; fᵒˢ 250 à 254 : ıer plan du livre ii, chap 5.

Fᵒˢ 255 à 259 : ııe plan du livre iii, chap. 1; fᵒˢ 260 à 265 : ıer plan du livre iii, chap. 1; fᵒˢ 266 à 271 : ııe plan du livre iii, chap. 2; fᵒˢ 272 à 279 : ıer plan du livre iii, chap. 2; fᵒˢ 280 à 285 : ııe plan du livre iii, chap. 3; fᵒˢ 286 à 294 : ıer plan du livre iii, chap. 3; fᵒˢ 295 à 300 : ııe plan du livre iii, chap. 4; fᵒˢ 301 à 307 : ıer plan du livre III, chap. 4; f⁰ˢ 308 à 312 : IIe plan du livre III, chap. 5; f⁰ˢ 313 à 322 : Ier plan du livre III, chap. 5.

F⁰ˢ323 à 328 : IIe plan du livre IV, chap. 1; f⁰ˢ 329 à 339 ; Ier plan du livre IV, chap. 1; f⁰ˢ 340 à 345 : IIe plan du livre IV, chap. 2; f⁰ˢ 346 à 352 : Ier plan du livre IV, chap. 2; f⁰ˢ 353 à 357 : IIe plan du livre IV, chap. 3; f⁰ˢ 358 à 369 : Ier plan du livre IV, chap. 3; f⁰ˢ 370 à 375 : IIe plan du livre IV, chap. 4; f⁰ˢ 376 à 387 : Ier plan du livre IV, chap. 4; f⁰ˢ 388 à 393 : IIe plan du livre IV, chap. 5; f⁰ˢ 394 à 398 : Ier plan du livre IV, chap. 5.

F⁰ˢ 399 à 404 : IIe plan du livre V, chap. 1; f⁰ˢ 405 à 414 : Ier plan du livre V, chap. 1; f⁰ˢ 415 à 420 : IIe plan du livre V, chap. 2; f⁰ˢ 421 à 425 : Ier plan du livre V, chap. 2; f⁰ˢ 426 à 431 : IIe plan du livre V, chap. 3; f⁰ˢ 432 à 435 : Ier plan du livre V, chap. 3; f⁰ˢ 436 à 441 : IIe plan du livre V, chap. 4; f⁰ˢ 442 à 448 : Ier plan du livre V, chap. 4; f⁰ˢ 449 à 455 : IIe plan du livre V, chap. 5; f⁰ˢ 456 à 460 : Ier plan du livre V, chap. 5.

F⁰ˢ 461 à 465 : IIe plan du livre VI, chap. 1; f⁰ˢ 466 à 474 : Ier plan du livre VI, chap. 1; (f⁰ 475 : note sur l'Affaire Dreyfus) ; f⁰ˢ 476 à 480 : IIe plan du livre VI, chap. 2; f⁰ˢ 481 à 486 : Ier plan du livre VI, chap. 2; f⁰ˢ 487 à 492 : IIe plan du livre VI, chap. 3; f⁰ˢ 493 à 507 : Ier plan du livre VI, chap. 3; (f⁰ 508 : note sur le personnage de Beauchêne) ; f⁰ˢ 509 à 514 : IIe plan du livre VI, chap. 4; f⁰ˢ 515 à 524 : Ier plan du livre VI, chap. 4; f⁰ˢ 525 à 530 : IIe plan du livre VI, chap. 5; f⁰ˢ 531 à 551 et f⁰ 553 : Ier plan du livre VI, chap. 5 (f⁰ 552 appartient au Ier plan du livre V, chap. 3).

Les feuillets du Ms 10.302 sont disposés comme suit :

F⁰ˢ 1 à 232 : *Personnages.*

F⁰ 1 : Titre *Personnages. Les Ages.*; f⁰ˢ 2 à 9 : liste des personnages du roman; f⁰ 11 : Titre *Personnages*; f⁰ˢ 13 à 19 : *Mathieu Froment*; f⁰ˢ 20 à 28 : *Marianne Froment*; f⁰ˢ 29 à 32 : *Blaise Froment*; f⁰ˢ 33 à 35 : *Denis Froment*; f⁰ˢ 36 à 39 : *Ambroise Froment*; f⁰ 40 : *Rose Froment*; f⁰ˢ 41 à 43 : *Gervais Froment*; f⁰ˢ 44 à 45 : *Claire Froment*; f⁰ˢ 46 à 49 : *Grégoire*; f⁰ 50 : *Louise Froment*; f⁰ 51 : *Madeleine Froment*; f⁰ 52 : *Marguerite Froment*; f⁰ˢ 53 à 56 : *Nicolas Froment*; f⁰ˢ 57 à 59 : *Benjamin Froment*; f⁰ˢ 60 à 66 : *Alexandre Beauchêne*;

f°s 67 à 70 : *Constance Meunier*; f°s 71 à 72 : *Maurice Beauchêne*; f°s 73 à 76 : *Sérafine Beauchêne, baronne de Lowicz*; f°s 77 à 82 : *Séguin du Hordel*; f°s 83 à 85 : *Valentine de Vaugelade*; f°s 86 à 87 : *Gaston Séguin*; f°s 88 à 89 : *Lucie Séguin*; f° 90 : *Andrée Séguin*; f°s 91 à 93 : *Charles Santerre*; f°s 94 à 96 : *Céleste*; f°s 97 à 99 : *Madame Menoux*; f°s 100 à 108 : *Louis Morange*; f°s 109 à 110 : *Valérie Duchemin*; f°s 111 à 112 : *Reine Morange*; f°s 113 à 115 : *Moineaud*; f°s 116 à 118 : *La Moineaude*; f° 119 : *Eugène Moineaud;* (erreur de numérotation) f°s 180 à 183 : *Norine Moineaud*; f°s 184 à 185 : *Euphrasie Moineaud*; f° 186 : *Victor Moineaud*; f° 187 : *Cécile Moineaud*; f°s 188 à 189 : *Irma Moineaud*; f°s 190 à 191 : *Alfred Moineaud*; f°s 192 à 195 : *François Lepailleur*; f°s 196 à 197 : *Madame Lepailleur*; f°s 198 à 199 : *Thérèse Lepailleur*; f°s 200 à 201 : *Le docteur Gaude*; f°s 202 à 203 : *Le docteur Boutan*; f°s 204 à 205 : *Antonin Lepailleur*; f°s 206 à 207 : *Madame Rouche*; f°s 208 à 209 : *Madame Bourdieu*; f°s 210 à 211 : *Maison Broquette*; f°s 212 à 213 : *Sarraille*; f°s 214 à 215 : *Mainfroy*; f°s 216 à 218 : *Marie Couteau* [*sic*]; f°s 219 à 220 : *La Catiche*; f° 221 : *Rose Pacart* [*sic*]; f°s 222 à 224 : *Victorine Coquelet*; f°s 225 à 226 : *Madame Houry*; f°s 227 à 228 : *Lina* [Amy dans le roman]; f°s 229 à 232 : *Les Decloux* [les Angelin dans le roman].

F^{os} 234 à 251 : *Logements. Plans* [voir aussi ci-dessous, C.i.].
F^o 234 : Titre; f° 235 : plan de Chantebled; f° 236 : plan de l'usine et de l'appartement de Beauchêne; f° 237 : plan de l'appartement des Morange; f° 238: plan de l'appartement des Séguin; f° 239 : plan de la maison Bourdieu; f° 240 : plan de la maison Broquette; f°s 241 à 251 : notes.

F^{os} 253 à 278 : *L'Enfance Malheureuse (Paul Strauss)*.

F^{os} 280 à 294 : *Les Fraudes (Bergeret)*.

F^{os} 296 à 316 : *La Castration chez la Femme (Etienne Canu)*.

F^{os} 318 à 328 : *Notes Vaucaire*.
F^o 318 : Titre; f°s 319 à 322 : notes de la main du docteur Vaucaire;

f⁰ 323 : facture du bureau de nourrices de Mme Lentaigne, 20 rue Choron, Paris; fᵒˢ 324 à 328 : notes de Zola.

Fᵒˢ 330 à 351 : *Résumé des théories sur la fécondité (employé au livre premier)* : résumé des notes prises sur les ouvrages de René Gonnard, de F.S. Nitti et de Paul Strauss.

Fᵒˢ 353 à 356 : *La Vérité sur les Enfants trouvés (Dr Brochard)*.

Fᵒˢ 368 à 404 : *La Dépopulation en France (René Gonnard)*.

Fᵒˢ 406 à 453 : *La Population et le système social (Nitti)*.

Fᵒˢ 455 à 577 : *Divers*.
F⁰ 455: Titre; fᵒˢ 456 à 458 : article du *Petit Temps*, avec deux cartes qui indiquent les possessions françaises en Afrique; fᵒˢ 459 à 460 : lettre du Dr Elie Pécaut, à propos de l'Affaire Dreyfus; f⁰ 461 : note sur la question militaire; f⁰ 462 : note sur les *Quatre Evangiles*; f⁰ 463 : article d'Yves Guyot : – 'Le socialisme et l'individualisme'; f⁰ 464 : affiche de l'*Alliance Nationale pour l'Accroissement de la Population Française*; f⁰ 465 : note sur Isis et Cybèle; fᵒˢ 466 à 467 : article de Léo Claretie sur la question de la paix universelle; fᵒˢ 468 à 486 : notes pour le dernier chapitre du roman – départ de Benjamin, description de Mathieu et de Marianne, notes d'après l'ouvrage de Nitti; f⁰ 487 : notes sur les personnages secondaires, pour le dernier livre du roman; f⁰ 488 : note sur le départ de Nicolas Froment, livre vi, chap. 2; f⁰ 489 : note sur le moulin des Lepailleur; fᵒˢ 490 à 492 : notes sur le personnage de Sérafine; fᵒˢ 493 à 495 : notes sur le personnage de Morange; fᵒˢ 496 à 500 : notes sur l'usine de Beauchêne, sur Constance et sur Alexandre-Honoré; f⁰ 501 : notes sur Benjamin Froment et Lepailleur, pour le dernier livre du roman; fᵒˢ 502 à 504 : notes sur la famille Froment; fᵒˢ 505 à 506 : notes sur les Moineaud, sur Euphrasie Moineaud et sur l'allaitement; f⁰ 507 : sur la Couteau, Alexandre-Honoré et Norine; f⁰ 508 : sur Euphrasie et son mari; f⁰ 509 : note pour le livre v, chap. 4, sur Blaise et Denis Froment; f⁰ 510 : notes sur Beauchêne, Mathieu et l'usine; fᵒˢ 511 à 512 : sur Beauchêne et Constance; fᵒˢ 513 à 514 : sur le ménage

de Morange et son rôle à la fin du roman; f°s 515 à 516 : notes sur Constance Beauchêne, pour le livre v, chap. 4; f° 517 : notes sur Séguin et Santerre, pour la fin du roman; f° 518 : sur Céleste, Ambroise Froment et Mme Bourdieu; f° 519 : sur Rougemont; f°s 520 à 521 : notes sur les nourrices; f° 522 : notes sur les enfants assistés; f° 523 : sur Séguin, Valentine et Santerre; f° 524 : sur les enfants de Séguin; f° 525 : sur le personnage de Céleste; f° 526 : sur les 'meneuses'; f° 527 : sur l'appartement de Sérafine; f°s 528 à 531 : sur les 'fraudes'; f° 532 : note pour le dernier livre, sur l'hôtel des Séguin, sur Mme Angelin et sur Constance Beauchêne; f° 533 : notes sur Constance, Morange et les Lepailleur; f°s 534 à 536 : résumé de quelques notes prises sur le livre de Canu; f° 537 : notes sur Mathieu et Lepailleur, et sur l'allaitement; f°s 538 à 539 : sur les Froment et Chantebled; f° 540 : les projets de Mathieu pour la fondation de Chantebled; f° 541 : notes sur les filles-mères et l'allaitement, d'après le livre de Paul Strauss : f° 542 : sur la maison Bourdieu; f° 543 : note pour le livre iv, chap. 5; f° 544 : résumé de quelques notes prises sur le livre de Paul Strauss; f° 545 : sur les Lepailleur et les Séguin; f° 546 : sur la prospérité de Chantebled; f°s 547 à 549 : notes sur le rôle de Morange à la fin du roman; f° 550 : sur le chêne et l'usine; f° 551 : sur le docteur Boutan; f° 552 : sur le docteur Gaude; f° 553 : notes pour le deuxième livre, sur l'accouchement; f° 554 : sur les nourrices; f° 555 : sur Norine Moineaud et sur l'allaitement maternel; f°s 556 à 560 : notes pour le livre iii, chap. 2, sur la maison Bourdieu, et notes d'après les ouvrages de René Gonnard et Paul Strauss; f° 561 : notes pour le livre ii, chap. 4; f° 562 : note sur 'la méthode antiseptique'; f° 563 : sur la famille de Beauchêne; f°s 564 à 566 : liste de détails à trouver pour le roman; f° 567 : la devise de Comte; f° 568 : notes pour le livre v, chap. 5; f° 569 : sur l'amour de Mathieu et Marianne; f° 570 : note pour le livre v, chap. 3; f° 571 : note pour le dernier chapitre du roman; f° 572 : sur l'héroïsme de Mathieu et sur ses enfants; f° 573 : sur la jeunesse et le pessimisme (Barrès) ; f° 574 : notes sur le christianisme; f° 575 : sur l'héroïsme de Mathieu et Marianne; f° 576 : sur le désir; f° 577 : sur le roman de Santerre.

Le f° 137 du Ms 10.301 et les f°s 10, 233, 252, 279, 295, 317, 329, 352, 367, 405, 454, du Ms 10.302, sont vierges de toute indication.

B / CHRONOLOGIE

On peu restituer *approximativement*, comme suit, l'ordre génétique des dossiers, bien que certaines parties de ces dossiers aient pu être rédigées simultanément ou s'enrichir jusqu'à une étape avancée de la rédaction. Les notes du dossier *Divers*, qu'il est impossible de situer avec précision dans l'ordre de la genèse, ont été rangées en trois groupes, selon un classement approximatif.

- *Ebauche*, première partie : Ms 10.301, f°s 2 à 7, f° 1, f°s 8 à 65
- *Personnages. Les Ages* : Ms 10.302, f°s 1 à 9
- *La Dépopulation en France (René Gonnard)* : Ms 10.302, f°s 368 à 404
- *La Population et le système social (Nitti)* : Ms 10.302, f°s 406 à 453
- *Les Fraudes (Bergeret)* : Ms 10.302, f°s 280 à 294
- *Ebauche*, deuxième partie : Ms 10.301, f°s 66 à 95
- *La Castration chez la Femme (Etienne Canu)* : Ms 10.302, f°s 296 à 316
- *La Vérité sur les Enfants trouvés (Dr Brochard)* Ms 10.302, f°s 353 à 366
- *L'Enfance Malheureuse (Paul Strauss)* : Ms 10.302, f°s 253 à 278
- *Divers* : Ms 10.302, f°s 462, 465, 563 à 566, 567, 572 à 577
- *Notes Vaucaire* : Ms 10.302, f°s 318 à 328
- *Ebauche*, troisième partie : Ms 10.301, f°s 96 à 118
- *Plan* général des livres i à v : Ms 10.301, f°s 140 à 144
- *Personnages* : Ms 10.302, f°s 11 à 119 et f°s 180 à 232
- *Plan* (premier plan détaillé des livres i à v : Ms 10.301, f°s 145 à 460 (moins les feuillets du iie plan détaillé)
- *Logements. Plans* : Ms 10.302, f°s 241 à 251, 235 à 240
- *Ebauche*, dernière partie : Ms 10.301, f°s 119 à 136
- *Plan* général du livre vi : Ms 10.301, f° 139
- *Plan* (premier plan détaillé) du livre vi: Ms 10.301, f°s 466 à 553 (moins les feuillets du iie plan détaillé)
- *Divers* : Ms 10.302, f°s 456 à 458, 459 à 461, 463 à 464, 466 à 467, 478, 505 à 506, 508, 510 à 512, 514, 537 à 542, 551 à 553, 562, 569 à 571
- *Résumé des théories sur la fécondité (employé au Livre premier)* : Ms 10.302, f°s 330 à 351

- *Plan* (deuxième plan détaillé) : Ms 10.301, f°s 174 à 530 (moins les feuillets du Ier plan détaillé)
- *Divers*: Ms 10.302, f°s 468 à 486, 488 à 504, 507, 509, 513, 515 à 536, 543 à 550, 554 à 561, 568

C / NOTES

1 / *Logements. Plans* (Ms 10.302, f°s 234-51)

Il est probable que le dossier de notes sur les logements et les sites du roman est postérieur au premier plan des cinq premiers livres et a précédé la rédaction de la dernière partie de l'*Ebauche*. Pourtant, les indices sont assez légers : dans le premier plan détaillé du livre I, chapitre 4, Beauchêne va coucher à l'hôtel avec Norine, tandis que dans ces notes-ci, comme dans le roman, il loue pour de telles aventures une chambre dans la rue Caumartin; on ne trouve pas non plus dans ces notes aucune mention de l'appartement de Norine et de Cécile, dont la vie en ménage est un des éléments de l'intrigue créée par Zola dans la dernière partie de l'*Ebauche*.

Le dossier contient des précisions sur la demeure de chacun des ménages parisiens, sur l'usine de Beauchêne et sur le quartier de Grenelle où la plupart de l'action du roman aura lieu et où Marianne accouchera de Gervais (f°s 341-9). Six plans, dessinés par Zola, précèdent ces notes. Finalement, les deux derniers feuillets tracent le chemin que Mathieu va suivre pour aller chaque jour de la gare du Nord à l'usine dans la première partie du roman : 'La rue de La Fayette qu'il descend, l'Opéra, les boulevards, la rue Royale, la place de la Concorde, le cours la Reine, le pont de l'Alma, le quai d'Orsay. – J'ai, pour la fin du Livre premier, une grande prostitution autour de la gare du Nord ... Et j'ai ainsi tout le chemin nécessaire pour lui faire deviner toute la semence gâchée, dans une nuit de Paris' (f°s 250-1). L'emplacement de l'usine a été choisi à dessein : 'Tout le quartier de Grenelle, grandes rues droites, se coupant à angle droit ... Quartier de misère. L'hôtel des Beauchêne, en face de Passy, le dos au quartier de Grenelle, se trouve ainsi comme à cheval sur le peuple et la bourgeoisie, la pauvreté et la richesse' (f° 243).

Ces notes portent l'empreinte d'une connaissance directe et récente du quartier. Zola lui-même a certainement suivi le parcours de la promenade que font Mathieu et Marianne au début du deuxième livre du roman. Grâce à ses dons particuliers d'observation, Zola reproduit avec une étonnante vivacité le caractère essentiel du quartier. Ces descriptions se distinguent des évocations imaginaires de Chantebled. Celles-ci sont larges et cadencées selon la vision intérieure de l'auteur. Celles-là témoignent de la réalité vécue, à travers l'écran sélectif des sens du romancier :

La rue des Usines, rien que des murs d'usines, d'interminables murs, avec de larges portes, pour les camions; et ce que l'on voit, lorsque ces portes sont ouvertes, de larges terrains avec des bâtiments, des hangars, des ateliers d'emballage ... Les bruits qu'on entend, des jets de vapeur, des ronflements sourds des machines, des coups de sifflet, la cadence des cloches d'usine : les bruits de ferraille qu'on décharge, des marteaux sur une enclume ... Les odeurs âcres, les eaux noires du charbon. – Mais le caractère surtout et l'immensité nue des espaces, la solitude des rues, excepté aux heures de sortie des fabriques [f⁰ˢ 243–5].

2 / *Les Froment en Afrique occidentale*

On a déjà vu que c'est René Gonnard qui a donné à Zola l'idée de choisir un des fils de Mathieu pour faire de lui un colon en Afrique occidentale. L'auteur de *la Dépopulation en France* déclare à propos des avantages de la colonisation de l'Afrique : 'Et quelle prépondérance nous donnerait la réalisation du rêve de Prévost-Paradol, la constitution d'un empire franco-africain englobant un quart ou un tiers du continent noir' (p. 123). Dans ses notes de lecture, Zola a repris la référence à l'auteur de *la France nouvelle*, qui, trente ans auparavant, avait attiré l'attention des Français sur l'importance des problèmes nord-africains : 'Le rêve de Paradol, la constitution d'un empire franco-africain qui engloberait un quart ou un tiers du continent noir. *C'est là que je peux mettre mon enfant colonisateur*' (Ms 10.302, f⁰ 391). Cette dernière résolution a certainement été confirmée par le succès de la conquête du Soudan, qui s'effectuait précisément à l'époque où Zola préparait *Fécondité* et dont le bruit se répandait dans les journaux français. Voici en résumé les étapes successives de l'intervention française dans cette région.

Depuis la guerre de 1870, l'opinion française était divisée entre les arguments des tenants de la politique continentale et les partisans, d'abord beaucoup moins nombreux, de l'expansion coloniale. Pourtant, aux alentours de 1880, Jules Ferry posa le problème devant l'opinion française. En avril 1881, il lança l'expédition de Tunisie, soutenant par la suite les entreprises du Tonkin et de Madagascar. Dans un célèbre discours à la Chambre, le 28 juillet 1885, il exposa publiquement sa doctrine, prônant les avantages économiques, stratégiques et humanitaires de l'expansion coloniale qui, selon lui, permettrait à la France de reprendre dans le monde son rôle de grande puissance. La vive opposition de la droite monarchiste et de l'extrême gauche radicale, la crise boulangiste et des difficultés extérieures expliquent la période de réaction anticoloniale qui suivit la chute de Ferry. Ce fut, dès lors, en 1892 seulement, que, sur l'initiative d'Eugène Etienne, un 'parti colonial' put se former à la Chambre. Mais pour un nombre croissant d'économistes et de démographes, l'expansion coloniale semblait être un moyen de combattre la diminution de la population française et une nécessité démographique autant qu'économique. D'après Eugène Poiré, par exemple, 'la production des hommes obéit à la loi universelle du monde économique; elle tend toujours à se proportionner avec ses débouchés. Aussi est-ce dans les pays qui essaiment le plus au-dehors que la population croît le plus au-dedans' (*l'Emigration française aux colonies*, 1897, p. 214). Tandis que d'autres pays européens, comme l'Allemagne et l'Angleterre, poussaient à l'impérialisme pour alléger la charge d'une population excessive, en France on commençait à y chercher un moyen de stimuler la faible natalité du pays. Enfin, le ralliement de la droite à la politique coloniale et la conclusion de l'alliance franco-russe (décembre 1893), qui semblait diminuer la menace de l'agression allemande, assurèrent l'adhésion d'une grande partie de l'opinion. 'Pendant une dizaine d'années,' écrit Jean Ganiage, 'le parti colonial entraîna dans son sillage la grande majorité des parlementaires. Selon le programme tracé par Etienne et ses amis, il soutint avec vigueur toutes les entreprises soudanaises et dota la France d'un vaste empire africain' (*l'Expansion coloniale de la France*, 1968, p. 24).

Depuis 1880, la France et l'Angleterre se disputaient l'empire des régions côtières de l'Afrique occidentale et s'efforçaient de pénétrer dans l'intérieur peu connu, vers le Niger et ses affluents. Le premier accord franco-anglais du 4 août 1890, qui délimita les zones d'influence des deux pays, favorisa le projet français de relier l'Algérie à l'Afrique noire, projet qui ne pouvait se réaliser que par la conquête du Soudan et du Sahara. (Rappelons qu'on attribuait le nom de Soudan, à cette époque, au bassin moyen du Niger, région qui s'étendait du Sahara aux forêts du littoral.) Il fallait d'abord occuper les vastes pays entre le haut Sénégal et le moyen Niger, où, d'après le récit de son fils Dominique dans le dernier chapitre de *Fécondité*, Nicolas Froment fonde 'un autre royaume des Froment, un autre Chantebled immense ... sous le brûlant soleil des tropiques' (VIII, 498). Mais les succès français vinrent se heurter aux intérêts de l'Angleterre qui occupait la Côte-de-l'Or et qui croyait aussi que la France voulait intervenir au Soudan pour pénétrer jusqu'au haut Nil. D'après les termes de la convention du 14 juin 1898, l'Angleterre consentit au partage du Borgou, afin d'obtenir un désistement des Français sur le haut Nil, ce qui réunit le Dahomey au reste des possessions françaises.

On trouve dans le dossier *Divers* de *Fécondité* le texte de la convention de juin 1898, publié dans *Le Petit Temps* du 19 juin courant, avec deux cartes qui se rapportent aux nouvelles frontières franco-anglaises (Ms 10.302, f°s 457–8). Mais, hormis cela, les dossiers préparatoires du roman ne donnent aucune indication sur les sources du récit de Dominique. Néanmoins, on pourrait dire, sans certitude, que Zola a probablement utilisé l'article 'Soudan' du *Grand Dictionnaire Universel du XIXe siècle* de Pierre Larousse (2e supplément, 1890, pp. 1859–60), de même que l'article 'Tombouctou' du tome XV du même ouvrage (p. 282). On y retrouve maints détails sur la configuration du pays, sur le climat et les produits naturels, sur les industries et le commerce, qui réapparaissent dans le récit de Dominique et, ce qui est significatif, à peu près selon le même ordre. Ainsi s'explique en partie le fait que le romancier exagère la puissance productrice du pays. 'La plaine et la plaine toujours,' écrit-il, 'des champs que des champs toujours prolongent, des sillons droits, à perte de vue, dont la charrue mettrait des mois à atteindre le bout. On y récoltera la nourriture d'un grand peuple, le jour où la culture y sera pratiquée avec quelque courage et quelque science ...' (VIII, 493). C'est un paysage issu des rêves d'un romancier et des illusions d'un partisan de l'expansion coloniale, dont la naïveté nous étonne : 'Aucun souci, aucune peine, la terre est grasse, le soleil ardent, la récolte sera toujours belle' (VIII, 494). Zola passe sous silence les effets de la sécheresse sur l'agriculture, les récoltes manquées, les ravages des sauterelles qui décimaient le pays et étaient cause de la famine. Il est évident que le tableau que fait le romancier des possessions soudanaises de la France est idéalisé outre mesure et mal documenté. Il s'exagère la population et la fertilité de cette région et tombe victime de ce qu'on appelait 'le mirage de Tombouctou.' En fait, cette ville que Dominique Froment présente comme 'la glorieuse, si longtemps inconnue, voilée de légendes, telle qu'un paradis défendu' (VIII, 494), n'était plus à cette époque que l'ombre d'elle-même. 'Au lieu des cent mille habitants qu'on lui prêtait généreusement, sa population se réduisait à six ou sept mille habitants, perdus derrière les ruines d'une enceinte devenue trop vaste' (Ganiage, p. 175). Quant au Soudan, selon le colonel Humbert qui avait l'expérience de la vie militaire dans ce pays, il était 'incontestablement la plus malsaine' des colonies françaises et, surtout pendant la saison sèche, semblait 'un pays ruiné, dévasté et mort' ('Le Soudan français en 1897,' *la Nouvelle Revue*, nov.–déc., 1897, pp. 19–20). Comme beaucoup de ses contemporains, Zola s'est laissé emporter par la vague d'enthousiasme pour la colonisation française en Afrique occidentale et centrale. Comme l'a remarqué Henri Mitterand, à propos du dernier chapitre de *Fécondité* : 'Zola cède là à l'enthousiasme de ce qu'on a appelé l'épopée coloniale, voire au vertige nationaliste qui saisit le public français en 1898, l'année même où *Fécondité* fut composé, lorsque le commandant Marchand faillit affronter, à Fachoda, dans le Soudan égyptien, le détachement anglais de lord Kitchener. Par son panégyrique de la colonisation, qui s'exprime d'ailleurs en évocations pour le moins idéalisées, sinon naïves, il se montre plus proche de l'idéologie de Jules Ferry ou de Delcassé que de celle de Jaurès' (VIII, note 60, p. 525).

3

Les Variantes de *Fécondité*[1]

Une fois la charpente dressée, Zola a écrit son roman d'une main expéditive et sûre, presque machinale. Comme d'habitude, il s'est à peine arrêté sur les recherches formelles. Dans ses dernières œuvres, il ne s'efforce même plus de rendre par le langage des impressions fugitives. La langue n'a plus d'autre fonction que celle de traduire avec fidélité la pensée. Le volume même de ces œuvres est l'indice du peu de souci de perfection qui anime l'auteur. Il veut être rangé parmi les 'grands créateurs abondants qui apportent un monde.' Et sa langue s'accorde avec la leçon de son œuvre qui dédaigne les nuances, les subtilités et les abstractions, et qui exalte le naturel, la force et la fécondité.

Le manuscrit de *Fécondité* (manuscrits 10.925 à 10.300) ne donne qu'une idée sommaire des premiers soins de style de son auteur. Comme à son habitude, le romancier a évidemment recopié bien des pages afin de pouvoir présenter à l'imprimeur une copie déchiffrable. Il est assez rare qu'on trouve une page manuscrite où de nombreuses ratures ont subsisté. Dans l'ensemble, toutes les modifications fonda-mentales, s'il y en a eu – ce qu'exclut, selon toute vraisemblance, la préparation minutieuse accomplie par le deuxième plan détaillé – sont perdues. Par conséquent, les retouches faites sur le manuscrit diffèrent très peu de celles qui ont été opérées sur les deux séries d'épreuves et sur le texte du feuilleton. La plupart des feuilles manu-scrites présentent seulement deux ou trois corrections qui ne portent, en général, que sur des détails. Il y en a beaucoup qui sont dépourvues de ratures. Néanmoins, une étude intégrale des corrections sub-séquentes, c'est-à-dire sur les premières et deuxièmes épreuves (Ms

10.348 et Ms 10.349) et sur le texte du feuilleton, permet quelques remarques générales sur la nature de ces retouches et sur les motifs de leur auteur.

D'après les cachets de l'imprimerie apposés sur certains feuillets, il nous est permis de suivre approximativement le progrès du travail de correction :

Premières épreuves : livre III, chap. 5 à la fin du livre IV – 22 février (1899) ; livre V au livre VI, chap. 2 – 13 mai; livre VI, chap. 3 à la fin du roman – 10 juin

Secondes épreuves : livre III – 10 mai; livre IV – 10 juin; livre V, chap. 1 au chap. 4 – 4 juillet; livre V, chap. 5 – 5 juillet; livre VI – 22–5 juillet

Ainsi, avant la publication du premier épisode du feuilleton (15 mai 1899), Zola a déjà eu entre les mains les premières épreuves des livres I–V et les secondes épreuves des livres I–III. En effet, il n'y a que le premier livre du roman qui n'ait pas passé par les deux étapes de correction avant d'être publié dans *L'Aurore*. Par la suite, le romancier ne s'est permis que quelques rares révisions sur le texte du feuilleton.

Très peu de corrections opèrent des changements radicaux. Il peut arriver que Zola raye tout un passage ou modifie légèrement un épisode.[2] Mais il ne transforme jamais la suite établie de son récit. La majeure partie des variantes ne portent que sur un ou quelques mots, et assez rarement sur plus d'une phrase. Néanmoins, elles témoignent de certains scrupules chez l'auteur, dont le texte a largement profité.

A l'origine d'un nombre considérable de corrections, il semble bien qu'il y ait un souci de concision. Les suppressions sont beaucoup plus fréquentes que les additions.[3] Il arrive que Zola supprime toute une phrase pour éviter de se répéter ou pour exclure une expression triviale ou inutile.[4] Très souvent, il fait disparaître d'une phrase un membre final qui n'ajoute rien à l'effet qu'il recherche, ou bien une image banale ou excessive.[5] Très fréquemment aussi, l'auteur est obligé de corriger la tendance qu'il a d'employer deux adjectifs, substantifs ou verbes, là où un seul mot serait nécessaire.[6] Ce n'est qu'un souci d'exactitude ou de précision qui puisse l'amener à faire une addition.[7] En général, Zola s'efforce de donner à sa langue la sobriété dont elle manque dès l'abord.

D'autre part, les retouches stylistiques lui sont dictées par un souci de justesse et d'harmonie. Le romancier remanie souvent une phrase lourde et embarrassée, modifie une proposition subjonctive, évite les répétitions de mots à de trop courts intervalles, supprime un adjectif démonstratif qui est superflu, etc. Mais d'autres modifications sont plus révélatrices. Il est évident qu'à travers les corrections, Zola s'est appliqué à atteindre un plus haut degré d'impartialité dans son récit. Souvent, les premiers états du texte donnent une impression de surcharge, par une accumulation de termes excessifs, emphatiques, même hyperboliques.[8] Maintes fois, l'auteur supprime des épithètes pour taire un jugement moral ou affectif.[9] Assez rares sont les cas où il est contraint de rechercher la force et l'effet que la première leçon ne lui a pas donnés.[10]

En somme, pour l'auteur de *Fécondité*, il n'est plus question de procéder à la recherche d'un style. Il est indifférent, en outre, aux effets pittoresques et impressionnistes. Plutôt qu'un procédé de *recherche* formelle, le travail de correction est devenu un procédé d'*élimination* ou d'*atténuation*, par lequel le romancier a voulu réduire les excès que son rôle de moraliste l'a contraint à commettre. D'ailleurs, il a écrit avec la spontanéité et le naturel de la vie elle-même. Mais, nullement dépourvu de scrupules d'artiste, il s'est efforcé, par acquit de conscience, de racheter les imperfections de son texte.

NOTES

Notes du chapitre premier

1 Anatole France, 'Pourquoi sommes-nous tristes ?,' *Le Temps*, 31 mars 1889; article repris dans *la Vie littéraire*, 3e série
2 'D'un avenir possible pour notre chère littérature française,' *Mercure de France* (juillet 1893), 193
3 Charles Recolin, *l'Anarchie littéraire* (1898), vii
4 Micheline Tison-Braun, *la Crise de l'humanisme* I *(1890–1914)* (1958), 67–8
5 *Le Culte du moi* (Plon 1922), 467
6 Michel Mansuy, *Un moderne : Paul Bourget* (1960), 346, 350
7 'Les décadents du christianisme,' *Revue des Deux Mondes* (15 mars 1895), 465
8 *Dégénérescence*, traduit de l'allemand par Auguste Dietrich (1894), 14
9 *La Crise de l'humanisme* I, 11
10 'De l'influence récente des littératures du Nord,' *Revue des Deux Mondes* (15 décembre 1894), 870
11 Voir dans la *Revue des Deux Mondes* les articles suivants : Camille Bellaigue, 'Un problème musical : *le Cas de Wagner*,' 1er mars 1892; Edouard Schuré, 'L'individualisme et l'anarchie en littérature : Friedrich Nietzsche et sa philosophie,' 15 août 1895; T. de Wyzewa, 'La jeunesse de Frédéric Nietzsche,' 1er février 1896
12 Voir Elizabeth M. Fraser, *le Renouveau religieux d'après le roman français de 1886 à 1914* (1934)
13 *Catholicisme et démocratie* (1898), 109
14 'Aux jeunes gens' (10 janvier 1894)
15 Tison-Braun, 20
16 *Le Disciple* (Plon 1901), 293–4
17 *Zola et son temps*, 66
18 'A un jeune homme,' viii
19 *Essais de psychologie contemporaine* I, préface de septembre 1899 (Plon 1917), xii

20 'Appendice à *Un homme libre,*' le *Culte du moi* (Plon 1922), 500
21 Tison-Braun, 276–7
22 *Ibid.*, 289
23 Voir Léon Bourgeois, *Solidarité* (1896)
24 *La Crise de l'humanisme* I, 287–8
25 'Le mouvement idéaliste en France,' *Revue des Deux Mondes* (15 mars 1896), 276, 300, 301
26 Anatole France, *Œuvres complètes* (Calmann-Lévy 1927), XII, 450
27 *Ibid.*, 451
28 *Notes générales sur la nature de l'œuvre*, Ms 10.345, f° 13
29 *Enquête sur l'évolution littéraire* (1891), 173. La réponse de Zola parut dans *l'Echo de Paris*, le 31 mars 1891.
30 Voir R. Ternois, *Zola et son temps*, 274–7
31 Voir ci-dessous, 84
32 *Journal des Débats* (12 décembre 1893). Voir R. Ternois, *Zola et son temps*, 327
33 'La lune,' dans *l'Art d'être grand-père*
34 'Souvenirs sur Emile Zola,' *Revue de Paris* (15 mai 1940), 306, 304
35 Tison-Braun, 289–90
36 D'après René Ternois : 'Il détestait Brunetière et avait voulu lui répondre. Il savait que la science ne donnerait aux hommes ni la santé ni le bonheur, mais il chargeait le mot d'une puissance indéfinie...' (*Zola et son temps*, 675)

Notes du chapitre 2

1 *L'Ami des hommes* I (1758), 23
2 *Du Contrat social*, livre II, chapitre 10
3 *Lettres persanes*, cxii. Voir aussi les lettres cxiii–cxxiii
4 *Histoire des doctrines de la population* (1923), 300
5 *Essai*, traduction de Pierre Theil (1963), chapitre 3, 29
6 *Ibid.*, 225–6
7 R. Gonnard, *Histoire des doctrines de la population*, 317
8 *La France nouvelle* (1868), 418
9 *Le Péril national* (1881), 239–40
10 *Principes de biologie*, VIᵉ partie – 'Lois de la multiplication' (Alcan 1893), 602
11 *Ibid.*, 603–4
12 Cf. René Gonnard, *la Dépopulation en France* (1898), une des sources de *Fécondité*. Voir ci-dessous, 94–100
13 Paul Leroy-Beaulieu, 'La question de la population et la civilisation démocratique,' *Revue des Deux Mondes* (15 octobre 1897), 880
14 *Psychologie des foules* (1895), 191

15 A ce propos, Edmond Deschaumes écrit : 'Je ne dis pas que le nombre des "malades" ayant subi cette opération de l'ovariotomie soit énorme. Il est simplement très appréciable' (la Banqueroute de l'amour [1896], 177–8).

16 Cf. la famille de Mathieu Froment dans Fécondité.

17 Voir ci-dessous, 177–8

18 Dépopulation et civilisation (1890), 97

19 Ibid., 130–1

20 Par exemple, J. Bertillon, P. Leroy-Beaulieu et R. Gonnard

21 C'est une des sources de Fécondité. Voir ci-dessous, 100–9

22 La Population et le système social, 266–7

23 Dépopulation et civilisation, 350–1

24 Article cité, dans la Revue des Deux Mondes (15 octobre 1897), 873

25 L'Irréligion de l'avenir (1887), 276, 270

26 Ibid., 438. C'est une telle disposition d'esprit qui inspirera le premier des 'Evangiles' de Zola, Fécondité.

27 Surtout par l'article de P. Challemel-Lacour, 'Un bouddhiste contemporain en Allemagne,' Revue des Deux Mondes (15 mars 1870); par l'ouvrage d'E. Caro, le Pessimisme au XIXᵉ siècle. Léopardi, Schopenhauer, Hartmann (1878); et par la traduction annotée de J. Bourdeau, Pensées, maximes et fragments (1880)

28 Stéphane Mallarmé, Œuvres complètes (Bibliothèque de la Pléiade 1945), 47. Voir C. Chassé, 'Les thèmes de la stérilité et de la virginité chez Mallarmé,' Revue des Sciences humaines (avril–juin 1953), 171–81.

29 A.-M. Schmidt, la Littérature symboliste (1963), 79

30 Cf. le poème en prose de Jules Laforgue 'Lohengrin, fils de Parsifal.' Lohengrin, 'le Chevalier-Errant, le lys des croisades futures pour l'émancipation de la Femme,' se détourne d'Elsa, le soir de ses noces, pour embrasser son oreiller, 'blanc et pur comme un cygne' : 'Voici que l'oreiller, changé en cygne, éploya ses ailes impérieuses et, chevauché du jeune Lohengrin, s'enleva, et vers la liberté méditative cingla en spirales sidérales, cingla sur les lacunes désolées de la mer, oh, par delà la mer ! vers les Altitudes de la Métaphysique de l'Amour...' (Moralités légendaires [1917], 133–4).

31 A Rebours, Œuvres complètes (1928), VII, 84

32 Ibid., 35, 255–6

33 Ibid., 257

34 Psychologie du peuple français (1898), 327, 352

35 Voir ci-dessous, chapitre 3

36 Voir par exemple les paroles de Hourdequin (V, 870) et de Buteau (V, 908–9)

37 A ce propos, F.W.J. Hemmings cite dans son ouvrage Emile Zola (2ᵉ éd. [1966], 249) le témoignage suivant de Louis de Robert sur l'attitude

de Mme Zola envers les enfants de son mari :
'Pourtant cette grande âme avait des moments d'amertume. Elle
pleurait en me disant :
– Pourquoi n'a-t-il pas voulu des enfants de moi quand j'étais encore
en état de lui en donner' (*De Loti à Proust : souvenirs et confidences*
[1928], 140).

38 Sans, pour cela, que les dossiers de *Fécondité* ni, apparemment, le roman
définitif portent l'évidence d'aucune documentation antérieure à la
préparation directe de l'œuvre.

39 Rappelons que Zola était en train de préparer *Paris* lorsqu'il écrivit cet
article

40 Pareillement, le foyer de Séguin est détraqué par la grossesse inattendue
de sa femme (voir VIII, 116) comme, dans *la Joie de vivre*, le ménage
de Lazare est bouleversé par la grossesse de Louise (IV, 1265)

41 C'est pourquoi, à cette époque, dans ses opinions sur Wagner, Zola est
soucieux de séparer les questions de technique et d'idéologie. Dans
Le Gaulois du 23 février 1897, par exemple, il répond à Fourcaud, qui
vient de critiquer *Messidor* dans le même journal : 'Si mon poème vous
déplaît, c'est que vous croyez sentir qu'il est la négation même des
poèmes de Wagner. Je mets la littérature à part, je parle des tendances
sociales et philosophiques.' Là aussi, Zola condamne le mysticisme
wagnérien, y opposant les principes sur lesquels *Fécondité* reposera :
'Je suis pour l'amour qui enfante, pour la mère et non pour la vierge;
car je ne crois qu'à la santé, qu'à la vie et qu'à la joie; car je n'ai mis
mon expérience que dans notre travail humain, dans l'antique effort
des peuples qui labourent la bonne terre et qui en tireront les futures
moissons du bonheur; car tout mon sang de Latin se révolte contre ces
brumes perverses du nord et ne veut que des héros humains de lumière
et de vérité.'

42 Voir ci-dessous, 130–3

43 *Enquête sur l'évolution littéraire* (1891), 172

44 'Les revues russes II,' *Revue des Deux Mondes* (15 octobre 1893), 940–1

45 En 1900, Zola refuse de répondre à l'enquête de Marguerite Gerfault
sur la philosophie du penseur russe autrement que pour dire : 'Je suis
mal documenté, je n'ai pas le temps de me documenter mieux.' Mais
il ajoute, d'une façon significative : 'S'il faut tout dire, je crois bien
n'être pas d'accord avec le grand romancier russe' (*la Philosophie de
Tolstoï* [1900], 15).

46 'Zola et Dumas. Le non-agir' (janvier–mars 1896), 765, 767

47 Tr. E. Halpérine-Kaminsky (Flammarion 1890). Les références qui
suivent sont à la traduction de Véra Volmane (Les Maîtres 1949).

48 *Ibid.*, 36

49 *Ibid.*, 48, 34

50 *Ibid.*, 97, 101
51 1er mars 1902, 369–82. La réponse de Zola est aux pages 381–2 et a été reprise dans *Les Cahiers naturalistes*, n° 20, 1962.
52 'Zola et Michelet. Essai sur la genèse de deux romans de jeunesse, *La Confession de Claude, Madeleine Férat*,' *Revue d'Histoire littéraire de la France* (1928), 385.
53 *L'Amour* (Calmann-Lévy 1894), 1–2
54 *La Femme* (Vienne, s.d.), 133, 99
55 *L'Amour*, 183
56 *Ibid.*, 207. Cf. *Fécondité*, VIII, 96 – passage cité ci-dessous, 193
57 Cf. ci-dessus, 27

Notes du chapitre 3

1 Par exemple, dans l'*Ebauche* de *Son Excellence Eugène Rougon*, Zola écrit : 'On peut faire ainsi de l'œuvre une splendide satire' (Ms 10.292, f° 97).
2 Dossier Bodmer, f° 26. L'*Ebauche* du *Docteur Pascal* est conservée à la Bibliothèque Bodmer, à Cologny, près de Genève; elle a été reproduite par Henri Mitterand dans *les Rougon-Macquart* V (Bibliothèque de la Pléiade 1967), 1579–91.
3 '*L'Argent*,' *Le Temps* (22 mars 1891); article repris dans *la Vie littéraire*, 5e série (Calmann-Lévy 1949), 101
4 Ici, comme dans le reste du chapitre, c'est moi qui souligne pour indiquer l'emploi fréquent dans l'œuvre de Zola du symbolisme des éléments (soleil, sève, arbres, terre), qui accompagne toujours le thème de la fécondité et qui sera développé dans le roman *Fécondité*.
5 Selon M. Armand Lanoux, la liaison date probablement de décembre 1888; voir 'Un amour d'Emile Zola,' *Le Figaro littéraire* (24 avril 1954), et *Zola vivant*, I, 203.
6 Dossier Bodmer, f° 25
7 Cité par Denise Le Blond-Zola, dans *Emile Zola raconté par sa fille* (1931), 169.
8 *Zola vivant*, I, 205. Rappelons que Denise naît en septembre 1889, et Jacques en septembre 1891.
9 Dossier Bodmer, f°s 26–7
10 Dans l'*Ebauche* du roman, l'importance de cette transformation est soulignée : 'Tant qu'il ne se sait pas aimé, qu'il ne la possède pas, il garde son idée fixe, son espoir de guérir tous les maux; et il ne s'élève au doute philosophique, à son respect de la nature au point de ne pas la changer, que lorsqu'il aime et est aimé (dossier Bodmer, f°s 31–2).
11 Voir Patrick Brady, '*L'Œuvre*' de Emile Zola (1967), 442–3
12 C'est la vérité que Serge Mouret a déjà comprise, à la fin de *la Faute de*

l'abbé Mouret, lorsqu'il ne réussit pas à s'affranchir du souvenir d'Albine, avec qui il vient de boire aux sources mêmes de la genèse universelle, dans le jardin édénique du Paradou : 'Oh! la prendre, la posséder encore, sentir son flanc tressaillir de fécondité, faire de la vie, être Dieu' (III, 234).

13 *Emile Zola* (1952), 104
14 Ici encore, et ci-dessous, j'ai souligné, pour indiquer le déplacement.
15 Dossier Bodmer, f⁰ 32
16 *Emile Zola*, 102
17 Dossier Bodmer, f⁰ 11
18 Voici qu'est annoncé le chêne symbolique de *Fécondité*.

Notes du chapitre 4

1 Lettre citée par Albert Laborde dans *Trente-huit années près de Zola : vie d'Alexandrine Emile Zola* (1963), 118
2 Voir VIII, 505–8
3 Zola retrouve ainsi la formule du conte 'les Quatre Journées de Jean Gourdon' (1866–7) dont le ton exalté, le lyrisme et le message anticipent sur *Fécondité*. Voir IX, 451–85 et John C. Lapp, *Zola before the 'Rougon-Macquart'* (1964) 32–8.
4 Adolphe Retté, *le Symbolisme. Anecdotes et souvenirs* (1903), 184–5; interview du *Rappel* (24 octobre 1899)
5 Sur l'exil de Zola et la rédaction du roman, voir ci-dessous, chapitre 7.
6 Puisque le classement des dossiers de manuscrits adopté dans les reliures de la Bibliothèque Nationale ne correspond nullement à leur chronologie véritable, j'ai dressé plus loin une liste chronologique des notes des dossiers de *Fécondité* (voir ci-dessous, appendice 2). Mais il faut admettre qu'une exactitude absolue est impossible. Zola ne cessait de revenir sur certaines parties des dossiers pour les enrichir d'additions tardives. D'après un examen de l'*Ebauche*, nous serons à même de suivre de près l'ordre des lectures du romancier, mais rien n'empêche que certaines parties des dossiers antérieurs à l'*Ebauche* aient été rédigées fragmentairement ou simultanément (par exemple, le premier plan détaillé et les fiches *Personnages*).
7 Ajouté dans l'interligne : 'Humanité ?'
8 *Emile Zola raconté par sa fille* (1931), 173
9 Rappelons que c'est le nombre d'enfants que Zola a préconisé pour chaque famille française dans son article 'Dépopulation.'
10 Sur la mort du docteur Gaude, voir ci-dessous, 138–9

Notes du chapitre 5

1 Lyon (Storck 1898), 139 p.; avant de lire ce livre, Zola dresse une liste des personnages du roman (f⁰ˢ 1–9), qui indique l'âge qu'ils auront atteint au début de chacun des sept livres prévus à cette étape.

2 'L'accroissement de la population française,' *Revue des Deux Mondes*, 1er juin 1882, 616

3 Pour éviter une surcharge de notes dans ce chapitre, j'ai inséré ainsi dans le texte les références aux sources livresques de *Fécondité*.

4 Pour un relevé du contenu du dossier *Divers*, voir ci-dessous l'appendice 2. Outre les indications portant sur les emprunts directs dans les pages qui suivent, on trouvera maintes informations dans les notes de l'édition Mitterand du texte (VIII, 517–28) et dans les notes analytiques de mon édition critique du roman (thèse, Nancy 1969, f⁰ˢ 752–803).

5 Paris (Giard et Brière 1897), 276 p.; ouvrage publié primitivement en Italie, en 1894

6 Voir R. Ternois, *Zola et son temps* (1961), 378–86

7 Voir ci-dessous, 132

8 Cf. ci-dessus, p. 38, et les paroles suivantes de Santerre : 'Cherchez donc dans le Nouveau Testament le "Croissez et multipliez, et remplissez la terre" de la Genèse ? Jésus n'a ni patrie, ni propriété, ni profession, ni famille, ni femme, ni enfant. Il est l'infécondité même. Aussi les premières sectes chrétiennes avaient-elles horreur du mariage. Pour les saints, la femme n'était qu'ordure, tourment et perdition. La chasteté absolue devenait l'état parfait, le héros était le contemplatif, l'infécond, le solitaire égoïste, tout entier à son salut personnel. Et c'est une Vierge qui est l'idéal de la femme, l'idéal de la maternité elle-même' (VIII, 56–7).

9 Cf. la scène du premier livre du roman où la Moineaude, un enfant dans les bras, déformée elle-même par 'ses nombreuses couches,' s'explique devant les Beauchêne sur sa grande famille : 'Moi, vous comprenez, j'aimerais autant autre chose. J'en ai eu la terreur, dans les premiers temps. Mais, que voulez-vous ? il faut bien se soumettre, et je cédais, je n'avais pas envie naturellement que mon homme allât voir d'autres femmes. Puis, il n'est pas méchant, il travaille, il ne boit pas trop, et quand un homme n'a que ça pour plaisir, ce serait vraiment malheureux, n'est-ce pas ? que sa femme le contrarie' (VIII, 37). Toute cette scène est à rapprocher de celle au cours de laquelle la Maheude se rend, avec Henri et Lénore, à la maison des Grégoire, au deuxième chapitre de la deuxième partie de *Germinal*.

10 G. Tarde, *les Lois de l'imitation* (1890)

11 Ajouté dans l'interligne : 'plus juste'

12 Dr L.F.E. Bergeret, *Des fraudes dans l'accomplissement des fonctions*

génératrices : causes, dangers et inconvénients pour les individus, la
famille et la société. Remèdes, Paris (Baillière 1868), 206 p.; les notes
de lecture du romancier sont aux feuillets 280–94.

13 Voir dans le roman les pages 341 et 249

14 Ici, Zola imagine une scène de mélodrame, qui n'apparaît pas dans le
roman, mais qui illustre la façon dont une donnée réelle peut fournir
matière à l'imagination du romancier : 'Drame d'alcôve; il ne touche
plus à sa femme; puis il se raccommode, la tue de manœuvres fraudeuses.
Il la déprave, et quand il la quitte pour des maîtresses, elle prend un
amant fraudeur lui aussi. Elle pourrait mourir d'une métrite; et lui, à
son lit de mort, lui demanderait encore : "Voyons, dis-moi si Andrée
est bien de moi." – Et elle pourrait avoir la vengeance atroce de ne pas
le lui jurer' (fᵒˢ 78–9). C'est un peu le thème de 'l'Inutile Beauté,'
la nouvelle de Maupassant que Zola avait certainement en tête lorsqu'il
préparait *Fécondité*; voir ci-dessous, 133

15 C'est-à-dire Gaston, militaire dans le roman, mais ici destiné à mourir
d'une maladie de la moelle, conséquence du mauvais allaitement, et
Lucienne (Lucie dans le roman), qui va devenir religieuse, 'révoltée de
tout ce qu'elle a compris dans sa famille' (fᵒ 78).

16 Sur le personnage de Santerre, voir ci-dessous, 130–3

17 Dans le deuxième chapitre du roman, Mathieu, invité chez les Morange,
observera que leur salon est copié sur celui des Beauchêne. Fort bien
documenté lui-même sur cette question, il songera à cette 'loi d'imitation qui fait que les moins heureux s'appauvrissent encore en copiant
les heureux de ce monde' (VIII, 45). C'est un des endroits où l'érudition
forcée du romancier est par trop évidente.

18 Il est probable que Zola a lu le livre du docteur Brochard, *la Vérité sur*
les enfants trouvés (1876), avant celui de Paul Strauss, *l'Enfance mal-*
heureuse (1896), car il n'aurait pas pris la peine de résumer certains
arguments de Brochard sur la mortalité infantile, que Strauss reprend
pour les combattre et que Zola désapprouve. Voir ci-dessous, 118–19

19 *Résultats thérapeutiques de la castration chez la femme : conséquences*
sociales et abus de cette opération, Paris (Ollier-Henry 1897), 188 p.;
les notes de Zola sont aux feuillets 297–316.

20 En se servant ainsi des enfants de la famille ouvrière, Zola évite de
multiplier ses personnages, déjà assez nombreux. Il note : 'Quand je
vois venir un personnage, il va falloir que je voie si, pour les ouvrières,
je ne puis pas prendre dans la famille de Moineaud, pour resserrer un
peu l'action' (fᵒ 316).

21 Paris (Plon 1876), 405 p.; notes de lecture – fᵒˢ 354–66.

22 Paris (Charpentier-Fasquelle 1896), 298 p.; notes de lecture – fᵒˢ
254–78.

23 Zola a lu dans l'ouvrage de Paul Strauss la description suivante du 'tour,'

d'où proviennent les quelques indications qu'on trouve là-dessus dans le roman (VIII, 193) : 'Dans une rue à peu près déserte, même durant le jour, loin de toute porte, sans voisinage de face, on voyait, à un certain endroit d'un long mur, une ouverture fermée par une cloison en bois qui était mobile horizontalement sur une coulisse. A côté de cette cloison était la chaîne d'une sonnette. A l'appel d'une sonnerie, une religieuse, la permanence du service de nuit comme de jour étant assurée, faisait glisser sur sa coulisse la cloison et faisait, en même temps, exécuter sur son axe une demi-révolution à un cylindre de bois dont une moitié était pleine, l'autre ouverte et contenant une corbeille d'osier capitonnée. La moitié ouverte du cylindre s'offrait à la personne qui avait sonné et qui déposait l'enfant dans la corbeille. Aussitôt, une nouvelle sonnette déterminait une nouvelle révolution du cylindre qui présentait le côté plein. La cloison en bois était aussitôt refermée' (pp. 35–6).

24 P. 311

25 'Les nourrissons mouraient comme des mouches; c'était le temps où les meneuses, les nourrices sèches et les faiseuses d'anges tenaient boutique ouverte de mortalité infantile' (p. 211).

26 Après cette deuxième série de lectures et probablement avant la rédaction de la partie suivante de l'*Ebauche*, Zola résume quelques feuilles de notes (*Notes Vaucaire*, f°s 318–28) qui lui ont été communiquées par le docteur René Vaucaire. Deux détails nous permettent de situer chronologiquement ce dossier : dans le résumé de ces notes, Zola parle de Sarraille, personnage qu'il vient de créer en lisant l'ouvrage de Canu; et, dans la partie suivante de l'*Ebauche*, il prête à la sage-femme, Mme Bourdieu, quelques particularités tirées des *Notes Vaucaire*. Ces notes contiennent d'utiles informations sur les titres et la surveillance du commerce des sages-femmes, sur l'organisation des bureaux de nourrices, détails qu'on retrouvera dans les deuxième et troisième livres du roman. Elles fournissent aussi au romancier des renseignements d'ordre technique sur l'avortement et sur l'ovariectomie. Tous ces détails passeront directement dans le roman, au moment de la rédaction. Dans son résumé, Zola ne s'arrête que sur les horribles explications médicales de la mort de Valérie Morange chez la Rouche (1. II, c. 5) et de la mort de Reine Morange aux mains de Sarraille (1. IV, c. 2).

27 Voir dans le roman livre II, chapitres 4 et 5, et livre IV, chapitre 2

28 Un peu plus loin, Zola ajoute à propos de ce personnage : 'Cela me donnerait toute l'idée de la virginité, pour protester' (f° 117).

29 Voir dans le roman livre IV, chapitre 3 (VIII, 288–90)

30 Cité par H. Mitterand, *les Rougon-Macquart* III (Bibliothèque de la Pléiade 1964), 1633; lettre du 26 avril 1882

Notes du chapitre 6

1 Donc, toute la dernière partie de l'*Ebauche* (Ms 10.301, f°s 119–35) et les premiers plans du sixième livre suivent chronologiquement la rédaction des plans des livres précédents et des fiches *Personnages*, car on ne trouve dans ces derniers dossiers, si ce n'est par des additions manifestement subséquentes, aucune mention des éléments conçus dans cette partie de l'*Ebauche*.

2 Voir ci-dessous le texte du plan général, appendice 1

3 Sur le plan des deux premiers livres, on trouve le nom de Jean; les deux noms figurent sur le plan du premier livre et du troisième livre; après cela, on ne trouve que le nom de Mathieu.

4 En fait, Luc sera le héros de *Travail*, et Marc le héros de *Vérité*.

5 F^{os} 11–232 (161 feuillets en somme, car une erreur de numérotation fait suivre le feuillet 119 par le feuillet 180)

6 *Fantômes et vivants* (1914), 53. Cf. vii, 37, et viii, 544 et 1010

7 *Emile Zola raconté par sa fille* (1931), 173

8 Rayé : 'un peu allongée'

9 Cf. dans *Paris* la description suivante de Marie : 'Elle n'était pas grande, de taille moyenne, mais de corps vigoureux, admirablement fait, les hanches larges, la poitrine large, avec une gorge petite et ferme de guerrière ... C'était une brune à la peau très blanche, coiffée d'un lourd casque de superbes cheveux noirs, qu'elle nouait négligemment, sans coquetterie compliquée' (vii, 1275).

10 Voir ci-dessous, 197–200

11 Voir ci-dessus, 48

12 Voir R. Ternois, *Zola et son temps*, 405 et 460

13 *Cosmopolis* (1893), 46

14 *Ibid.*, 30

15 Voir l'article de Zola 'Auteurs et éditeurs,' *Le Figaro*, 13 juin 1896 (xiv, 804–10)

16 Voici, d'après la correspondance de Bourget à Zola (conservée à la Bibliothèque Nationale, n.a.f. 24.511, f°s 282–333), un extrait de la lettre du 5 mai 1899, adressée à Mme Zola : 'J'ai été très peiné que Zola n'ait pas répondu à la démarche si simple et affectueuse que j'avais faite auprès de lui, après vous avoir vus. Son silence n'a pourtant rien changé à mes sentiments pour lui et mon amité lui demeure fidèle dans la divergence d'idées qui nous a séparée ... Quand vous le verrez, chère Madame, dites-lui cela et que le jour où il le voudra, il me retrouvera tel qu'il m'a quitté quand nous avons dîné ensemble pour la dernière fois avant l'horrible guerre civile qui a déjà fait tant de victimes ...' Il est piquant de noter que, quelques mois plus tard, Zola renoue des relations avec Bourget et lui envoie un exemplaire de *Fécondité*, avec

une 'affectueuse dédicace.' Voir la lettre à Zola du 17 octobre 1899
(f⁰ 314).

17 Dans son étude sur Bourget, Michel Mansuy observe : 'Trois des plus
jolies Parisiennes se disputent l'honneur d'avoir inspiré Thérèse de Sauve
(héroïne de *Cruelle Enigme*) au romancier, et soutiennent d'un air
entendu qu'on résiste difficilement à ce don Juan délicat' (*Un moderne :
Paul Bourget* [1960], 400). Dans la dernière partie de l'*Ebauche* de
Fécondité (f⁰ 129), mais non pas dans le roman, Santerre est destiné à
épouser une juive très riche. Est-ce là encore une allusion – si transparente que Zola la supprime – à la vie de Bourget, à ses amies israélites,
comme Louise, sa 'confidente,' qui était fille d'un banquier juif ?
(Bourget a rompu avec ces amies en 1890, en épousant Mlle Minnie
David.)

18 *Emile Zola*, 2e éd. (1966), 293. Dans le roman de Santerre, une comtesse, Anne-Marie, se réfugie en Bretagne avec un jeune artiste 'd'inspiration divine'; et 'le roman n'était que l'histoire des trente années,
de ses amours pendant trente ans, aux bras d'Anne-Marie, dans une
communion de caresses stériles, sans que sa beauté de femme fût altérée
d'une ride, aussi jeune, aussi fraîche, après ses trente ans d'infécondité,
que le premier jour où ils s'étaient aimés' (vIII, 56). L'héroïne de Maupassant, comtesse elle aussi, 'cette statue de chair qui avive ... d'imma-
tériels appétits,' s'efforce comme Anne-Marie de 'fuir un mari grossier,
un mâle faiseur d'enfants.' La nouvelle contient d'autre part la longue
boutade de Roger de Salins contre la maternité et la nature. 'Qu'y
a-t-il, en effet, de plus ignoble, de plus répugnant,' dit-il, par exemple,
'que cet acte ordurier et ridicule de la reproduction des êtres, contre
lequel toutes les âmes délicates sont et seront éternellement révoltées ?'
(*Œuvres complètes* [Conard 1947], 26). Notons que le héros du roman
de Santerre (Norbert dans le roman définitif) devait aussi s'appeler
Roger (voir Ms 10.302, f⁰ 92).

19 Exemples : pour le livre I, ch. 5 – 'Il est nécessaire de bien insister sur
le presque-dénuement de Mathieu et de Marianne ... de façon à avoir
l'opposition à la fin, lorsque ce seront eux qui auront tout conquis' (f⁰
188); livre II, ch. 1 – 'L'opposition entre la grossesse chez Marianne et la
grossesse chez Valentine, femme du monde' (f⁰ 203); livre I, ch. 4 –
'Peinture du Paris échauffée, qui me serviront [*sic*] d'opposition, lorsqu'au chapitre suivant je montrerai la campagne ardente et calme'
(f⁰ 168.)

20 Voir vIII, 294–5. Cet épisode s'inspire sans aucun doute d'une scène
presque identique de *Cosmopolis*. Dans le roman de Bourget, Lydia
Maitland, jalouse de la maîtresse de son mari (le peintre Lincoln
Maitland), perce un trou dans la cloison de l'atelier de façon à faire
espionner celle-ci (la comtesse Steno) par sa fille Alba, au moment où

la comtesse est dans les bras de son amant. Voir *Cosmopolis*, 419–32.

21 Sur le dossier de notes concernant les logements et les sites du roman, qui se situe approximativement entre la rédaction des documents décrits jusqu'ici et la dernière partie de l'*Ebauche*, voir ci-dessous l'appendice 2 (c, i).

22 Il est question ici de deux personnages du roman : Alfred, le dernier-né des Moineaud, et Toinette Bénard, la fille d'Euphrasie [non pas de Cécile], dont les exploits occupent le premier chapitre du dernier livre de *Fécondité*.

23 Voir ci-dessus, 116–17

24 Sur les sources possibles du récit de Dominique et sur l'épisode des Froment en Afrique occidentale, voir ci-dessous l'appendice 2 (c, ii).

25 *Zola* (1932), 269

26 *Zola et son temps*, 613

27 Sur le deuxième plan détaillé, voir ci-dessous, 145–6

Notes du chapitre 7

1 L'exil volontaire de Zola en Angleterre (19 juillet 1898 – 5 juin 1899) est bien connu. Ernest Vizetelly a laissé un ouvrage détaillé, mais très rapidement rédigé, sur cette période (*With Zola in England* [London 1899]). Zola lui-même avait l'intention de publier les souvenirs de son séjour, ce qui a détourné Vizetelly de trop soigner son propre récit. Après la mort du romancier, qui n'avait pu réaliser son projet, Vizetelly a comblé quelques vides dans les derniers chapitres de sa biographie de Zola (*Emile Zola, Novelist and Reformer* [London 1904]). En fait, Zola avait consigné par écrit des impressions, des pensées et des souvenirs pour la période 18 juillet – 21 octobre 1898 dans une série de notes, en forme de journal, qui devait servir à la rédaction de ses souvenirs. Ces notes ont été publiées dans *Nottingham French Studies* (mai–octobre 1964), 2–62 (avec une étude préliminaire et des notes de C.A. Burns), puis dans xiv, 1137–61.

2 Mme Zola arriva en Angleterre le 22 octobre 1898 et, bien que souffrante, resta (sauf du 8 au 20 décembre) jusqu'au 27 février 1899.

3 Fernand Desmoulin, qui avait rejoint Zola en Angleterre le 20 juillet, est retourné en France quatre jours plus tard pour chercher les effets du romancier. Il est revenu le 29 juillet avec la malle qui contenait les dossiers du roman.

4 Sauf, dans le cas de *Fécondité*, pour les trois premiers chapitres du roman où il s'en dispense

5 Zola écrit à sa femme, le 11 septembre 1898, lorsqu'il vient d'achever le premier livre de *Fécondité* : 'C'est un vaste tableau terminé. Il y a cent cinquante-cinq pages; cinq pages de plus, seulement, que le nombre fixé par moi à l'avance.'

6 *Neo-Malthusianism: An Enquiry into that System with Regard to its Economy and Morality* (London 1898). Voir E.A. Vizetelly, *With Zola in England*, 163–4.

7 Cité par Adolphe Retté, *le Symbolisme. Anecdotes et souvenirs* (1903), 186; interview du *Rappel* (24 octobre 1899)

8 C'est-à-dire la nouvelle du suicide d'Henry, le 31 août. Le colonel Henry venait d'avouer qu'il avait fabriqué lui-même une pièce qui tendait à prouver que Dreyfus était bien un traître.

9 Voici le texte de présentation qui, au cours des deux ou trois semaines précédentes, annonçait la publication prochaine du roman et qui avait probablement été rédigé par Zola lui-même :

'FECONDITE est une étude, drame et poème à la gloire des familles nombreuses. Autour du héros central, qui sait aimer et vouloir, qui travaille, crée, enfante sans relâche, EMILE ZOLA a groupé, en plus de cinquante personnages secondaires, tous les mauvais combattants sociaux, tous les artisans de mort par la fraude malthusienne, par l'avortement, par l'infanticide, par l'effroyable mortalité de la petite enfance. FECONDITE, c'est toute la décomposition de la société capitaliste actuelle, la pourriture de la misère, le ferment empoisonneur de l'injuste répartition de la richesse, qui mènent au gouffre la patrie et l'humanité. Il n'est pas de drame plus poignant que ces assassinats prémédités de la vie, auxquels EMILE ZOLA nous fait assister, en des scènes terribles. Et il n'est pas de poème plus haut, plus consolateur, en des pages de drame et de gaieté, que le triomphe de la famille féconde qui conquiert ce qui l'entoure par la poussée révolutionnaire du nombre, qui donne à son pays et au monde l'espoir de demain, la santé, la joie, la puissance invincible des énergies créatrices, en marche pour la cité future de justice et de vérité.'

10 Sur les corrections et les retouches stylistiques de *Fécondité*, voir ci-dessous l'appendice 3

11 *Emile Zola raconté par sa fille* (1931), 249

12 Brulat avait exposé quelques réserves sur *Fécondité* dans une lettre à laquelle Zola avait répondu, en reprochant au critique 'sa maladie du scrupule' : 'Vos remarques sont fort justes. Mais n'ai-je pas le droit, après quarante ans d'analyse, de finir dans un peu de synthèse ? L'hypothèse, l'utopie, est un des droits du poète' (lettre du 15 octobre 1899).

13 Zola, ému et flatté, répond le 16 octobre (1899) : 'Les livres ont leur destin. Je souhaite que le mien aide un peu au bonheur des générations prochaines ... Ma récompense, déjà précieuse, est d'être compris et loué par un homme, par un combattant tel que vous, qui avez toujours mené le bon combat de la Liberté, de la Vérité et de la Justice.'

14 'Fécondité, par Emile Zola,' *Journal des Economistes* (février 1900), 228–39

15 *Ibid.*, 228, 237
16 *Le Principe de la population : Malthus et sa doctrine* (1868), livre dans lequel Passy se range du côté de Malthus
17 *Art. cit.*, 237
18 *Ibid.*, 238, 239
19 'Fécondité, par Emile Zola,' *Revue Encyclopédique* (6 janvier 1900), 49
20 Sur les rapports entre Bloy et Zola, et sur les opinions de Bloy à l'égard de l'œuvre de Zola, voir P.J.H. Pijls, *la Satire littéraire dans l'œuvre de Léon Bloy* (1959), ch. III
21 Voir *Œuvres de Léon Bloy*, éd. Joseph Bollery et Jacques Petit (1965), IV, 186, 188, 181
22 *Ibid.*, 182
23 *L'Evolution des idées chez quelques-uns de nos contemporains* (1903), 11 (article de *La Quinzaine*, 1er janvier 1900)
24 *Ibid.*, 14, 24–5
25 *Ibid.*, 35
26 'Fécondité, par Emile Zola' (décembre 1899), 750–1
27 *Ibid.*, 751
28 'Les récentes œuvres de Zola,' *Le Mouvement Socialiste*, 1er et 15 novembre 1899; article repris textuellement dans un numéro d'hommage à Zola des *Cahiers de la Quinzaine*, 5e cahier de la 4e série (4 décembre 1902). Les références sont aux *Œuvres en prose 1898–1908* (Bibliothèque de la Pléiade 1959). Dans le même article, Péguy passe en revue les écrits polémiques de Zola sur l'Affaire Dreyfus.
29 *Ibid.*, 543–4, 548, 544, 550
30 *Ibid.*, 544, 545
31 *Ibid.*, 552–3, 551
32 Voir J.C. Ireson, *l'Œuvre poétique de Gustave Kahn* (1962), 617
33 'Fécondité' (15 octobre 1899), 284–93
34 *Ibid.*, 292, 293
35 'Les romans,' *Mercure de France* (novembre 1899), 486. Rappelons que Rachilde est le pseudonyme de Mme Marguerite Vallette, femme d'Alfred Vallette, le fondateur et le directeur du *Mercure*.
36 Voir 'Le solitaire,' article du *Figaro* (18 janvier 1896) repris dans *Nouvelle Campagne* (XIV, 717–22). Dans cet article, Zola repousse la légende de Verlaine le solitaire, emprisonné 'dans la mystérieuse tour d'ivoire dont les initiés seuls ont la clef.' Il affirme que le poète n'avait pas dédaigné le succès; au contraire, la société l'avait rejeté. D'ailleurs, Zola s'étonne que la jeunesse cherche ses maîtres parmi les 'foudroyés de la destinée du livre,' les 'ratés,' les 'avortés' et les 'incomplets.'
37 *Art. cit.*, 492–3
38 'Paysages littéraires' (1er décembre 1899), 780, 782
39 Le 'Manifeste du naturisme' apparut dans *Le Figaro* du 10 janvier 1897.

40 *Art. cit.*, 287–8

41 Par exemple, dans 'l'Avertissement' de son *Essai sur le naturisme* (1896), Maurice Le Blond déclare : 'Nos aînés ont préconisé le culte de l'irréel, l'art du songe, la recherche du frisson nouveau ... Pour nous, l'au-delà ne nous émeut pas, nous croyons en un panthéisme gigantesque et radieux.' Dans ses 'Souvenirs sur Emile Zola,' *Revue de Paris* (15 mai 1940), Bouhélier observe, à propos du mouvement naturiste : 'C'était à l'opposé du symbolisme. Par des méthodes particulières et avec des réserves très nettes, nous retournions à Zola' (p. 295).

42 Cf. la série d'articles consacrée à 'Emile Zola devant les jeunes,' par Maurice Le Blond (*La Plume*, 15 février–1er mai 1898), qui voit en Zola avant tout un poète de la nature.

43 'L'opinion de M. Emile Zola' (1er novembre 1897), 681–2. Voir aussi xii, 714–15.

44 Cette lettre a été publiée par John Christie à la fin de son article 'Naturalisme et naturisme,' *Nottingham French Studies* (octobre 1963), 23.

45 'Le monde attend un Evangile : à propos de *Fécondité*,' *La Plume* (1er novembre 1899), 702. Dans une lettre du 7 novembre, adressée à Bouhélier, Zola se félicite de l'accueil sympathique du jeune auteur : 'Et c'est cela qui m'émeut profondément, la certitude, à cette heure, que nous pouvons disparaître et que des frères cadets, animés de la même foi, sont là, prêts à prendre la torche de nos mains, pour que jamais elle ne s'éteigne.'

46 '*Fécondité*,' *Nouvelle Revue Internationale* (15–30 novembre 1899), 608

47 *Ibid.*, 610, 612, 613

Notes du chapitre 8

1 *L'Evolution des idées chez quelques-uns de nos contemporains*, 2e série (1905), 85

2 *La Charpente* (1900), 24, 63, 66

3 *Théâtre de Brieux* iv (1922), 238

4 Dans une scène de cour d'assises, une sage-femme avorteuse, Mme Thomas, défend son métier par les mêmes arguments que ceux de la Rouche (viii, 157–9) : 'J'ai empêché plus d'un suicide et plus d'un crime ... Vous me poursuivez, moi, mais les chirurgiens qui font de la stérilité définitive, on les décore !' (*Maternité* [1904], 210–11).

5 Zola a oublié ce qu'il avait écrit dans l'*Ebauche* : 'Il faut amener la déchéance lente d'Alexandre, par la jouissance, pour qu'il laisse l'usine passer à Denis, – qui à la fin doit en quelque sorte la partager entre ses ouvriers, un système coopératif' (Ms 10.301, f⁰ 72).

6 *Œuvres en prose 1898–1908* (1959), 551

7 Lettre du 29 novembre 1899

8 *La Crise de l'humanisme* i *(1890–1914)* (1958), 26

9 *De Bourget à Gide. Amour et famille* (1946), 28

10 Aux yeux de Bordeaux, par exemple, Le Play était 'un de ces hommes divins que Platon considérait comme l'honneur de l'humanité' (cité par J. Ferchat, *le Roman de la famille française* [1912], 185).

11 'Les mères sont fécondes pendant 25 ans et mettent au monde jusqu'à 20 enfants; mais, dans les conditions moyennes de santé et de salubrité, le nombre de ces derniers est généralement réduit à 10, au moment où cesse la fécondité. A dater de ce moment, la famille continue à s'accroître par les enfants issus du mariage de l'héritier; ceux-ci suivent habituellement sans solution de continuité leurs jeunes oncles et tantes; et, après une nouvelle période de 25 ans, 10 nouveaux enfants restent définitivement acquis à la famille... Sur les 9 enfants non mariés de la génération précédente, 4 remplissent les vides faits par la mort; 5 vont chercher une situation dans l'armée, la flotte, l'industrie, le commerce, le clergé, l'administration publique, ou fondent de nouvelles maisons dans les districts ruraux ou aux colonies. En cas de mort prématurée de l'héritier, la veuve conserve naturellement une place honorée au milieu de ses enfants; et l'un des frères cadets, au lieu d'émigrer, se marie aussitôt pour perpétuer la famille' (*La Réforme sociale en France* [1864], 231–2).

12 Cf. le regret (tolstoïen aussi) que le docteur Pascal exprime 'souvent' lorsqu'il voit le paysan rentrer chez lui après sa journée de travail : 'En voilà un que la querelle de l'Au-delà n'empêchera pas de dormir' (vi, 1394).

13 *Emile Zola*, 2e éd. (1966), 292 – 'Judged purely as a work of art, *Fécondité* is an excellent example of the aberrations into which "committed literature" is apt to tempt the unwary.'

14 A. Lanoux, *Bonjour, Monsieur Zola* (1954), 353; A. Wilson, *Emile Zola* (London 1952), 139; Henry James, *The House of Fiction* (London 1957), 238 (article de l'*Atlantic Monthly*, août 1903)

15 Zola écrit, par exemple, sur le 'ménage' de Cécile et de Norine : 'Et il fallait les voir toutes deux, très unies, très gaies, vivant sans homme comme au couvent...' (viii, 364).

16 Pour des exemples qui illustrent ces divers procédés, voir viii, 43, 211, 129, 335, 138

17 C'est ce qu'indiquent, dans le plan détaillé (Ms 10.301), certaines formules précises. Je me permets de citer, dans les pages qui suivent, des exemples de ces formules qui préfigurent exactement l'intention et le contenu de tel ou tel chapitre du roman.

Notes du chapitre 9

1 Cf. les attitudes et le langage de Michelet. Voir ci-dessus, 54.

2 Cf. la description de la généalogie de la petite Rose : 'Elle était la fille d'Angeline, qui était la fille de Berthe, qui était la fille de Charlotte, femme de Blaise' (VIII, 487).

3 Dans le deuxième plan détaillé du premier livre (ch. IV), Zola note : 'La nature prévoyante a fait l'œuf par millions, pour qu'il en éclose assez... Mais la plante, l'animal est inconscient, s'abandonnant, tandis que l'homme veut la destruction. Et le regret panthéiste de toute la vie conservée, le pullulement, la vie et la force' (Ms 10.301, f° 177).

4 Voir l'article de Philip Walker : 'The Survival of Romantic Pantheism in Zola's Religious Thought,' *Symposium*, XXIII (1969), 354–65.

5 Dans l'*Ebauche* de *la Joie de vivre*, Zola écrit : 'Il me faut à la fin une scène où Lazare tombe dans les bras de Pauline... Cette scène *doit* être dans le dernier chapitre, avant le coup de soleil, le calme final et triomphal... (Ms 10.311, f° 148). Cf. *l'Argent* (VI, 388), là où Mme Caroline (qui semble représenter l'humanité) déclare : 'A la suite de chacune des crises qui m'abattent, c'est comme une jeunesse nouvelle, un printemps dont les promesses de sève me réchauffent et me relèvent le cœur. Cela est tellement vrai, que, après une grosse peine, si je sors dans la rue, au soleil, tout de suite je me remets à aimer, à espérer, à être heureuse.'

6 C'est encore *la Faute de l'abbé Mouret* qui offre les meilleurs exemples, comme il en offre de toute la symbolique de la fécondité. Voir III, 94, où la terre se transforme en 'quelque forte Cybèle tombée sur l'échine, la gorge en avant, le ventre sous la lune, saoule des ardeurs du soleil, et rêvant encore de fécondation.'

7 Cf. ci-dessus, 68

8 Voir par exemple VIII, 234, 240, 404, 418, 488–9, et surtout les refrains du livre IV

9 Mircea Eliade observe que, dans la pensée primitive, 'l'eau est germinative, la pluie est fécondante, pareille au semen virile,' et que, 'dans le symbolisme érotico-cosmogonique, le Ciel embrasse et féconde la Terre par la Pluie' (*Traité d'histoire des religions* [1948], 171).

10 A part les références à Cybèle, un seul document, écrit au crayon et à peine déchiffrable, nous autorise à croire qu'il l'a fait en partie d'une façon délibérée. Au feuillet 465 du dossier *Divers* (Ms 10.302), on trouve la liste suivante :

La millionnaire cosmopolite
La riche bourgeoise, rentes et relations
La vache sacrée des Indous

L'Isis aux larges yeux
L'Astarté [?] des phéniciens aux cent mamelles
Cybèle, traînée par des lions.

Ce n'est qu'un léger indice, mais qui peut nous amener à croire que
Zola a fait un certain effort conscient pour conférer à ses héros le rôle
des dieux antiques.

11 *Mythes, rêves et mystères* (1957), 230. Dans *le Mythe de l'éternel retour*
(1949), 47–50, le même auteur cite d'autres exemples : Didon et Enée,
Zeus et Héra, Déméter et Jason, etc.

12 Mircea Eliade, *Mythes, rêves et mystères* (1957), 215–16

13 Cf. *la Terre*, v, 762

14 Zola insiste sur le thème de la renaissance. Cf. Ms 10.301, f⁰ 528 :
'Je fais Dominique très ressemblant à Mathieu (le saut par-dessus une
génération). C'est Mathieu, à 27 ans (le même âge) lorsqu'il est venu à
Chantebled, il y a soixante-trois ans.'

15 Cf. *la Joie de vivre*, IV, 1217, et encore l'épisode de la convalescence de
Serge Mouret (*la Faute de l'abbé Mouret*, l. II, ch. 1–5).

16 Citons, à ce propos, un extrait du *Traité d'histoire des religions* (Payot
[1948], 235), où Mircea Eliade parle en général du même phénomène
comme il se manifeste dans les religions primitives : 'L'idée du
"centre," de réalité absolue – absolue parce que réceptacle du sacré –
est impliquée même par les conceptions les plus élémentaires du "lieu
sacré," conception à laquelle ... l'arbre sacré ne manque jamais... l'arbre
avec sa régénération périodique manifestait la puissance sacrée dans
l'ordre de la vie. Là où les eaux venaient compléter ce paysage, elles
signifiaient les latences, les germes, la purification. Le "paysage microcosmique" s'est réduit avec le temps à un seul de ses éléments constitutifs, au plus important : à l'arbre ou au pilier sacré ... L'arbre finit par
exprimer, à lui seul, le Cosmos, en incorporant, sous une forme apparemment statique, la "force" de celui-ci, sa vie et sa capacité de renouvellement périodique.'

17 Cf. la mort de Valérie et de Reine Morange, VIII, 154 *seq.* et 273 *seq.*;
la mort de Maurice Beauchêne et de Blaise Froment, puis celle
d'Alexandre-Honoré, VIII, 322 *seq.*, 400 *seq.* et 461 *seq.*

18 Voir Calvin S. Brown et Robert J. Niess, 'Wagner and Zola again,'
PMLA (septembre 1958), 448–52, et l'article de M. Brown dans la
même revue : 'Music in Zola's Fiction, especially Wagner's Music'
(mars 1956), 84–96.

19 En effet, les 'refrains' de *Fécondité* rappellent les chants de chœur du
livret de *Messidor*, où Zola et Bruneau emploient en abondance des
leitmotive wagnériens. Mais, là-dessus, on pourrait également parler
d'Homère dont les répétitions textuelles de paragraphes significatifs

ressemblent plus aux 'refrains' de *Fécondité* que l'enchevêtrement de motifs conducteurs et les effets de contrepoint chez Wagner. A propos de *Messidor*, Zola lui-même déclare dans *Le Gaulois* du 23 février 1897 : 'C'est un poème lyrique, et très lyrique, des personnages d'épopée que j'ai voulus aussi grands que ceux d'Homère, une action très haute, très générale, exaltée en plein symbole.' Deux jours plus tard, le critique Fourcaud lui répond : 'D'honneur, ce pauvre vieil aveugle légendaire qui fit *l'Iliade* et *l'Odyssée* ne visait pas si haut ... Tenez, faites-moi ce plaisir : relisez un peu les poèmes d'Homère...' ('Réponse à M. Emile Zola,' *Le Gaulois*, 25 février 1897).

20 *Histoire de la littérature française* v (1912), 252–3

21 Cf. la description de la mort de Valérie Morange : 'Béant, Morange regarda. Elle semblait dormir, les yeux pour toujours fermés. Mais il ne s'y trompa pas, il ne voyait plus le petit souffle, les lèvres étaient closes et toutes blanches. L'infamie de cette chambre, l'horreur froide de cette morte abandonnée ainsi, seule, telle qu'une assassinée, abattue au coin d'une borne, le frappait au cœur d'un tel coup, qu'il en restait stupide. Il lui prit la main, la sentit de glace, n'eut qu'un soupir rauque, qui lui montait des entrailles. Et il tomba sur les genoux, il appuya simplement la joue sur cette main de marbre, sans une parole, sans même un sanglot, comme s'il eût voulu se glacer à ce néant, entrer avec elle dans le froid de la mort. Et il ne bougea plus' (VIII, 155).

Notes de l'appendice 3

1 Pour indiquer les leçons du texte où se trouvent les variantes citées dans les notes ci-dessous, j'ai employé les abréviations suivantes : M – manuscrit; F – feuilleton. Les variantes sont imprimées en italiques.

2 Voici le meilleur exemple et le plus long passage supprimé par l'auteur (pour éviter sans doute les excès des récriminations de Mathieu) : M '...avec la femme de chambre.

Seulement alors, Mathieu parla.

– L'avez-vous bien regardée ? Elle m'a fait frémir, moi, avec ses gestes câlins, sa façon sentimentale de parler des pauvres petits qu'elle emporte. C'est la meneuse, c'est le monstre dans toute son horreur, une Ogresse bronzée par le métier, pour qui les nourrissons ne sont plus qu'une marchandise qu'on charrie, qu'on exploite, qu'on laisse vivre ou qu'on supprime, à la volonté des parents. Plus il en meurt, plus les affaires marchent. On les emballe, on les distribue, on les enterre par milliers, un très léger bénéfice par tête, mais en se rattrapant sur le nombre. Si celle-ci a jamais eu un cœur, ce n'est plus qu'un roc aujourd'hui, et je suis bien certain que, pour cent sous, elle oublierait un nouveau-né

dans un courant d'air, quitte à s'attendrir, en racontant que le cher petit
innocent est allé retrouver les anges du bon Dieu.
   – *Oh ! vous exagérez, cria Valentine.*
   Marianne, tremblante elle aussi, le fit taire. Il s'excusa, convint, d'un
air un peu confus, que ce n'était des propos à tenir devant des femmes
dans leur situation. Mais il venait de céder à un soulèvement de tout
son être, la bonhomie feinte de la Couteau l'avait exaspéré.
   La porte s'ouvrit, et Séguin entra...' (VIII, 115).

3 Sur les quelque deux mille variantes que j'ai relevées dans l'édition
critique de *Fécondité* (thèse, Nancy 1969), plus de vingt pour cent
s'expliquent nettement comme le résultat de la suppression d'éléments
que l'auteur a jugés superflus, tandis que les additions ne s'élèvent qu'à
une centaine.

4 Par exemple : M '...comment pourrais-je maintenant quitter l'usine
et tenter la fortune au Crédit National, en y acceptant d'abord une
situation moindre ? *Quand on manque l'occasion, vous savez, c'est bien*
fini. Nous voilà...' (VIII, 126).

5 Par exemple : M '...ferrures, *noyées dans des entassements d'ombre.*
Seule...' (VIII, 393); M '...et c'est une ruée, chacun devient *un chacal,*
mord les autres, pour ...' (VIII, 44).

6 Exemples : M '...conciliant *et paternel*' (VIII, 125); M '...tant d'inquiétude *et de chagrin* d'avoir... (VIII, 146).

7 Exemple : MF 'vous en êtes resté *là* ? devient 'vous en êtes resté à cette
rengaine ?' (VIII, 58).

8 Exemple : M '...disant que sa femme *allait mourir, il avait eu l'affreux*
soupçon du drame, il avait senti le froid du crime, dans le frisson qui
passait. C'était chez la Rouche que *Valérie se mourait, c'était là que le*
massacre avait eu lieu. Tout l'effroyable meurtre se déroulait, la mère
après l'enfant' (VIII, 153).

9 Exemple : M '...souffle d'air. Puis, c'était *ailleurs, partout, le vrai*
meurtre, l'immonde infanticide, l'enfant né viable...' (VIII, 211).

10 Exemple : M 'la vieille société *en décomposition*' est remplacé par
'la vieille société, dont l'échafaudage pourri s'effondre' (VIII, 39).

BIBLIOGRAPHIE

La liste bibliographique qui suit est limitée aux ouvrages et études que j'ai cités, et à ceux qui ont été utilisés dans la préparation de ce livre. Naturellement, elle est très loin d'énumérer toutes les études consacrées à Zola.

1 / ŒUVRES DE ZOLA

A / *Manuscrits* (Bibliothèque Nationale, nouvelles acquisitions françaises)

Manuscrit de *Fécondité* : Ms 10.295 à Ms 10.300
1res et 2es épreuves corrigées de *Fécondité* : Ms 10.348 et Ms 10.349
Dossiers préparatoires de *Fécondité* : Ms 10.301 et Ms 10.302
  (voir ci-dessus l'appendice 2)
Ebauche de *Travail* : Ms 10.333, fos 347–444
Ebauche de *Vérité* : Ms 10.343, fos 305–444
(*Emile Zola. Correspondance à lui adressée*, lettres de Paul Bourget, Ms 24.511, fos 282–333)

B / *Editions de 'Fécondité'*

Feuilleton : *L'Aurore*, 15 mai–4 octobre 1899
1899 *Les Quatre Evangiles. Fécondité* (édition originale), Paris, Eugène Fasquelle, imp. Motteroz, in-18 jésus, 756 p. Enregistré dans la *Bibliographie de la France* du 28 octobre 1899, sous le numéro 10.952

1906 *Les Quatre Evangiles. Fécondité,* édition illustrée, Paris, Charpentier-Fasquelle

1927 *Les Quatre Evangiles. Fécondité,* Flammarion, 3 vol. in-8 à 2 col. de 80 p. chaque, série Select-Collection, nᵒˢ 262–4

1927–9 *Les Œuvres Complètes : Emile Zola,* vol. 30 et 31, *Les Quatre Evangiles. Fécondité,* notes et commentaire de Maurice Le Blond, Paris, Bernouard

1968 *Emile Zola : Œuvres Complètes, t.* VIII, *Les Quatre Evangiles. Fécondité,* notice et notes de Henri Mitterand, introduction de Pierre Cogny, Paris, Cercle du Livre Précieux

1969 'Emile Zola : *Les Quatre Evangiles. Fécondité.* Edition critique – Etude, Notes, Variantes,' par David Baguley, thèse, Nancy. (Voir aussi la traduction anglaise d'Ernest A. Vizetelly : *Fruitfulness (Fécondité),* London, Chatto & Windus 1900)

c / *Œuvres imprimées de Zola*

1927–9 *Les Œuvres Complètes : Emile Zola. Correspondance,* notes et commentaire de Maurice Le Blond, 2 vol., Paris, Bernouard (pour les lettres qui manquent dans l'édition Mitterand des *Œuvres Complètes,* 1967–70)

1960–7 *Les Rougon-Macquart,* études et notes de Henri Mitterand, Paris, Fasquelle et Gallimard, Bibliothèque de la Pléiade, 5 vol.

1967–70 *Emile Zola : Œuvres Complètes,* édition établie sous la direction de Henri Mitterand, Paris, Cercle du Livre Précieux, 15 vol.

d / *Articles de presse, interviews, etc.*

1892 'Trois nouveaux romans d'Emile Zola : *Le docteur Pascal-Lourdes-Le Déchet.*' *Gil-Blas,* 22 juillet

1894 'Opinions de Zola et Tolstoï,' *Le Journal,* 27 juin

1897 'M. Zola et la musique,' *Le Temps,* 16 février
'*Messidor* expliqué par les auteurs : le poème,' *Le Figaro,* 20 février
'A propos de *Messidor* – Une lettre de M. Emile Zola,' *Le Gaulois,* 23 février

'L'opinion de M. Emile Zola,' par E. Den Dulk, *La Plume*,
Ier novembre, 681–2

1898 'Enquête sur l'esprit français, dirigée par Jean Finot,' *Revue
des Revues*, juin, 1–41

1900 Gerfault, Marguerite, *La Philosophie de Tolstoï : opinions de
Zola, etc.* Paris, Giard et Brière

1902 'Tolstoï et la question sexuelle,' *Revue blanche*, Ier mars, 381–2.
Voir aussi *Les Cahiers naturalistes*, n° 20, 1962, 171–3

II / ETUDES SUR L'ŒUVRE DE ZOLA

A / *Comptes Rendus de 'Fécondité'*

Aubert, C.   'Les livres,' *L'Aurore*, 23 octobre 1899

Blang, May Armand   'La femme dans l'œuvre de Zola,' *La Fronde*,
3 octobre et Ier novembre 1899

Bloy, Léon   'Je m'accuse,' dans *Œuvres de Léon Bloy*, éd. Joseph
Bollery et Jacques Petit, IV, 1965, 157–228

Bouhélier, Saint-Georges de 'Le monde attend un Evangile : à propos
de *Fécondité*,' *La Plume*, Ier novembre 1899, 700–2

Brulat, Paul   '*Fécondité*,' *Les Droits de l'Homme*, 22 octobre 1899

Degron, Henri   'Paysages littéraires,' *La Plume*, Ier décembre 1899

Deschamps, Gaston   'Contre la dépopulation,' *Le Temps*, 22
octobre 1899

Duval, Georges   'Variations sur un thème,' *L'Evénement*,
27 octobre 1899

'*Fécondité*, by Zola,' *Review of Reviews*, XXI, 1900, 175–9

Fournière, Eugène   '*Fécondité*, par Emile Zola,' *La Revue
socialiste*, décembre 1899, 747–51

'*Fruitfulness*,' *Literary World*, Ier juillet 1900

Gille, Philippe   '*Fécondité*, par Emile Zola,' *Le Figaro*, 17 octobre
1899

Guyot, Yves   'Zola et son dernier livre,' *Le Siècle*, 13 octobre 1899

Kahn, Gustave   '*Fécondité*,' *Revue blanche*, 15 octobre 1899, 284–
93

Le Blond, Maurice   '*Fécondité*,' *La Nouvelle Revue internationale*,
15–30 novembre 1899, 608–13

'Letterkundige Kroniek,' *De Gids*, IV, 1899, 573–8

Levi, Primo 'La santa legge (*Fécondité* di Emile Zola),' *Rivista Politica e Letteraria*, 1ᵉʳ novembre 1899, 109–20

Lionnet, Jean '*Fécondité*,' *La Quinzaine*, 1ᵉʳ janvier 1900; article repris dans *L'Evolution des idées chez quelques-uns de nos contemporains*, 1ᵉ série, Paris, Perrin, 1903, 3–35

Lynch, Hannah '*Fécondité* versus the *Kreutzner* [sic] *Sonata*,' *The Fortnightly Review*, LXXIII, 1900, 69–78

Masi, Ernesto '*Fécondité*, di Emilio Zola,' *Nuova Antologia*, 16 avril 1900, 640–53

Mirbeau, Octave '*Fécondité*,' *L'Aurore*, 29 novembre 1899

Ojetti, Ugo '*Fécondité*,' *Fanfulla della Domenica*, 5 novembre 1899

Passy, Frédéric '*Fécondité*, par Emile Zola,' *Journal des Economistes*, février 1900, 228–39

Péguy, Charles 'Les récentes œuvres de Zola,' *Le Mouvement Socialiste*, 1ᵉʳ et 15 novembre 1899; voir aussi les *Cahiers de la Quinzaine*, 4ᵉ série, 5ᵉ cahier, dans *Œuvres en prose*, Paris, Gallimard 1959

Pellissier, Georges '*Fécondité*, par Emile Zola,' *Revue encyclopédique*, n° 331, 6 janvier 1900, 45–9

Picozzi, Silvio 'Il nuovo romanzo di Emilio Zola: *Fécondité*,' *Gazzetta Letteraria*, 22 juillet 1899, 230

Rachilde, Mme 'Les romans. Emile Zola, *Fécondité*,' *Mercure de France*, novembre 1899, 485–94

'Revue des derniers livres français,' *Revue des revues*, XXXI, 1899, 311–14

Sainte-Croix, Camille de '*Fécondité*,' *La Petite République socialiste*, 21 octobre 1899

Spronck, Maurice 'Le dernier de M. Emile Zola,' *Journal des débats*, 24 novembre 1899

Tailhade, Laurent 'Vénus victrix,' *La Petite République*, 25 octobre 1899

Ten Brinck, Jan 'Lettres de Hollande : *Fécondité* en Hollande,' *Le Siècle*, 27 octobre 1899

Tombesi, Ugo *Emilio Zola e la moderna demografia*, Varese, Macchi 1899

Victor-Meunier, Lucien '*Fécondité*,' *Le Rappel*, 16 octobre 1899

B / *Ouvrages et Articles sur Zola et son Œuvre*

Baer, Elisabeth 'Das Weltbild Zolas in den *Quatre Evangiles,*' thèse, München 1933

Barbusse, Henri *Zola.* Paris, Gallimard 1932

Bouhélier, Saint-Georges de 'Souvenirs sur Emile Zola,' *Revue de Paris,* 15 mai 1940, 291–307

Brady, Patrick *'L'Œuvre' de Emile Zola,* Genève, Droz 1967

Brown Calvin S. *Repetition in Zola's Novels,* Athens, Georgia, University of Georgia Press 1952

– 'Music in Zola's fiction, especially Wagner's music,' *PMLA,* mars 1956, 84–96

– and Robert J. Niess 'Wagner and Zola again,' *PMLA,* septembre 1958, 448–52

Burns, C.A. 'Zola et l'Angleterre,' *Les Cahiers naturalistes,* n° 12, 1959, 495–503

Christie, John 'Zola et le naturisme,' *Les Cahiers naturalistes,* nos 24–5, 1963, 91–8

– 'Naturalisme et naturisme,' *Nottingham French Studies,* octobre 1963, 11–24

Cogny, Pierre 'Zola évangéliste,' *Europe,* avril–mai 1968, 147–51

Cressot, Marcel 'Zola et Michelet. Essai sur la genèse de deux romans de jeunesse, *La Confession de Claude, Madeleine Férat,*' *Revue d'histoire littéraire de la France,* 1928, 382–9

Deffoux, Léon, et Emile Zavie *Le Groupe de Médan,* nouvelle édition revue et augmentée de textes inédits. Paris, Crès 1924

Fourcaud, Louis de 'Réponse à M. Emile Zola,' *Le Gaulois,* 25 février 1897

France, Anatole *'L'Argent,' Le Temps,* 22 mars 1891 ; article repris dans *la Vie littéraire,* 5e série (C.-Lévy 1949)

Hemmings, F.W.J. *Emile Zola,* 2e édition. Oxford University Press 1966

– 'Emile Zola et la religion,' *Europe,* avril–mai 1968, 129–35

'Hommage à Zola,' *La Revue naturiste,* 25 février 1898

James, Henry *The House of Fiction.* London, R. Hart-Davis 1957 ; article de l'*Atlantic Monthly,* août 1903

Judet, Ernest Articles sur le père de Zola, dans *Le Petit Journal,*
23, 25, 29 mai, 18, 19 juillet 1898
Laborde, Albert *Trente-huit années près de Zola : vie d'Alexandrine Emile Zola.* Paris, Editeurs Français Réunis 1963
Lanoux, Armand 'Un amour d'Emile Zola,' *Le Figaro littéraire,*
24 avril 1954
– *Bonjour, Monsieur Zola.* Paris, Amiot-Dumont 1954; voir aussi
Zola vivant, Emile Zola : Œuvres Complètes, t. I, Paris, Cercle
du Livre Précieux 1967
Lapp, John C. *Zola before the 'Rougon-Macquart.'* University of
Toronto Press 1964
Le Blond, Maurice 'Emile Zola devant les jeunes,' *La Plume,* nos
212–17, 15 février–1er mai 1898
– 'Les projets littéraires d'Emile Zola au moment de sa mort,'
Mercure de France, 1er octobre 1927, 5–25
Le Blond-Zola, Denise *Emile Zola raconté par sa fille.* Paris,
Fasquelle 1931
Lemm, Siegfried *Zur Entstehungsgeschichte von Emile Zolas
'Rougon-Macquart' und den 'Quatre Evangiles.'* Halle a.S.,
Niemeyer 1913
Lepelletier, Edmond *Emile Zola, sa vie, son œuvre,* Paris, Mercure
de France 1908
Martino, P. *Le Naturalisme français,* 6e édition, revue et complétée
par R. Ricatte. Paris, Armand Colin 1960
Menichelli, G.-C. *Bibliographie de Zola en Italie.* Florence, Institut
français de Florence 1960
Mitterand, Henri *Zola journaliste.* Paris, Armand Colin 1962
– et Halina Suwala *Emile Zola journaliste : Bibliographie
chronologique et analytique – I (1859–1881).* Paris, Les Belles
Lettres 1968
Proulx, Alfred C. *Aspects épiques des 'Rougon-Macquart' de Zola.*
The Hague-Paris, Mouton 1966
Rauch, Franz 'Das Verhältnis des *Evangilen* Emile Zolas zu
dessen früheren Werken,' thèse, Erlangen, Nürnberg 1933
Ripoll, Roger 'Le symbolisme végétal dans *la Faute de l'abbé
Mouret,*' *Les Cahiers naturalistes,* n° 31, 1966, 11–22

Robert, Guy   *Emile Zola. Principes et caractères généraux de son œuvre.* Paris, Les Belles Lettres 1952
- '*La Terre*' *d'Emile Zola. Etude historique et critique.* Paris, Les Belles Lettres 1952
Robert, Louis de   *De Loti à Proust. Souvenirs et confidences.* Paris, Flammarion 1928
Ternois, René   *Zola et son temps.* Paris, Les Belles Lettres 1961
- 'Le stoïcisme d'Emile Zola,' *Les Cahiers naturalistes*, n° 23, 1963, 289–98
Tolstoï, Cte Lev Nikolaévitch   'Zola et Dumas. Le non-agir,' *Cosmopolis*, janvier-mars 1896, 761–74; voir aussi du même auteur *Zola, Dumas, G. de Maupassant*, tr. E. Halpérine-Kaminsky, Paris Léon Chailley 1896
Van Itterbeek, Eugène   'Péguy et Zola,' *Amitié Charles Péguy*, avril 1965, 25–32
Vizetelly, Ernest A.   *With Zola in England.* London, Chatto & Windus 1899
- 'Some Recollections of Emile Zola,' *Pall Mall Magazine*, XXIX, 1903, 63–76
- *Emile Zola, Novelist and Reformer.* London, John Lane 1904
Walker, Philip   'The Survival of Romantic Pantheism in Zola's Religious Thought,' *Symposium*, XXIII, 1969, 354–65
Wilson, Angus   *Emile Zola. An Introductory Study of his Novels.* London, Secker & Warburg 1952

III / ŒUVRES LITTERAIRES ET PHILOSOPHIQUES

Barrès, Maurice   *Le Culte du moi.* Paris, Plon 1922, 3 vol.
- *Le Roman de l'énergie nationale, les Déracinés.* Paris, Fasquelle 1897
Baudelaire, Charles   'Mon cœur mis à nu,' dans *Œuvres Complètes*, Paris, Gallimard, Bibliothèque de la Pléiade 1961
Bazin, René   *La Terre qui meurt.* Paris, C.-Lévy 1899
Bordeaux, Henry   *Le Pays natal.* Paris, Plon 1900
- *La Peur de vivre.* Paris, Plon 1904

‒ *Les Roquevillard*. Paris, Plon 1906
‒ *La Robe de laine*. Paris, Plon 1910
Bouhélier, Saint-Georges de   *L'Hiver en méditation*. Paris, Mercure de France 1896
Bourget, Paul   *Cruelle énigme*. Paris, Lemerre 1885
‒ *Un Crime d'amour*. Paris, Lemerre 1886
‒ *Mensonges*. Paris, Lemerre 1887
‒ *Le Disciple*. Paris, Plon 1901 (édition originale 1889)
‒ *Cosmopolis*. Paris, Lemerre 1893
‒ *L'Etape*. Paris, Plon 1902
‒ *Un Divorce*. Paris, Plon 1904
Brieux, Eugène   *Maternité*. Paris, Stock 1904
‒ *Les Remplaçantes* (1901), dans *Théâtre* iv, Paris, Stock 1922
Daudet, Léon   *Le Partage de l'enfant*. Paris, Fasquelle 1905
France, Anatole   *Histoire contemporaine, M. Bergeret à Paris*, dans *Œuvres Complètes* xii, Paris, C.-Lévy 1927
Hugo, Victor   *L'Art d'être grand-père*. Paris, C.-Lévy 1877
Huysmans, J.-K.   *A Rebours*, dans *Œuvres Complètes* vii, Paris, Crès 1928
Laforgue, Jules   *Moralités légendaires*. Paris, Mercure de France 1917
Mallarmé, Stéphane   *Œuvres Complètes*. Paris, Gallimard, Bibliothèque de la Pléiade 1945
Margueritte, Paul et Victor   *Femmes nouvelles*. Paris, Plon 1899
Maupassant, Guy de   *L'Inutile Beauté*, dans *Œuvres Complètes*, Paris, Conard 1947
Montesquieu, C. de Secondat, baron de   *Lettres persanes*, dans *Œuvres Complètes* i, Paris, Gallimard, Bibliothèque de la Pléiade 1949
Musset, Alfred de   'L'Espoir en Dieu,' dans *Poésies Complètes*, Paris, Gallimard, Bibliothèque de la Pléiade 1957
Rod, Edouard   *Le Sens de la vie*. Lausanne, Payot 1889
Rosny, J.-H.   *La Charpente : roman de mœurs*. Paris, Revue Blanche 1900
Schopenhauer, Arthur   *Pensées, maximes et fragments*. Traduit, annoté et précédé d'une vie de Schopenhauer, par J. Bourdeau. Paris, Baillière 1880

Tolstoï, Cte Lev Nikolaévitch *La Sonate à Kreutzer.* Tr. Véra
Volmane. Paris, Les Maîtres 1949

IV / ETUDES CRITIQUES GENERALES

Amoudru, Bernard *De Bourget à Gide : amour et famille.* Paris,
Editions Familiales de France 1946
Baldick, Robert *The Life of J.-K. Huysmans.* Oxford University
Press 1955
Bellaigue, Camille 'Un problème musical : le Cas de Wagner,'
Revue des Deux Mondes, 1er mars 1892, 221–7
Bianquis, Geneviève *Nietzsche en France.* Paris, Alcan 1929
Bouhélier, Saint-Georges de *Le Printemps d'une génération.* Paris,
Nagel 1946
Bourget, Paul *Essais de psychologie contemporaine*, Paris, Plon
1917, 2 vol.
Brunetière, Ferdinand 'La banqueroute du naturalisme,' *Revue des
Deux Mondes*, 1er septembre 1887, 213–24
– 'Le roman de l'avenir,' *Revue des Deux Mondes*, 1er juin 1891,
685–98
Caro, E. *Le Pessimisme au XIXe siècle. Léopardi, Schopenhauer,
Hartmann.* Paris, Hachette 1878
Challemel-Lacour, P. 'Un bouddhiste contemporain en Allemagne,'
Revue des Deux Mondes, 15 mars 1870, 296–332
Chassé, C. 'Les thèmes de la stérilité et de la virginité chez
Mallarmé,' *Revue des sciences humaines*, avril–juin 1953, 171–81
Christie, John 'Saint-Georges de Bouhélier (1876–1947),' *Notting-
ham French Studies*, octobre 1964, 73–81
Claretie, Léo *Histoire de la littérature française* v. Paris, Société
d'Editions Littéraires et Artistiques 1912
Daudet, Léon *Fantômes et vivants (1880–1905).* Paris, Nouvelle
Librairie Nationale 1914
Delhorbe, Cécile *L'Affaire Dreyfus et les écrivains français.* Paris,
Attinger 1932
Digeon, Claude *La Crise allemande de la pensée française (1870–
1914).* Paris, Presses Universitaires de France 1959

Doumic, René 'Les décadents du christianisme,' *Revue des Deux Mondes*, 15 mars 1895, 457–68

Ferchat, Joseph *Le Roman de la famille française.* Paris, Plon 1912

Fouillée, Alfred 'Le mouvement idéaliste en France,' *Revue des Deux Mondes*, 15 mars 1896, 276–304

France, Anatole 'Pourquoi sommes-nous tristes ?,' *Le Temps*, 31 mars 1889; article repris dans *la Vie littéraire*, 3ᵉ série

Fraser, Elizabeth M. *Le Renouveau religieux d'après le roman français de 1886 à 1914*, Paris, Les Belles Lettres 1934

Guichard, Léon *La Musique et les lettres en France au temps du wagnérisme.* Paris, Presses Universitaires de France 1963

Hemmings, F.W.J. *The Russian Novel in France (1884–1914)*, Oxford University Press 1950

Huret, Jules *Enquête sur l'évolution littéraire.* Paris, Charpentier 1891

Ireson, J.C. *L'Œuvre poétique de Gustave Kahn (1859–1936).* Paris, Nizet 1962

Le Blond, Maurice *Essai sur le naturisme.* Paris, Mercure de France 1896

Lemaître, Jules *Les Contemporains, 1ᵉ série.* Paris, Lecène et Oudin 1886

– 'De l'influence récente des littératures du Nord,' *Revue des Deux Mondes*, 15 décembre 1894, 847–72

Lindstrom, Thaïs S. *Tolstoï en France (1886–1910).* Paris, Institut d'Etudes slaves de l'Université de Paris 1952

Lionnet, Jean *L'Evolution des idées chez quelques-uns de nos contemporains, 2ᵉ série.* Paris, Perrin 1905

'Manifeste du naturisme,' *Le Figaro*, 10 janvier 1897

Mansuy, Michel *Un Moderne : Paul Bourget.* Paris, Les Belles Lettres 1960

– *Prélude et suite de 'Cosmopolis.'* Paris, Les Belles Lettres 1962

Pijls, P.J.H. *La Satire littéraire dans l'œuvre de Léon Bloy.* Leiden, Universitaire Pers Leiden 1959

Recolin, Charles *L'Anarchie littéraire.* Paris, Perrin 1898

Reque, A. Dikka *Trois Auteurs dramatiques scandinaves, Ibsen, Björnsen, Strindberg, devant la critique française, 1889–1901.* Paris, Honoré Champion 1930

Retté, Adolphe   *Le Symbolisme. Anecdotes et souvenirs.* Paris,
   Vanier 1903
Sageret, Jules   *Paradis laïques.* Paris, Mercure de France 1909
Schmidt, A.-M.   *La Littérature symboliste.* Paris, Presses Universi-
   taires de France 1963
Schuré, Edouard   'L'individualisme et l'anarchie en littérature :
   F. Nietzsche et sa philosophie,' *Revue des Deux Mondes,* 15 août
   1895, 775–805
Schwarz, Martin   *Octave Mirbeau : vie et œuvre.* The Hague-Paris,
   Mouton 1966
Tison-Braun, Micheline   *La Crise de l'humanisme* I *(1890–1914).*
   Paris, Nizet 1958
Vogüé, vicomte E.-M. de   *Le Roman russe.* Paris, Plon 1886
Wyzewa, Téodor de   'D'un avenir possible pour notre chère lit-
   térature française,' *Mercure de France,* juillet 1893, 193–202
– 'Les revues russes II,' *Revue des Deux Mondes,* 15 octobre 1893,
   931–43
– 'La jeunesse de F. Nietzsche,' *Revue des Deux Mondes,* 1er février
   1896, 688–99

v / ETUDES SOCIOLOGIQUES, HISTORIQUES, ETC.

J'ai marqué d'un astérisque les sources documentaires de *Fécondité.*

*Alliance Nationale pour l'accroissement de la population française.
   Programme et Statuts.* Paris, Société Nouvelle de l'Imprimerie
   Schiller 1896
*Bergeret, Dr L.F.E.   *Des Fraudes dans l'accomplissement des
   fonctions génératrices.* Paris, Baillière 1868
Bertillon, Jacques   *La Dépopulation de la France.* Paris, Alcan 1911
Bourgeois, Léon   *Solidarité.* Paris, Armand Colin 1896
Bourget, Paul   *Physiologie de l'amour moderne.* Paris, Lemerre
   1891
*Brochard, Dr A.T.   *La Vérité sur les enfants trouvés.* Paris, Plon
   1876
*Canu, Etienne   *Résultats thérapeutiques de la castration chez la
   femme.* Paris, Ollier-Henry 1897

Deschaumes, Edmond   *La Banqueroute de l'amour.* Paris, Stock
    1896
Dumont, Arsène   *Dépopulation et civilisation.* Paris, Lecrosnier et
    Babé 1890
Eliade, Mircea   *Traité d'histoire des religions.* Paris, Payot 1948
– *Le Mythe de l'éternel retour.* Paris, Gallimard 1949
– *Mythes, rêves et mystères.* Paris, Gallimard 1957
Fonsegrive, George   *Catholicisme et démocratie.* Paris, Lecoffre
    1898
Fouillée, Alfred   'Dégénérescence ? Le passé et le présent de notre
    race,' *Revue des Deux Mondes,* 15 octobre 1895, 794–824
– *Psychologie du peuple français.* Paris, Alcan 1898
Frary, Raoul   *Le Péril national.* Paris, Didier 1881
Ganiage, Jean   *L'Expansion coloniale de la France.* Paris, Payot
    1968
*Gonnard, René   *La Dépopulation en France.* Lyon, Storck 1898
– *Histoire des doctrines de la population.* Paris, Nouvelle Librairie
    Nationale 1923
Guyau, Jean-Marie   *L'Irréligion de l'avenir. Etude sociologique.*
    Paris, Alcan 1887
Humbert, colonel G.   'Le Soudan français,' *La Nouvelle Revue,*
    novembre-décembre 1897, 18–37
Lallemand, Léon   *Histoire des enfants abandonnés et délaissés.*
    Paris, Picard 1885
*Larousse, Pierre   *Grand Dictionnaire universel du XIXe siècle,*
    tome xv, 1876 – article 'Tombouctou,' 282; *deuxième supplément,*
    ii, 1890 – article 'Soudan,' 1859–60
Lavergne, Léonce de   *L'Agriculture et la population,* 2e édition.
    Paris, Guillaumin 1865
Le Bon, Gustave   *Psychologie des foules.* Paris, Alcan 1895
Le Play, Frédéric   *La Réforme sociale en France.* Paris, Plon 1864,
    2 vol.
Leroy-Beaulieu, Paul, 'La question de la population et la civilisation
    démocratique,' *Revue des Deux Mondes,* 15 octobre 1897, 851–89
Malthus, Thomas Robert   *Essai sur le principe de population,* trad.
    Pierre Theil. Paris, Seghers 1963

Michelet, Jules   *L'Amour*, 23ᵉ édition (Précédé d'une étude par Jules Lemaître) Paris, C.-Lévy 1894
– *La Femme*. Vienne, Manz, s.d.
Mirabeau, Victor Riqueti, marquis de   *L'Ami des hommes*, Avignon 1758
Mouchez, Philippe   *Démographie*. Paris, Presses Universitaires de France 1964
*Nitti, F.S.   *La Population et le système social*. Paris, Giard et Brière 1897
Nordau, Max   *Dégénérescence*, trad. Auguste Dietrich. Paris, Alcan 1894, 2 vol.
Passy, Frédéric   *Le Principe de la population : Malthus et sa doctrine*. Paris, Hachette 1868
Poiré, Eugène   *L'Emigration française aux colonies*. Paris, Plon 1897
Prévost-Paradol, L.-A.   *La France nouvelle*. Paris, Michel-Lévy 1868
Richet, Charles   'L'accroissement de la population française,' *Revue des Deux Mondes*, 1ᵉʳ juin 1882, 587–616
Rousseau, Jean-Jacques   *Du Contrat social*, dans *Œuvres Complètes* iii, Paris, Gallimard, Bibliothèque de la Pléiade 1964
Roux, abbé Joseph   *Pensées*, 2ᵉ édition. Paris, Lemerre 1886
Spencer, Herbert   *Principes de biologie*, trad. E. Cazelles. Paris, Baillière 1877–8, 2 vol. (et Alcan 1893, 2 vol.)
Spengler, Joseph J.   *France Faces Depopulation*. Durham, NC, Duke University Press 1938
Statistique Annuelle du mouvement de la population et des institutions d'assistance, année 1898. Paris, Imprimerie Nationale 1900
*Strauss, Paul   *L'Enfance malheureuse*. Paris, Charpentier-Fasquelle 1896
Tarde, G.   *Les Lois de l'imitation*. Paris, Alcan 1890
Ussher, Richard   *Neo-Malthusianism*. London, Gibbings 1898

INDEX

TABLE

APPENDICES

UNIVERSITY OF TORONTO ROMANCE SERIES

This book
was designed by
WILLIAM RUETER
under the direction of
ALLAN FLEMING
and was printed by
University of
Toronto
Press